本书撰写人员及分工

钱兆明　全书策划、撰写、定稿
欧　荣　协助撰写第二章、第四章、第六章，协助统稿
管南异　协助撰写第一章、第七章
陈礼珍　协助撰写第三章、第五章
叶　蕾　协助撰写第八章

国家社科基金后期资助项目
出版说明

后期资助项目是国家社科基金设立的一类重要项目，旨在鼓励广大社科研究者潜心治学，支持基础研究多出优秀成果。它是经过严格评审，从接近完成的科研成果中遴选立项的。为扩大后期资助项目的影响，更好地推动学术发展，促进成果转化，全国哲学社会科学规划办公室按照"统一设计、统一标识、统一版式、形成系列"的总体要求，组织出版国家社科基金后期资助项目成果。

全国哲学社会科学规划办公室

国家社科基金
后期资助项目

中华才俊与庞德

Ezra Pound among Chinese Talents

钱兆明等 ◎ 著

目　录

绪　论 ··· 1
第一章　"逆向而行"——宋发祥和庞德早年的尊孔论文 ········ 22
　　一、伦敦邂逅 ··· 24
　　二、逆向而行 ··· 28
　　三、一以贯之 ··· 32
　　四、儒者日新 ··· 36
第二章　《七湖诗章》——曾宝荪和庞德《诗章》中的潇湘八景 ····· 40
　　一、合作缘起 ··· 43
　　二、诗画交融 ··· 47
　　三、诗画之外 ··· 54
第三章　兼听则明——庞德和杨凤岐的争论与合作 ················ 64
　　一、义战之辩 ··· 67
　　二、儒"法"之异 ··· 72
　　三、杨庞合作 ··· 74
　　四、否定新儒 ··· 76
第四章　缘起缘落——方志彤和庞德《诗章》中的《尚书》、
　　　　《孟子》 ··· 81
　　一、英译《孔子》 ··· 88
　　二、英译《诗经》 ··· 97
　　三、《尚书》与《钻石机诗章》 ······························· 101
　　四、《孟子》与《钻石机诗章》 ······························· 107
　　五、儒学之外 ·· 117
第五章　还儒归孔——张君劢和庞德的分歧与暗合 ··············· 122
　　一、首次相见 ·· 125

二、解"靈"何须系"靈"人 …………………………… 127
三、"亦尚一人" ……………………………………………… 130
四、还儒归孔与新儒学 …………………………………… 132
五、结语 …………………………………………………… 138

第六章 《马典》无"燊"——王燊甫和庞德《诗章》中的《圣谕广训》 …………………………………………………… 140
一、《御座诗章》 ………………………………………… 142
二、《圣谕广训》 ………………………………………… 145
三、王燊甫与《御座诗章》 ……………………………… 149

第七章 《管子》西游——赵自强和庞德《诗章》中的《管子》 … 169
一、庞赵初交 ……………………………………………… 172
二、发掘《管子》 ………………………………………… 175
三、因缘际会 ……………………………………………… 177
四、《管子》之章 ………………………………………… 182

第八章 纳西诗篇——方宝贤和庞德《诗章》中的纳西文化 …… 188
一、纳西之友 ……………………………………………… 190
二、纳西象形文 …………………………………………… 194
三、纳西礼仪 ……………………………………………… 198
四、《诗章》中的纳西 …………………………………… 203

结　语 ……………………………………………………………… 207
参考文献 …………………………………………………………… 210
后　记 ……………………………………………………………… 225
索　引 ……………………………………………………………… 229

绪 论

庞德是我们时代中国诗的创造者。

——艾略特:《庞德诗选·前言》

我敢预言,中美对话将在下个世纪全面展开,乃至主导一切。在这场对话中,庞德的诗歌将占现今尚不明显的一席地:他给我们编织了一个新的体系,至少是潜在的体系,这个体系中不仅有欧洲和美国元素,还有中国元素。

——司科特:《替罪羊诗人》(1969)

一

国内外学界、出版界一度避讳的美国现代派诗人埃兹拉·庞德(Ezra Pound, 1885 – 1972)本世纪又火了起来。2003 年,美国图书馆美国经典作家作品系列丛书新添了一卷理查德·西伯兹(Richard Sieburth)编选的《埃兹拉·庞德:诗歌和翻译》(*Ezra Pound: Poems and Translations*),不包含其巨著《诗章》(*The Cantos*),就洋洋大观近 1400 页。2005 年,纽约绿林出版社刊印了德米屈斯·屈弗诺普勒斯(D. Tryphonopoulos)等 99 位学者联袂编撰的《埃兹拉·庞德百科全书》(*The Ezra Pound Encyclopedia*)。2007 和 2014 年,牛津大学出版社先后出版了英国学者大卫·莫迪(David Moody)撰写的新庞德传记《诗人庞德》第一、二卷(*The Young Genius 1885 – 1920; The Epic Years 1921 – 1939*)[①]。2010 年,剑桥大学出版

[①] 上世纪出版的庞德传记有诺曼的《庞德真相》(Charles Norman, *The Case of Ezra Pound*, 1969)、斯托克的《庞德的一生》(Noel Stock, *The Life of Ezra Pound*, 1970)、卡宾特的《奇人:庞德的一生》(Humphrey Carpenter, *A Serious Character: The Life of Ezra Pound*, 1988)和威尔海姆三卷本庞德传记(J. J. Wilhelm, *The American Roots of Ezra Pound*, 1985; *Ezra Pound in London and Paris*, 1990; and *Ezra Pound: The Tragic Years*, 1994)等。本世纪还有纳戴尔(Ira Nadel)的《庞德:文学创作的一生》(*Ezra Pound: A Literary Life*, 2004)。

社发行了加拿大学者艾拉·纳戴尔（Ira Nadel）主编的《氛围中的庞德》（*Ezra Pound in Context*）。2014年，纳戴尔和屈弗诺普勒斯又与美国现代语文协会出版社签约，组织数十名庞德专家着手编撰《如何教授埃兹拉·庞德》（*Approaches to Teaching Ezra Pound*）一书。

庞德毕生热爱中国文化，在上世纪众多的西方文学家、艺术家和思想家中，很难找出第二人像庞德那样热情地致力于向西方介绍中国的文字、诗歌、美学观和儒家思想，并试图将其一一融入英美现代主义诗歌的创作中。赵毅衡于1996年曾感叹："'庞德学'著作，已经在西方各大学英语系图书馆占了整整一书架，就是缺少《庞德与中国》。"① 但1996年之后，探讨庞德与中国文化的专著不断涌现，层出不穷，其中比较重要的就有二十余种。在英语国家出版的有玛丽·佩特森·齐多（Mary Paterson Cheadle）的《庞德的儒家经典翻译》（*Pound's Confucian Translations*, 1997）、谢明的《埃兹拉·庞德和汉诗西用》（*Ezra Pound and the Appropriation of Chinese Poetry: Cathay, Translation, and Imagism*, 1999）、黄运特的《跨太平洋转化》（*Transpacific Displacement: Ethnography, Translation, and Intertextual Travel in Twentieth-Century American Literature*, 2002）、金松平的《表意文字诗学》（*The Poetics of the Ideogram: Ezra Pound's Poetry and Hermeneutic Interpretation*, 2002）、埃里克·海厄特（Eric Hayot）的《中国梦》（*Chinese Dreams: Pound, Brecht, Tel Quel*, 2004）、蓝峰的《埃兹拉·庞德与儒学》（*Ezra Pound and Confucianism: Remaking Humanism in the Face of Modernity*, 2005），以及拙著《现代主义对中国美术的反响》（*The Modernist Response to Chinese Art: Pound, Moore, Stevens*, 2003）和拙编《埃兹拉·庞德与中国》（*Ezra Pound and China*, 2003）等。在国内出版的有蒋洪新的《英诗新方向：庞德、艾略特诗学理论与文化批评研究》（2001）、赵毅衡的《诗神远游：中国如何改变了美国现代诗》（2003）、索金梅的《庞德"诗章"中的儒学》（2003）、张晓永的《论庞德》（2003）、祝朝伟的《构建与反思——庞德翻译理论研究》（2005）、陶乃侃的《庞德与中国文化》（2006）、吴其尧的《庞德与中国文化：兼论外国文学在中国文化现代化

---

① 赵毅衡：《儒者庞德——后期诗章中的中国》，《中国比较文学》1（1996），第43页。赵先生撰写此文时拙著《东方主义与现代主义：庞德、威廉斯与中国》（*Orientalism and Modernism: The Legacy of China in Pound and Williams*, 1995）刚出版

中的作用》（2006）、叶维廉的《庞德与潇湘八景》（2006）、王贵明的《埃兹拉·庞德翻译研究》（*A Study of Ezra Pound's Translation—An Interpretation of Cathay*, 2012）、朱伊革的《跨越界限——庞德诗歌创作研究》（2014）和蒋洪新的《庞德研究》（2014）等。

庞德未曾到访中国，他在探索中国文化的过程中可曾得到过旅欧旅美中国学者的帮助？细心的读者自然会提出这样的问题。庞德传记中提到华裔学者方志彤（1910—1995）给庞德英译《诗经》（*The Classic Anthology Defined by Confucius*, 1954）作序的倒是有，如斯托克（Noel Stock）的《庞德的一生》（*The Life of Ezra Pound*, 1970）和卡宾特（Humphrey Carpenter）的《奇人：庞德的一生》（*A Serious Character: The Life of Ezra Pound*, 1988），但都只是一笔带过。① 《庞德百科全书》（2005）收有一条方志彤的词条，不仅提及他给庞德英译《诗经》作序，还提及他给庞德英译《孔子：大学与中庸》（*Confucius: The Great Digest & The Unwobbling Pivot*, 1951）写《石经简解》。②齐多在《庞德的儒家经典翻译》（1997）里首次认真探讨了方志彤如何让庞德重新认识儒学和汉字。然而，齐多立论的根据为方志彤一方的书信，她未能见到庞德致方志彤的 108 封信，某些推断难免有纰漏。③拙著《现代主义对中国美术的反响》和拙编《埃兹拉·庞德与中国》评述了湖南教育家曾宝荪（1893—1978）对庞德创作第 49 诗章作出的特殊贡献。④ 美籍华裔学者荣之颖（Angela Jung Palandri, 1926– ）最早发现曾宝荪口译汉诗、为庞德创作第 49 诗章作铺垫。荣教授在 1974 年发表的一篇论文中即指出，庞德曾向她透露，《潇湘八景》册页的八首汉诗是一位曾女士 1928 年同他会晤时帮他翻译的，那位曾女士就是曾宝荪。⑤ 首先将《潇湘八景》册页原汉诗、曾宝荪粗译和《七湖诗章》2 至 30 行三对照列表发表的是叶维廉，其论著《庞德与潇湘八景》中文版于 2006 年由长沙岳麓书社出

---

① Noel Stock, *The Life of Ezra Pound*, p. 292; Humphrey Carpenter, *A Serious Character*, p. 798.

② Demetres Tryphonopoulos and Stephen Adams, ed. *The Ezra Pound Encyclopedia*, p. 117.

③ Mary Paterson Cheadle, *Ezra Pound's Confucian Translations*, pp. 50–53. 齐多以为庞德从未接受方的指正，此说有误；齐多推测方给庞德提供了《圣谕广训》，此猜测亦不实。

④ Zhaoming Qian, *The Modernist Response to Chinese Art*, pp. 123–27; *Ezra Pound and China*, pp. 75–77.

⑤ Angela Jung Palandri, "The 'Seven Lakes Canto' Revisited," *Paideum* 3.1 (1974), p. 51.

版,其汉英双语版于2008年由台北国立台湾大学出版中心出版。用《曾宝荪回忆录》(1989)作佐证进一步论证曾宝荪对庞德第49诗章所作贡献的第一个尝试者则为我国学者蒋洪新,其论文《潇湘八景与庞德的〈七湖诗章〉》见蒋洪新论文集《大江东去与湘水余波》(2006)。此外,意大利学者兰奇奥迪(Lionello Lanciotti)1981年曾在一家发行量不大的刊物(Catai)上发表过二战期间庞德给原罗马中远东研究所中文教员杨凤歧的意大利文书信四通("Un carteggio")。美国学者休·惠特麦厄(Hugh Witemeyer)还曾于1975年和1986年先后两次撰文,探讨过美籍华裔诗人王燊甫(1931—1977)与庞德的友谊,但他的两篇论文——《火大王》("The Flame-style King")与《王燊甫的奇特历程》("The Strange Progress of David Hsin-fu Wand")——并未提及王燊甫对庞德《诗章》创作或儒家经典翻译有何贡献。

庞德探索中国文化达半个世纪之久,他接触过的中国学者难道仅曾宝荪、方志彤、杨凤歧和王燊甫四人?庞德从中国友人那里获得的帮助难道仅限于曾宝荪为第49诗章提供汉诗译稿和方志彤为其译著写代序并指导其学中文、研究儒学?以上列举的中西庞德论著虽各有重要建树,却都未涉及这两个问题。多年来,卡罗尔·泰瑞尔(Carroll F. Terrell)编撰的《埃兹拉·庞德〈诗章〉指南》(A Companion to Ezra Pound's Cantos, 1980, 1993;以下简称《〈诗章〉指南》)一直是《诗章》研究者手边必备的参考书。根据《〈诗章〉指南》,《诗章》中国文化素材的出处,除了西方汉学家的笔记和译著还是西方汉学家的笔记和译著,即便是第49诗章也不例外。《〈诗章〉指南》认可的该诗章的依据分别为:庞德拥有的《潇湘八景》册页、庞德笔录汉诗译稿、费诺罗萨笔记本和赫伯特·翟理斯(Herbert A. Giles)的《中国文学史》(A History of Chinese Literature, 1901)。① 值得注意的是,《〈诗章〉指南》问世六年前,荣之颖已在泰瑞尔主编的庞德研究专刊《派杜马》(Paideuma)上发表论文,确定曾宝荪对第49诗章的贡献。但《〈诗章〉指南》1980年初版和1993年修订版提及"庞德笔录汉诗译稿"时却漠视曾宝荪提供此译稿的重要事实。半个多世纪来,相当多的研究者以为庞德笔下的"中国"是因袭18、19世纪西方汉学家的译著,任其"天方夜谭"式的联想杜撰

---

① Carroll Terrell, *A Companion to The Cantos of Ezra Pound*, p. 190. 以下引自《〈诗章〉指南》的内容均直接在括号中标出 Terrell 和引文页码。

出来的。这个"中国"是西方人的"中国梦",是萨义德(Edward Said)所批判的"以欧洲为中心"的东方主义者的"中国"。泰瑞尔作为德高望重的庞德专家,有意无意为这种不经过认真调查的推断提供了依据。

庞德真是以18、19世纪西方汉学家的笔记和译著为唯一依据、凭自己的联想杜撰出了他笔下的"中国"吗?他真是一个"以欧洲为中心"的东方主义者吗?从上世纪90年代至本世纪初,笔者带着这个问题一次次去美国藏有庞德文档的图书馆,试图从庞德私人档案中探寻真相,以求正本清源。耶鲁大学拜纳基图书馆(Beinecke Library)原来就收藏了方志彤等八位中国学者给庞德的203封书信(其中65封来自方志彤)、4封提及与曾宝荪会晤的庞德家书。印第安那大学礼莉图书馆(Lilly Library)藏有方志彤给庞德的另外41封书信。庞德致方志彤的书信(108封)一直没有公开,直到1998年,亦即方志彤去世三年后,其遗孀方伊泽(Ilse Fang)才把这批珍贵的信札赠送给拜纳基图书馆。庞德给其他七位中国学者的书信,如果没有遗失,应该保存在这些学者或其亲属家里。于是,笔者多方寻觅,终于先后从王燊甫和另一位庞德友人生前同仁那里挖掘出了34封庞德书信。与此同时,为完成博士论文而采访过庞德的荣之颖教授给笔者寄来了7封庞德短笺的复印件;另一位庞德友人,华裔物理学家方宝贤给庞德的4张贺卡在拜纳基图书馆和礼莉图书馆方志彤文档中被发现。方宝贤在接受笔者访谈时拿出了自己珍藏了40多年的3封庞德短笺和一封庞德夫人代笔短笺,使现存庞德与中国学者往来书信、贺卡的总数达到400件。这些珍贵的信札证实,西方汉学家的笔记和译著不是庞德中国文化知识的唯一来源。事实上,自上世纪50年代起,庞德与中国交流的主要渠道已从阅读西方汉学家的译著转变为阅读原著,接触中国学者,不耻下问,向他们请教,与他们探讨。他们间的往来书信是庞德50年如一日,刻苦学习、介绍中国文学、文字、哲学,吸收其营养的可靠佐证,也是纠正庞德研究中种种曲解、误解不可辩驳的根据。

2003年,以纠正庞德研究中种种误解为宗旨的书信录《庞德的中国朋友》(*Ezra Pound's Chinese Friends: Stories in Letters*)得到美国哲学家学会基金的立项资助。蒙耶鲁大学拜纳基图书馆、印地安那大学礼莉图书馆、庞德儿女、庞德友人、庞德友人亲属和一大批庞德专家的鼎力协助,该项目于2007年结题,2008年由英国牛津大学出版社出版。庞德与十位中国文化精英自 1914 年至 1963 年间私人往来书信中的 162 件精品，经版权人准许，连同笔者撰写的绪论、10 篇前言、400 多条脚注和 53 篇人物简介，终于面世。①这些在不同背景、不同年代写下的私人往来书信，汇编在一起，有力地驳斥了某些批评家所谓"西方汉学家的笔记、译著是庞德接触中国文化的唯一渠道"、"庞德的汉译没有留下什么'中国'"②的武断。

《庞德的中国朋友》一经出版，即引起国内外学界的关注。英国《泰晤士报文学副刊》(*The Times Literary Supplement*)和《独立报》(*The Independent*)、意大利《自由报》(*Libero*)、美国《现代文学期刊》(*Journal of Modern Literature*)、香港《明报》纷纷发表书评。香港《明报》2008 年 8 月 30 日的书评对该书的内容和价值作了这样的概括：

> 过去研究庞德的学者，经常批评他闭门造车，不懂中文却看着中文的字形胡思乱想，甚至希望"按图索骥"，找出中文的原始寓意。一般总是说，庞德依据的只是 Guillaume Pauthier 的法译本《四书》、Ernest Fenollosa（1852－1908）讨论中国文字的文章、理雅各的儒家经典翻译，以及一本 Robert Morrison 的中文字典，再加上自己诗人式的自由联想。近年来有钱兆明的研究，上穷碧落下黄泉，找到了一大批庞德与中国学者的通信往来材料，这才让我们明白，原来庞德对中华文化和文字的认识，不完全是瞎猜，是认真向中国学者讨教过的。早在 1914 年，庞德就结识了曾在北京大学教书的宋发祥，还认真考虑过到中国工作。后来还认识了曾国藩的后代曾宝荪、在罗马教中文的杨凤岐、在哈佛研究并编纂字典的方志彤、失意于政治而研究宋明理学的张君劢、学经济的赵自强、研究比较文学的王燊甫、通晓纳西文化的丽江人方宝贤。对于这些承载中国文化的知识人，庞德或是亲聆教诲，或是书信往来，为了一个字的原

---

① 《庞德的中国朋友》收录庞德与九位中国朋友的 162 封往来书信和 4 封提及曾宝荪的庞德家书。全书分为十章：提及曾宝荪的庞德家书、庞德与宋发祥、杨凤歧、荣之颖、张君劢、赵自强、王燊甫和方宝贤往来书信各立一章，庞德与方志彤往来书信跨两章，收录张君劢书信的一章含郭长城给庞德的短笺。

② R. John Williams, "Modernist Scandals", in Sabine Sielke and Christian Kloeckner, ed. *Orient and Orientalisms in US-American Poetry and Poetics*, p. 147.

始字义可以穷根问底。①

《庞德的中国朋友》首次公开了庞德与中华才俊原始对话中的一部分精品，填补了庞德研究中的一个空白，从而在学界引起了一些波澜。但是该书毕竟不是论著而是书信集，其绪论和10篇前言至多只是简略地介绍了各中华才俊与庞德的关系、对庞德的影响。但是要全面揭开中华精英对庞德的影响、理清庞德探索、吸收中华文化的全过程，尚需国内外庞德学者再接再厉、共同努力。本书正是针对这一目标，尝试以已发表和未发表的原始话语资料为立论根据，对庞德1914至1963年间与中华才俊的交流合作及其影响加以全面系统的梳理和评论。

二

《中华才俊与庞德》由笔者与四位中青年学者合著。我们希望借此梳理和评论推动我国庞德研究国际化，一改以往回避参与国际学术辩论的倾向，积极关注国际庞德研究中的讨论和争辩，特别是围绕中华文化之影响的讨论和争辩。我们期待藉此梳理和评论增强我国庞德研究的信度和深度，摆脱以往"文本中心"的定式，转向"人本中心"，重点考察诗人与他周围人的思想交集，探索出庞德在与中国文化精英交往中不断重新认识中国文化的脉络。不过从"文本中心"转向"人本中心"不是摒弃"文本"，而是打破"文本"的禁锢，把"文本"置于社会和文化的大语境。作家同我们普通人一样，是生活在社会中的人，脱离不了周围的人和事的影响。要研究庞德对中国文化不断深化的认识，就需要细致地搜寻庞德不同时期与周围人交流的话语资料，包括他和友人的书信、贺卡、文稿、译稿、眉批和回忆录、友人或友人家属的访谈录等等。"人本中心"不是"唯人本是从"，而是注重"人本"，强调从庞德与周围人交流的语料出发，将其同"文本"一一对照，作缜密的比较分析，以便查实相关人、事对庞德乃至其《诗章》、儒家经典译著产生的影响。这样的研究当然不是纯文学研究，而是跨中西比较文学和中美交流史的研究。我们认为只有以多维视野的思考，站在中西比较文学和中美交流

---

① 郑培凯：《庞德爱中国》，香港《明报》2008年8月30日。

史的结合点上,才有利于梳清庞德逐渐加深认识中国文化的来龙去脉。

讲西方作家和作品难免要运用一些西方文学批评理论,为了面向更多爱好外国文学的读者,本书讲学术而不多用西方文学批评理论术语。比如,我们主张从"文本中心"转向"人本中心",其实就是从马克思辩证唯物主义的观点出发,兼收并蓄上世纪末新兴的"新历史主义"的文学批评视角和方法。这里不引经据典详述"新历史主义"的来历和要素,相信有兴趣的读者自己会查。篇幅留给了运用和实践,读者一旦觉得说服力强,自然会学而用之。同唯物辩证法一样,新历史主义强调文学研究必须是动态的,不能用片面、静止的的观点来评估作家和作品。以庞德为例,我们不能因为他在上世纪初欧美新诗运动中的功劳而忽视他二战期间在罗马发表亲意大利法西斯、反美国联邦政府、反犹太广播演说的言行。反过来,我们也不能因为他在二战期间所犯的严重错误,一笔抹杀他早期和晚期对诗歌创作和翻译作出的杰出贡献。上世纪国内外庞德研究几起几落,说到底就是因为偏离了"动态的"辩证历史观。

庞德是一个怪才,其功过都很显著。对他的评估如果随大流且又限于读某篇作品或某一阶段的作品,就很容易失之片面。上世纪庞德研究之所以长期处于低谷,就是因为批评者不能摆脱静止的历史观,一味片面地评价庞德,抓住一点(他发表过亲法西斯、反联邦政府的言论,在华盛顿圣伊丽莎白精神病医院被监禁十二年之久),不及其余。上世纪六七十年代,随着后现代主义运动的兴起,庞德所代表的西方现代主义又被后现代主义评论家指责为"右派"文艺思潮。一时间,庞德似有永世不得翻身的迹象。

近十多年庞德研究何以又火了起来呢?越来越多的学者重新审视了西方文艺思潮的变迁,意识到现代主义是一场同文艺复兴、浪漫主义一样自下而上、向传统挑战的文化大革命。一度被指责为"右派"、"文学权威"的现代主义诗人、小说家,在上世纪初新旧文化转型期,是旧文化的"叛逆者"、新文化"创新精神"的旗手和开路先锋。浏览 1916 至 1917 年伦敦的主要报刊,我们会惊奇地发现庞德、艾略特的现代派处女作曾被批判为"左派宣传"和"红色颠覆"信号。[①] 庞德、艾略特等现代主义诗人在历史上的功过,应该一分为二,不可草率论定。既不能因

---

① George Bornstein, *Material Modernism*, pp. 32–33.

为其功而抹煞其过，也不能因为其过而否定其功。平心而论，撇开现代主义来研究英美文学就"有失大雅"，而撇开庞德来研究英美现代主义文学就有失全面。今天国内外有这么多研究生、博士后乃至资深学者、教授在研读庞德不仅因为他的《诗章》是不可多得的现代主义杰作，还因为他是 20 世纪新诗学的建筑师，他的文学批评，依艾略特之见，"是英美当代文学批评中最重要的"①。再者，庞德曾影响了一大批作家和艺术家，为他们开路、宣传，让他们迅速成为现代主义文艺运动的风云人物。爱尔兰诗人、诺贝尔奖得主叶芝能走出 19 世纪的阴影，与庞德大胆斧正他的诗稿分不开。美国女诗人希尔达·杜利特尔（Hilda Doolittle）的"意象主义"天才，为庞德最先洞察。1912 年在伦敦发起的意象主义诗歌运动，据庞德向美国《诗刊》主编哈丽特·门罗（Harriet Monroe）透露，本来就是为了"吸引人读杜利特尔的五首诗"②。法国雕塑家戈迪埃—布尔泽斯卡（Henri Gaudier-Brzeska）的艺术天赋亦为庞德最先发现，庞德与英国艺术家温德汉·刘易斯（Wyndham Lewis）一起发动"旋涡派"诗画运动，才得以把他的前卫作品推介给了欧美艺术爱好者。艾略特的《荒原》初稿经庞德大刀阔斧删节修改才成为现代主义诗歌的扛鼎之作。乔伊斯的现代主义巨著《尤利西斯》经庞德推荐才得以先在美国《微言评论》（The Little Review）连载发表。美国作家弗罗斯特、威廉斯、海明威、卡明斯、欧洲艺术家爱泼斯坦（Jacob Epstein）、布兰库西（Constantin Brancusi）等在成名前都得到过庞德不同形式的帮助。

对我国外国文学研究者而言，庞德研究还有一层特殊的意义。英国学者汤姆·司科特（Tom Scott）在 1969 年曾预言："中美对话将在下个世纪全面展开，乃至主导一切。在这场对话中，庞德的诗歌将占现今尚不明显的一席地：他给我们编织了一个新的体系，至少是潜在的体系，这个体系中不仅有欧洲和美国元素，还有中国元素。"③ 司科特有关中美对话的预言本世纪正在实现。庞德的诗歌和翻译在这场空前广泛的中美对话中究竟占什么位置？他编织的那个新的体系同本世纪真实的世界体系有何异同？庞德的体系中有哪些因素是现实的中国因素，哪些是虚构出来的、非真实的中国因素？庞德体系中真实的中国因素有哪些是通过

---

① T. S. Eliot, Introduction to *Selected Poems of Ezra Pound*, p. x.
② 转引自 Hugh Kenner, *The Pound Era*, p. 177.
③ Tom Scott, "The Poet as Scapegoat," *Agenda* 7.2 (1969): 51.

中美对话获得的？落实到八位庞德的中国友人，他们各自对庞德认识或再认识中国文化做出了什么具体贡献？庞德通过中美对话获得的新知具体又运用在哪里？这些运用和实践对开拓、发展现代主义诗歌有何特殊意义？21世纪的中国学者有义务和责任协同西方同仁通过客观、认真、深入的研究，对以上问题作出正确的回答。

庞德从未到访过中国，他对中国文化的兴趣始于流入欧美的中国艺术品。据他回忆，费城北郊温寇特（Wyncote）他的父母家就收藏一只精致的明代瓷瓶。庞德未满16岁入美国常青藤高校之一的宾夕法尼亚大学读书，在大学新建的博物馆，他接触到了中国的木雕、字画、瓷器和佛像。庞德23岁飘洋过海去英国，接下来的五六年间他经常出没于伦敦大英博物馆。大英博物馆收藏的商周青铜器、唐宋水墨画和明清瓷器让他大开眼界。大英博物馆东方馆副馆长劳伦斯·比宁（Laurence Binyon）既是诗人又是东方艺术鉴赏家，很快成了庞德的中国艺术启蒙老师。1908年比宁所著艺术评论集《远东绘画》（*Painting in the Far East*）、1909年所作题为《东西艺术和艺术思想比较》（"Art and Thought in East and West"）、伴有幻灯片演示的讲座、1910年主办的大英博物馆中日画展让庞德终生受用不尽。1913年，亦即他同希尔达·杜利特尔等青年诗人一起发动意象主义诗歌运动的第二年，一个偶然的机会让他与中国文化结下了不解之缘。那年秋天，他与原波士顿美术博物馆东方馆馆长厄内斯特·费诺罗萨的遗孀玛丽会面。费诺罗萨（Ernest Fenollosa，1852－1908）旅日十二年间曾跟日本教授学习过汉诗和日本能剧，返回美国后他起草过一篇题为《作为诗歌媒介的汉字》（"The Chinese Character as the Medium for Poetry"）的演讲稿。庞德的天资和真诚让玛丽·费诺罗萨决定将先夫的汉诗、日本能剧笔记及《作为诗歌媒介的汉字》的讲稿寄给他，并授权他将其整理出版。费诺罗萨的笔记和遗稿让庞德从汉诗和日本能剧中看到了具有更高超艺术能量的"意象主义"。他1915年转译自费氏笔记的《华夏集》（*Cathay*）为他赢得了"我们时代中国诗的创造者"①的美誉，并为他走向现代主义铺平了道路。

《华夏集》究竟是翻译还是创作？在这个问题上学界的争论远未结束。研究《华夏集》似乎都要引艾略特的评语："庞德是我们时代中国

---

① T. S. Eliot, Introduction to *Selected Poems of Ezra Pound*, p. xvi.

诗的创造者。"对文学批评理论一知半解而又不重视细读文本的研究者，从"创造者"一词联系到萨义德的名言"东方几乎是欧洲的创造"① 往往会盲目下结论，称庞德为随意创造中国诗的"东方主义者"。殊不知，庞德的"创造"有异于萨义德所言"欧洲的创造"，其意图不在于证明东方低劣，而在于证明东方——尤其是东方古典诗歌——优于西方。《华夏集》出版后不久，庞德曾在《中国诗歌》（"Chinese Poetry"）一文中以李白《玉阶怨》为例，盛赞唐诗不仅意象丰富而且含蓄——"西方人不读上几遍，捉摸不出多少意思"，并以李白《长干行》为例指出"戏剧独白"西方虽有，不如此诗这般动人心弦。② 严格地说，《华夏集》的诗歌既不是单纯的翻译，也不是单纯的创作。多数西方学者研究《华夏集》因为不懂中文，局限于将庞德的诗与费诺罗萨相应的笔记作比较，往往过分强调庞德的创造性。而多数中国学者因为不易见到费诺罗萨的中国诗笔记，局限于将庞德的诗与李白等人的原诗作比较，往往偏重矫正其误译。二者都犯了瞎子摸象的错误。叶维廉先生早在上世纪60年代末就给我们研究《华夏集》指出了一条正确的路径。③ 那就是将《华夏集》的诗歌同费诺罗萨相应的笔记和李白等人的原诗作三向对比。只有这样我们才能识别《华夏集》中哪些误译源于费诺罗萨或其日本导师，哪些误译真正出自庞德。也只有这样我们才能判断哪些"独创"与原创吻合，恰是庞德以意象派诗人独具的嗅觉和才华、对照上下文或中国水墨画中的形象，纠正了费诺罗萨的误译、恢复了汉诗原意；哪些"独创"是鉴于意象主义或反战的需要而背离原诗、背离费诺罗萨笔记的"独创"。《华夏集》的完成让庞德在译介汉诗精品的同时锤炼了英诗的风格，从意象主义走向旋涡主义、从初级现代主义走向高级现代主义。对我国外国文学研究者而言，挖掘古典诗精品中有哪些因素真正促使庞德走向高级现代主义才是对庞德研究最实在的贡献。要做到这点没有深厚的英美文学功底、没有识别初级现代主义和高级现代主义异同的能力是不行的。

庞德对中国文化的认识是一个不断修正、不断深化的过程，影响这一过程的因素比我们想像的要多得多、复杂得多。研究这个课题切忌简

---

① Edward Said, *Orientalism*, p. 1.
② Ezra Pound, *Ezra Pound's Poetry and Prose*, vol. 3, p. 85, p. 108.
③ Wai-lim Yip, *Ezra Pound's* Cathay, pp. 84–85.

单化,将庞德在特定时期的观点看成一成不变。例如,在相当长一段时间内,庞德对汉字的认识的确过于强调字形而近乎否定语音。在翻译汉诗和儒家经典时,将在汉字中只占九分之一或十分之一的象形字、表意字的造字原理推而广之,难免会闹出一些笑话。不少批评庞德曲解汉字的学者爱嘲笑他如何将《论语·学而篇》首句"学而时习之"译为"Study with the seasons winging past"。① 此例击中了庞德的问题要害。他把繁体"习"字(習)里"双翼"的形象译出来,说是挖掘丢失的孔子原义,其实难避"画蛇添足"之嫌。然而,这个例子并不足以代表庞德的全部汉译,他的汉译中毕竟不乏佳例。况且,庞德并没有终生漠视汉字的语音。上世纪50年代,方志彤等学者帮助他认识到了汉语语音的重要性,于是他便努力纠正自己的错误,在后期的诗章中他用汉字尽量做到了音、形、义兼顾。如第85至89诗章和第96至98诗章出现的汉字几乎都注了带四声上角符号的韦氏拼音;第99诗章既含直接用韦氏拼音表义的诗句,也含汉英混合押头韵的诗句;第110诗章还收了一行用韦氏拼音写的汉诗:"yüeh$^{4.5}$ | ming^{2} | mo$^{4.5}$ | hsien^{1} | p'eng^{2}"②,亦即"月明莫先朋",表达他对先后逝去的诗友刘易斯、杜利特尔等人的深切怀念。

庞德素以西方的"儒家诗人"闻名于世,他不仅翻译过《四书》和《诗经》,而且在《诗章》中一再引用儒家经典。上世纪三四十年代,他曾在《中国史诗章》中不厌其烦地褒儒贬佛道,宣扬中国史所谓"尊儒则兴,从佛则衰"的规律。然而,"唯儒独尊"、"鄙视佛道"并不能概括庞德一生的观点。须知,最早影响庞德的费诺罗萨旅居日本时就皈依佛教,其《中日艺术时代》(*Epochs of Chinese and Japanese Art*, 1912)描绘的观音形象1917年就进入庞德《准诗章》,亦即在1917年夏三期《诗刊》上陆续发表、后被遗弃或改写的第1至第3诗章。1945年,庞德被监禁在意大利比萨训诫中心时创作的《比萨诗章》里,观音作为救世主的形象曾一再出现。③ 上世纪50年代初,庞德在方志彤的敦促下开始关注老庄哲学,自修了中文版的《易经》、《道德经》和《庄子》。1957

---

① Ezra Pound, *Confucius*, p. 195. 以下引用该书内容均直接在括号中标出 Pound, *Confucius* 和引文页码。

② Ezra Pound, *The Cantos* (1998), p. 798. 以下引自《诗章》的内容均直接在括号中标出 *Cantos* 和引文页码。

③ Zhaoming Qian, *The Modernist Response to Chinese Art*, p. 13. 以下引该书内容均直接在括号中标出 Qian, *Modernist Response* 和引文页码。

年，受学过经济学的友人赵自强的影响，研读了《管子》，并在第106诗章赞扬法家管仲"积粮"、"富民"、"田税"等政治经济政策。晚年，他还结交了旅美纳西族学者方宝贤，开始学习纳西象形文字、研究纳西宗教礼仪。在《诗章》的最后一部《诗稿与残篇》，他将原纳西王国古都丽江比作"人间天堂"，并大力颂扬纳西族融合佛、道、儒三教的祭天仪式和给殉情青年男女操办的送鬼仪式。庞德当年曾坦率地向到圣伊丽莎白医院看望他的威廉·麦克诺顿承认："我无疑忽视了佛教和道教中的积极因素。这些宗教中显然也包含一定的价值。"①

庞德最早获得的一部儒家经典译本是1841年鲍狄埃（M. G. Pauthier）法译《四书》（*Les quatre livres*）。1925年他在第13诗章引译《论语·先进篇》、1928年他发表英译《大学》（*Ta Hio*），均以此为祖本。1937年前后，庞德获得了法国传教士冯秉正（de Moyriac de Mailla）十三卷法译《中国通史》（*Histoire générale de la Chine*，1777–1785）。以此为依据，他创作了第52至61诗章，亦即《中国史诗章》，将中国尧舜至雍正的王朝演替史，与其后写的《美国史诗章》（第62至71诗章）并置，暗示他认可的治国之道。二战期间和二战后，庞德以19世纪英国传教士理雅各（James Legge）的英汉对照本《四书》为基础翻译《大学》、《中庸》和《论语》。上世纪50年代中，庞德在圣伊丽莎白医院创作第98和99诗章，引用康熙和雍正的治国之策《圣谕广训》，赞扬"忠孝治天下"、"尊学务本"的政治思想，所用底本为英国传教士鲍康宁（F. W. Baller）的《圣谕广训·白话译本》。根据以上事实，某些西方学者不经细读作品就得出了结论：庞德的译著与18、19世纪西方的"东方主义"译著一样，不可避免地打上了"东方主义"的烙印。②其实，庞德对这些"东方主义"的译著历来持保留态度。1915年，读完鲍迪埃法译《四书》，他即向父亲询问，有没有"像样的"儒家经典译本。（转引自 Qian, *Modernist Response* 47）至于理雅各的英汉对照本，庞德则曾埋怨它套用"基督教词语太多"，但凡孔子的见解与

---

① Williams McNaughton, "A Report," *Paideuma* 27.1 (1998): 130.
② R. John Williams, "Modernist Scandals," in Sabine Sielke and Christian Kloeckner, ed. *Orient and Orientalisms*, p.149.

圣·保罗有分歧，理雅各便要在脚注中指出孔子之见是错误的。①庞德在与中国的交往过程中，立场迥异于他人。萨义德指出，西方人探索东方总想"征服之、重构之，树立起自己的权威"②，庞德却是个例外。他只想从中国文化中找到救治西方弊病的良药。在1915年2月发表的《文艺复兴》（"The Renaissance"）一文中，庞德曾预言："本世纪人们将在中国发现一个崭新的希腊。"③同年，他甚至批评自己第一个中国文化老师比宁"老爱倒退到19世纪的欧洲，老爱把中国人的智慧与西方先例扯在一起"④。1937年，他发表长篇论文《论亟须孔子》（"Immediate Need of Confucius"），明确指出，"西方与远东的交往是在西方堕落的时代展开的"⑤。

三

《中华才俊与庞德》全书除绪论和后记外，分为八章，按结交先后次序排列，对宋发祥等八位中华才俊与庞德的撞击、合作及其影响展开深入的评述，在此基础上对融入他们间交流、合作内容的诗章、论著、译著作跨文化的解读。第一章论宋发祥与庞德早年的尊孔论文（1914至1919年）；第二章论曾宝荪与庞德《诗章》中的潇湘八景（1928至1937年）；第三章论杨凤歧与庞德在政治上的争辩和儒家经典翻译上的合作（1939至1942年）；第四章论方志彤与庞德《诗章》中的《尚书》和《孟子》（1950至1958年）；第五章论张君劢与庞德在新儒学问题上的分歧与暗合（1953至1957年）；第六章论王燊甫与庞德《诗章》中的《圣谕广训》（1955至1958年）；第七章论赵自强与庞德《诗章》中的《管子》（1955至1958年）；第八章论方宝贤与庞德《诗章》中的纳西文化（1953至1963年）。

1914年初，正在整理费诺罗萨汉诗笔记的庞德与在美国获得过三个学位的北洋政府造币总厂总监宋发祥（1883—1940）在伦敦邂逅。宋发

---

① 转引自 Zhaoming Qian, *Ezra Pound's Chinese Friends*, p. 38, p. 106. 以下引用该书内容均直接在括号中标出 Qian, *Chinese Friends* 和引文页码。
② Edward Said, *Orientalism*, p. 3.
③ Ezra Pound, *Literary Essays*, p. 215.
④ Ezra Pound, *Ezra Pound's Poetry and Prose*, vol. 3, p. 99.
⑤ Ezra Pound, *Selected Prose*, p. 76.

祥是庞德父亲的同行，1914至1919年曾积极为庞德在华谋职，可惜此事未能如愿。宋发祥来去匆匆，未能给庞德解读费诺罗萨笔记里李白等人的古典诗提供帮助。倒是庞德帮他在伦敦的现代派刊物《自我主义者》（*The Egoist*）上发表了两篇英文文章。其中一篇从民主革命时期典型的"科学救国"思想着眼，批判了儒家提倡的"安贫乐道"，否定物质追求，使中国"积贫积弱"，落后于世界。这篇文章让庞德对中国文化的热情从诗歌扩大到政治、历史和哲学。对照宋发祥论文研读鲍狄埃法译《四书》后，庞德于1914年和1918年先后发表两篇短文，郑重指出上世纪初西方和中国的贬孔潮流忽视了孔子对美和尊严的追求，从而否定了孔子强调的以"仁"为中心的人性论。同这股贬孔潮流针锋相对，他盛赞孔子在追求精神乐趣的同时认同富国强兵的政治理想，因而更为博大、开放，优于狭隘的基督教文化。虽然后来庞德对儒学的理解有所发展，但是他在1914至1918年间对儒家精神的想像长期主导了他日后的《诗章》创作。庞德固然未能像当代新儒家那样洞察传统儒家思想的局限，但他无疑是一位对儒文化怀有真正热情的另类"东方学者"。

宋发祥激发庞德写下的第二篇短文引译《论语·先进篇》孔子与四弟子的对话，为《诗章》第13章作了重要铺垫。宋发祥是庞德探索中国文化的第一位中国老师，研究儒学对庞德的影响，不能不研究庞德与这位民主革命先驱的思想交锋。不过宋发祥毕竟没有参与《诗章》创作。参与庞德《诗章》创作的第一人是湖南才女曾宝荪（1893—1978）。《诗章》第49章又称《七湖诗章》，是庞德本人最喜爱的诗章之一，其主要参考是庞德父母收藏的一本《潇湘八景》诗画册页。初识汉字的庞德单凭英汉字典当然看不懂册页所收的八首汉诗。1928年，长沙艺芳女校校长曾宝荪赴耶路撒冷参加世界基督教大会，途径意大利拉巴洛城（Rapallo）会友。定居在那里的庞德得以同她会晤，当面讨教。来自潇湘地区、贯通古汉语和英语的曾宝荪不仅给庞德口译了这八首诗，还介绍了"潇湘八景"诗画传统，庞德笔录的曾宝荪译稿是《七湖诗章》的重要依据。对《七湖诗章》的研究至今未见有人从中美交流的视角加以跨文化解读。比如，对庞德何以将"潇湘八景"称作"七湖"，众说纷纭。据我们考查，司马相如《子虚赋》至唐宋诗词，多有以"七泽"称楚地诸湖泊。熟读古典诗词的曾宝荪在介绍潇湘地域文化时，显然引用了"七泽"的说法，并直译为"seven lakes"，于是被庞德拿来用于第49诗章首句。又如，该诗章被誉为现代主义拼贴诗的佳例，庞德何以将《潇湘八景诗》与古民谣《击壤歌》、《卿云歌》叠加？其奥秘亦在曾宝荪的跨文化解读。她的粗译和解释透露了《潇湘夜雨》"只向竹枝添泪痕"句与尧舜之关系，于是庞德才有心从费诺罗萨汉诗笔记中找出《击壤歌》的译文、《卿云歌》的日语注音，插入第 49 诗章，前后呼应，缅怀古代盛世"太平无日不春风"的美好景象。

上世纪三四十年代，庞德和持有罗马第一大学博士学位的中文教员杨凤歧（1908—1970）同为外国人侨居墨索里尼法西斯统治下的意大利。1939 年，两人在罗马中远东研究所图书馆偶遇，结识为友。杨凤歧很尊重这位著名的美国现代派诗人，也很乐意解答他有关中国的各种问题。当年，庞德正试图将《四书》中的《大学》和《中庸》翻译成意大利文，杨凤歧很快成了他的"活字典"。然而在政治问题上，他们二人话不投机。杨凤歧坚决反对庞德的法西斯立场。就中国抗日的话题，他们二人书来信往、争论不休。庞德每次出言不逊，杨凤歧都立即予以反击。某些西方学者认为，庞德对儒学的研究导致他投入了法西斯的怀抱。其根据是庞德曾将儒家和法西斯混同称为"极权主义"。① 蓝峰所著《庞德和儒学》通过分析儒家经典，驳斥了这一悖论。② 二战期间庞德与杨凤歧频繁交流的原始资料为蓝峰的观点提供了有力的佐证。1940 年，杨凤歧曾因庞德坚持法西斯立场一度中断与其通信联系，但是对儒家《四书》的共同兴趣不久又挽回了他们间的友谊。作为一名儒者，杨凤歧认为庞德的法西斯立场和儒学是两个并存而不能等同的思想体系。得知庞德在研读《四书》后，杨凤歧便鼓励他"专心于此"（Qian, *Chinese Friends* 37），目的显然是让其潜心研究儒学。杨凤歧对庞德儒家思想的成型与转变产生过影响。就是在二人交往期间，庞德首次对理雅各译文所传达的新儒学思想有了警觉，并提出将之与正统儒学加以区别。

战后庞德因受"叛国罪"指控被监禁在华盛顿圣伊丽莎白精神病医院，与世隔绝，深为沮丧。1950 年 12 月哈佛大学资深学者方志彤的来访让他感到如鱼得水。方志彤（1910—1995）是庞德这一时期不可多得的知己、最信赖的中国朋友。方志彤对庞德儒学翻译的贡献不限于为其英译《大学与中庸》写《石经简解》，为其英译《诗经》写代序。以上二

---

① Ezra Pound, *Selected Prose*, p. 85.
② Feng Lan, *Ezra Pound and Confucianism*, pp. 216–17.

书的刊印，从封面设计到订正拼音、汉英对照排版，方志彤都费尽了心血。方志彤对庞德既能不吝惜褒奖其独到的解释和翻译，也能直言不讳地批评其误读和偏见。1951 至 1952 年，方志彤劝说庞德把阅读范围扩大到《四书》之外。尽管庞德在读了《十三经》之后仍称"一切答案尽在《四书》之中"（Qian, *Chinese Friends* 56），方志彤还是向他推荐《尚书》，赞之为"众经之首"（同上 47）。他还给庞德提供理雅各（James Legge）的英汉对照《尚书》和中文原版《尚书》，并在通信中不厌其烦地详细讨论重点章节，促使《尚书》成为庞德创作第 85 和第 86 诗章的核心素材。方志彤还让庞德的注意力转到《孟子》。庞德尽管节译过《孟子》，对孟子的"仁义礼智"四端说等却一知半解。在他们二人的往来信件中，我们不仅能目睹方志彤和庞德围绕"仁义礼智"四个关键字的热烈探讨和争论，目睹一个"动态的"庞德，"在学习、质疑、争辩中认知中国"的庞德①，而且能了解到这位现代派诗人如何将其新知融入《钻石机诗章》（*Section: Rock-Drill*）。美国《现代文学期刊》2010 年书评称《庞德的中国朋友》为"学者解读《大学》、《诗经》、《钻石机诗章》的可靠指南"②。其实，《庞德的中国朋友》只是为有这样一本指南作了准备。希望这里的阐发、评论能真正有助于读者探索庞德的心路历程、读解他的有关诗章和儒家译著。

　　和方志彤同时期与庞德交往的中国学者中还有民国时期著名的政治家和当代新儒学代表人物张君劢（1886—1969）。1953 年流亡华盛顿的张君劢通过跟庞德学习儒家经典的威廉·麦克诺顿的引荐与庞德结识。在首次会晤中，庞德毫不隐讳他对儒学"后来的扩充"不以为然，希望"还儒归孔"（"Confucianism as Confucius had it"）。(Qian, *Chinese Friends* 105) 张君劢认为儒学是"入世"的传统，他反对把儒学当作"博物馆藏品"般一成不变的理解。作为旁观者的麦克诺顿则认为在两人的交谈中，张君劢其实是更正统的儒者。（同上 97）庞德曾言"有四个真正的儒派传人同心协力，就可以拯救中国"，而张君劢引《尚书·秦誓》含笑答曰："一人足矣。"（同上 105）庞德与张君劢的中西对话彰显了《钻石机诗章》中反复出现的"亦尚一人"或"一人"与该诗章母题的关系。庞张明争暗合，关系微妙。在《御座诗章》中庞德一反常态，颂扬

---

① Nick Selby, "Ezra Pound's Chinese Friends," *Times Higher Education* 5 June 2008.
② Anne Hoff, "Language Lessons," *The Journal of Modern Literature* 33.2 (2010): 159.

初清儒家"扩充"《圣谕广训》。其儒学观的又一次转折不能说与张氏的影响无关。

《御座诗章》(Thrones)于1959年12月发表,其中的第98和第99诗章涉及中国早清历史,和康熙、雍正制定的《圣谕广训》形成互文。庞德在《大学与中庸》的译者序语中指出:"从中国历史的发展来看,当统治者理解贯彻孔子的智慧时,其管治就能和平持久,当孔子思想被忽略时,王朝便开始衰落,纷争四起。历史反复证明,孔子思想是唯一有效协调社会之道。"(Pound, Confucius 19)清朝统治者颁发的以儒家思想为准绳的《圣谕广训》,为庞德这一论点提供了注解,《圣谕广训》也因此而成为第98、99诗章的核心来源。庞德创作《御座诗章》时参考的是1907年再版的鲍康宁(F. W. Baller)的《圣谕广训·白话译本》。此书为英汉对照,但编译者鲍康宁只翻译了白话文《圣谕广训直解》,附录的雍正《广训》和《广训序》没有译文。庞德对雍正《圣谕广训》原文更感兴趣,但阅读其文言文困难重重。1955至1958年,庞德与1949年移民美国的江南才子王燊甫(1931—1977)频繁通信、会面。王燊甫在庞德的敦促下,翻译了部分《圣谕广训》,并解释了其中某些关键词和文化背景,为《御座诗章》的创作作出了不容忽视的贡献;这位被称为"火大王"(Flame-king Style)的青年诗人与庞德的跨文化交流,由于《马氏英汉字典》中没有收入他名字中的"燊"字,而永远留在庞德的"天堂之作"——《御座诗章》中。

1957至1958年,庞德突然关注起法家经典《管子》,在第106诗章称"人的力量在五谷/《管子》第八篇 九令";"如何治国始于管子的时代"。(Cantos 772)庞德晚年怎么会突然推崇《管子》?他与跨英美文学和经济学两门学科的中国学者赵自强文化交流的原始资料为解开这一谜团提供了钥匙。在1948年发表的《比萨诗章》之80章,庞德即已摘引孔子对管子的赞语("'But for Kuan Chung,'sd/ Confucius/ 'we shd / still be buttoning our coats tother way on'")(Cantos 519),但他一直以为法家经典《管子》在秦始皇焚书时就已佚失。是赵自强(1913—1985前后)于1957年首先告诉他《管子》不仅流传至今,而且已有英译本。1957年夏,他不仅帮庞德函购中文版《管子》,还将英译本中管子重农思想与货币理论的关键内容摘抄给庞德,随信还附上了摘自《古代中国经济问答》的管子简介。《管子》的国家货币政策和重农观点恰与庞德的一贯思想吻合，研读《管子》使他对儒学的渊源和开放性有了更深刻的理解。要解读《御座诗章》第106章庞德深化了的治国理想、观念，我们不能不关注诗人与赵自强的跨文化交流。

庞德晚年对东方的兴趣超越了中国主流文化的界限。丽江山水和纳西宗教礼仪频频出现于《诗章》的最后八章片断，标志着诗人向往的理想王国已由《诗章》前109章中的威尼斯、雅典、亚当斯政府、孔林、七湖、康熙—雍正王朝转化为象征纳西文化的丽江。唯儒独尊的庞德怎么会接受以佛道为本的纳西宗教礼仪？促使庞德思想转变的因素很多，但关键之关键是他与旅美丽江学者方宝贤的跨文化交流。1954年，庞德从刚获物理学博士学位的方宝贤（1922—2011）那里获知，纳西文字是世界上罕见的"活着的"象形文字。他当即拜方宝贤为师，以古稀之年向他学习纳西文字和文化。据《〈诗章〉指南》，庞德纳西诗篇的依据是美籍奥地利植物学家兼探险家、人类学家洛克（Joseph Rock）的论文《纳西祭天仪式——孟本》("The Muan Bpö Ceremony or the Sacrifice to Heaven as Practiced by the Na-khi"）及其译注的纳西叙事诗《开美久命金》("The Romance of K'a-mä-gyu-mi-gkyi, A Na-khi Tribal Love Story"）。(Terrell 652，713）庞德保存了三年的那两册书其实是方宝贤借给他作教科书用的。1958年初，庞德又开始阅读方宝贤推荐的《被遗忘的王国》（*Forgotten Kingdom*），并与该书作者、留居丽江八年的俄国旅行作家顾彼得（Peter Goullart）通信。庞德返回意大利后，两册洛克著作物归原主。方宝贤珍藏了半个世纪的《开美久命金》上还保存着他为庞德添加的许多注释。庞德《诗章》中写到的纳西族"孟本"祭天仪式和超度殉情而死的情死鬼的"大祭风"，既用了洛克和顾彼得的素材，也吸收了方宝贤口头提供的活材料。将纳西诗篇置于庞德、方宝贤、洛克、顾彼得频繁交流的文化大语境，我们才能把握纳西诗篇的深层内涵。也只有将纳西诗篇置于这样一个大语境，我们才能理解当年庞德何以会背离儒家"不言来世"的原则，突然关注起死者并真诚地希望确有来世。

庞德六十年创作生涯大致可分为五个阶段。令人惊讶的是，其中每一段历程都与吸取中华文化营养息息相关。1908至1912年常被称为庞德的"大英博物馆时期"。在这一阶段，19世纪英国"前拉斐尔派"风格依然主导着庞德的诗歌创作。据他在一次访谈中称，他下午常与英国现代主义小说家、评论家福特·马多克斯·福特（Ford Madox Ford）在一起打球交谈，晚上则是大诗人叶芝家的常客。①其实，这一阶段对他影响较大的英国人还有共进午餐的比宁。福特对他陈旧的诗体的批评和对精炼的散文式语言的强调、比宁对中国画和中国美学思想的推崇，从不同的角度为庞德走向现代主义作了垫铺。1912 至 1920 年被称为庞德的"意象主义"和"旋涡主义"时期。这是他整理费诺罗萨笔记、出版《华夏集》、进而在现代主义运动中叱咤风云的时期，也是他结识宋发祥、研读法译《四书》、参与儒学辩论、为成为"儒家诗人"奠基的时期。1921 至 1945 年，庞德运用费诺罗萨《作为诗歌媒介的汉字》的理论开创了"表意诗学"，并用之于《七湖诗章》、《中国史诗章》和《美国史诗章》的创作。在这一阶段，他误入意大利法西斯主义歧途，在罗马发表反联邦政府、反犹太的广播演说。也就是在这一阶段，曾宝荪参与了《七湖诗章》的创作，杨凤歧为庞德用意大利文翻译《大学》和《中庸》作出了贡献。1946 至 1958 年是庞德翻译出版《大学》、《中庸》、《论语》和《诗经》的阶段，也是他将《尚书》、《孟子》精髓写入《钻石机诗章》、将康熙—雍正《圣谕广训》写入《御座诗章》的阶段。帮助他读解《四书》、《诗经》、《尚书》、《孟子》、《管子》和《圣谕广训》的不仅有博学的方志彤和张君劢，还有勤奋的赵自强和王燊甫。庞德创作生涯的最后一个阶段，即 1958 年离开圣伊丽莎白医院、重返意大利至 1969 年《诗章》最后一部分《诗稿与残篇》（*Drafts & Fragments*）面世，在有些评论家看来是庞德走向沉默和现代主义走向衰败的阶段。本书第八章将揭示，在这一阶段，庞德出人意料地突破了中国主流文化和儒学的局限，用洛克、方宝贤等提供的纳西宗教文化素材写出了脍炙人口的纳西诗篇。在后现代主义崛起的年代，他不仅没有沉寂，还为现代主义诗歌谱写了灿烂的新篇章。

综上所述，自 1914 年起庞德探索中国文化的每一环都与旅美、旅欧中国学者的交流紧密相关。在这五十年的交流历程中，他相与往来的无一不是中华文化的精英。宋发祥从政前是北京大学教授、中国矿物学的开创者之一。曾宝荪是曾国藩的曾孙女，于 1916 年作为华中第一位女留学生在伦敦大学获理学士学位，1917 年回国后即在湖南长沙创办了中国第一所包含小学、中学、大学三部门的女校"艺芳馆"，她是我国最早

---

① Donald Hall, "Ezra Pound: An Interview," *Paris Review* 28 (1962): 47.

一批女校长中的佼佼者。此外，她还是台湾名牌私立大学东海大学的创办人之一。张君劢是著名的政治学教授和儒学思想家，中国起草宪章第一人。1946年春他参加联合国宪章大会，代表中国签署《联合国宪章》。方志彤是钱锺书先生的清华同窗。钱锺书不轻易夸奖人，但他夸奖过方志彤。① 方志彤抗战时曾任辅仁大学《华裔学志》的编辑，1947年应哈佛燕京学社之邀加盟哈佛，主持编撰汉英大词典。其余几位即使当时无名，之后均成为有建树的欧美大学教授。这些中华才俊与庞德亦师亦友。在西方文学、西方文学批评和诗歌创作等方面，他们是庞德的学生；在中国语言、文学、艺术、历史、政治、宗教、哲学等方面，他们则是庞德的老师。他们是庞德不同诗章的合作者。要问《七湖诗章》的成章过程，曾宝荪功不可没。《钻石机诗章》开篇，离不开庞德与方志彤围绕《尚书》和《孟子》的探讨。《钻石机诗章》之"亦尚一人"，出自庞德与张君劢就个人和时势问题的争辩。欲知《御座诗章》之98—99章、《御座诗章》之《管子》篇章、《诗稿与残篇》之纳西篇章的源出何方，我们就得考察庞德与王燊甫、赵自强、方宝贤的中美对话。这些中华才俊与庞德一起，为推进中美文化交流、编织一个崭新的世界体系作出了不可磨灭的贡献。

---

① 高峰枫：《钱锺书致方志彤英文信两通》，《东方早报·上海书评》2010年12月9日。

第一章 "逆向而行"
——宋发祥和庞德早年的尊孔论文

宋发祥，摄于 1930 年代中（宋发祥曾孙宋子望 Zachary Sung 提供）

庞德，1916 年摄于伦敦（耶鲁大学拜纳基图书馆提供）

T. S. 艾略特和埃兹拉·庞德同为英美现代派诗歌创始人，其宗教信仰却截然不同。艾略特于1927年皈依英国国教，次年他询问诗友庞德的宗教信仰。1934年，庞德在《日界线》("Date Line")一文中公开答复："我信仰《大学》。"① 四年后，他的论著《文化指南》(Guide to Kulchur) 发表，其首页印上了出自《论语·里仁》的"一以贯之"四个汉字。这四个字印在该书首页可解释为庞德要"以儒教信仰贯穿始终"。在他那部年复一年持续创作了半个世纪的现代史诗《诗章》(The Cantos) 中，儒家的声音萦绕良久，正是"一以贯之"的写照。这方面的研究已十分丰富，不复赘述。

　　但这个"一"字的起笔，却值得关注。因为上世纪初，当庞德开始为其儒家信仰落笔著述之时，正是中国新一代知识分子摩拳擦掌，欲"砸烂孔家店"之际。更有趣的是，激发起庞德这位西方现代派大师对儒家《大学》信仰的，却是中国现代派人士宋发祥的一篇反孔檄文；而这篇檄文，又正是通过庞德在伦敦的现代派刊物《自我主义者》(The Egoist) 发表的。一东一西两位现代派斗士的逆向而行，从来不曾为学界关注，却就此碰撞出现代文学史上最奇特的一章。庞德从此一发而不可收拾，终生执着地从儒家思想中发掘人道精神，以期疗治西方现代世界的顽疾。

　　在以往十五六年间，学界对庞德与儒家之间的关系虽兴趣日浓，却往往局限于其1934至1945年间和1946至1958年间对儒家思想的经营，亦即其儒学的中后期。② 这种强调固然有必要，却造成了盲点，把庞德在1913至1919年对儒学的关注看成是孤立的、与政治无关的。我们认为，庞德开始他的儒学探索，正是他对当时中国乃至西方反孔思潮作出的反应，这种反应对他以后进一步研究儒学有深远的影响。

一、伦敦邂逅

　　民初中国的反孔思潮之所以会激发庞德反其道而行之，是因为当时

---

① Ezra Pound, *Literary Essays*, p. 86.
② 参见玛丽·齐多：《庞德的儒家经典翻译》(Mary Paterson Cheadle, *Ezra Pound's Confucian Translations*)、索金梅：《庞德"诗章"中的儒学》。以上各书虽提到庞德早年对儒家著作的涉猎，并未讨论庞德早年对儒学的关注与其政治思想的关系。

他刚对儒学产生了浓厚的兴趣。1913年9月22日，庞德从伦敦给父亲荷默·庞德（Homer Pound）写信，对19世纪鲍狄埃（Guillaume Pauthier）法译《四书》（Les quatre livres de philosophie morale et politique de la Chine）表示不满："儒家著作，不知能否找到一本像样的译文。鲍狄埃的法译本我有。不是《诗经》，而是《四书》。"（Beinecke）①向庞德推荐鲍狄埃法译《四书》的是《孔夫子语录》（Sayings of K'ung the Master）的编译者艾伦·厄普沃德（Allen Upward）。庞德在1913至1914年的书信中常提到鲍狄埃译的孔子。比如1913年10月2日，他曾写信告诉未婚妻多萝西·萨士比亚（Dorothy Shakespear）："我让孔孟给制服了。"②

一战爆发前夕，居留在伦敦的庞德对当时中国的政局相当关注。他知道1911年孙中山先生领导的辛亥革命推翻了满清王朝，1912年中华民国建立，随后中国各大城市掀起了反孔风潮。其信息来源于英国报刊，也来源于北洋政府官员宋发祥。1913年年底，庞德父亲荷默·庞德在美国费城与宋发祥相识，次年元月即将他介绍给了埃兹拉·庞德。庞德父子对中国的浓厚兴趣，使他深为感动。回国后，宋发祥与庞德信来书往，延续了三五年。

1999年，庞德的女儿玛丽·德·拉齐维尔兹访华时，谈到1914年庞德家曾有一个"在中国团圆"的计划："我爷爷的一位传教士朋友给他找了一份差事，不过最终不了了之。"③当年邀请庞德父子前往中国的人，正是宋发祥。

宋发祥，福建莆田人，是我国最早留美学生中的佼佼者。他于1908年带着俄亥俄州威斯利大学理学学士（1905）、俄亥俄州威斯利大学理学硕士（1906）和芝加哥大学理学学士（1907）三个学位回国。回国后，他即在北京大学教授化学和矿物学。1911年辛亥革命后，宋发祥进了民国政府财政部。1913年底，他以财政部造币总局总监的身份访问美国费城造币局，结识了副总验币师荷默·庞德，主动提出帮他在中国谋职。埃兹拉·庞德得知后，于1914年1月4日给父亲复信："中国有意思，非常有意思。不过给你职位的到底是哪一个中国政府？得搞清楚，

---

① 该信藏于耶鲁大学拜纳基（Beinecke）图书馆。以下引用拜纳基图书馆资料均直接在括号中标出 Beinecke。

② Ezra Pound and Dorothy Shakespear, *Pound and Shakespear*, p. 264.

③ Mary de Rachewiltz, "Afterword," in Zhaoming Qian, ed. *Ezra Pound and China*, p. 282.

搞清了就好好地去干吧！"（Beinecke）

庞德对中国这么感兴趣，并不奇怪。那年冬天，他通读了鲍狄埃法译《四书》和赫伯特·翟理斯（Herbert A. Giles）的《中国文学史》（*A History of Chinese Literature*, 1901）。更重要的是，他刚收到已故费诺罗萨教授（Ernest Fenollosa）的中国古典诗和日本能剧笔记，开始着手编纂两部文选——《华夏集》（*Cathay*, 1915）和《能剧》（"*Noh*" *or Accomplishment*, 1917）。《华夏集》不久为他挣得了"我们时代中国诗的创造者"的美誉。①

1914年1月中旬，宋发祥抵达伦敦，同庞德见面后，即提出要帮他在中国谋职。1月19日，庞德给父亲去信称："我们一家又要团聚了。"（Beinecke）庞德女儿玛丽·德·拉齐维尔兹"在中国团圆"之说的根据就是庞德的这封家书。今已无从查考庞德父亲是否真的曾打算去中国，但庞德显然想去。宋发祥2月8日从北京给庞德去信感谢他垫邮资寄去一包落下的文书，并提出要给庞德邮寄一本"英文版介绍中国的书"。他还告诉庞德：

> 我给两个部门发了函，打听您在华谋职的可能，还找了几个人，看能不能给您安排一个好职位。他们要我向您索取履历。如能惠寄，大为有利。我想应该能给您找到一份像样的工作。（Qian, *Chinese Friends* 6）

庞德有罗曼语言文学硕士学位，又是一个崭露头角的诗人兼评论家，在中国大学教英美文学或罗曼语言文学不会有问题。然而，尚无证据表明宋发祥同国内大学联系过。在后一封信（1914年4月1日）里，宋发祥似乎对为庞德谋事的前景显得不甚乐观。

> 为您来北京有个合适的职位，费了点劲，目前尚无眉目。有一个差事，是当翻译，月薪200美元，相当于20英镑。要是您觉得可以屈就，请告之。或许可以先做起来。只怕您不乐意。我会继续搜寻合适的工作。（Qian, *Chinese Friends* 7）

---

① T. S. Eliot, Introduction to *Selected Poems of Ezra Pound*, p. xvi.

庞德对此有何反应？从 1914 年 6 月 3 日宋发祥给他的信中可以推知一二：

> 恭喜您喜结连理，祝您新婚快乐，前程似锦！
> 很遗憾您改变了主意，不来北京了。希望您以后有机会来华，得以一晤。(Qian, *Chinese Friends* 7)

庞德对公文翻译不会有兴趣。他显然已把当年 4 月与多萝西成婚的事告诉宋发祥，并以成婚为由，推掉了他的来华计划。

1914 年初，庞德正忙于整理、转译费诺罗萨的汉诗译稿，为次年发表成名作《华夏集》作准备。宋发祥信中从未提及费诺罗萨笔记与汉诗。一种解释是，他对翻译中国古典诗歌不感兴趣。在 1914 年 4 月 1 日的信中，宋发祥曾向庞德推荐内弟、《北京日报》前主编 W. C. 陈。陈博士当时正在伦敦大学讲学，住伦敦西汉普斯泰德区希菲尔德路 42 号。宋发祥在信中鼓动庞德去找他内弟："他肯定会对您和您的课题感兴趣。" (Qian, *Chinese Friends* 7)

宋发祥所说的"课题"，不是指庞德改写翟理斯《中国文学史》中的译诗，就是指庞德转译费诺罗萨诗稿。宋发祥可能在庞德那里看到过他改写自翟理斯的《仿屈原·山鬼》("After Ch'u Yuan")、《刘彻·落叶哀蝉曲》("Liu Ch'e")、《团扇》("Fan-Piece, For Her Imperial Lord")和《蔡赤》("Ts'ai Chi'h")。宋发祥返华两三周后，那四首诗即同庞德的《巴黎地铁站》("In a Station of the Metro")和希尔达·杜利特尔（Hilda Doolittle）等人的意象主义新诗一起在《意象派诗选》(*Des Imagistes*, February 1914) 刊出。宋发祥或许听庞德说起过自己如何鸿运高照，获得了珍贵的费诺罗萨的汉诗笔记。四十年后，庞德会告诉在西雅图华盛顿大学攻读博士的荣之颖，有一个旅英中国学者曾尝试把自己译自古英语的 100 行长诗《舟子》("The Seafarer")转译成中文："荣小姐的一位同胞绞尽脑汁，才译了 6 至 8 行。他在我伦敦公寓的一张小桌前琢磨了足足一个半钟头，从此逃之夭夭。" (Qian, *Chinese Friends* 94) 庞德说的可能就是宋发祥当过《北京日报》主编的内弟。

二、逆向而行

庞德邂逅宋发祥，正是在他醉心于儒学研究的初期。通过宋发祥，庞德了解到了民国初年"尊孔"和"批孔"之争。他的这第一位有通信联系的中国朋友恰恰是批孔的。宋发祥在给庞德的书信中，从未批评过儒学；然而，他交给庞德的一篇英文论文却是反孔的。

会面时，宋氏曾交给庞德两篇英文论文。按其要求，庞德将这两篇论文一并发送给了伦敦双周刊《自我主义者》（*The Egoist*）主编马斯登（Dora Marsden）。《自我主义者》发表过很多现代派的作品，其中包括庞德、艾略特的诗歌与乔伊斯、刘易斯的小说。宋发祥的《中国贫困的缘由及疗方》（"The Causes and Remedy of the Poverty of China"，以下简称《中国贫困》）与乔伊斯著名的中篇小说《青年艺术家的肖像》（*A Portrait of the Artist as a Young Man*）一起在 1914 年春季的三期上连载（3月 16 日，4 月 1 日和 5 月 15 日）。他的另外一篇文章，《中国》（"China"），刊印在《自我主义者》1914 年秋季的三期上（9 月 15 日，10 月 1 日和 11 月 16 日）。

宋发祥《中国贫困》一文旨在指出 19 世纪末、20 世纪初中国贫困落后的根源在于延续两千五百年的儒家典制。文章开篇即称赞西方经济学家坚持消费与生产相辅相成的原则。他强调："饥则食，寒则衣。满足了衣食需求，人们才有追求奢侈的欲望，无尽无穷。生存欲促发各种渴望与追求。"他继而指出，孔孟所倡导的，与此恰恰相反。"圣贤的教诲中最重要的，就是要克己。"他们最常被引用的教导是"养心莫善于寡欲"①。君子应"一箪食，一瓢饮……不改其乐"②。宋发祥还提到孔夫子的得意门生曾晳衣衫褴褛，"捉衿而肘见，纳屦而踵决"③。他认为，正因为中国人受的是"安贫乐道"的教育，不鼓励进取，才导致了现在的贫困。④

---

① 朱熹：《四书集注》，第 535 页。
② 同上 124 页。
③ 庄周：《庄子注解》，第 513 页。
④ F. T. Sung, "The Causes and Remedy of the Poverty of China," *The Egoist* 16 March 1914: 106.

庞德显然不赞同宋发祥的观点。从他为《中国贫困》写的前言,能看出他与宋发祥持不同见解:

> 这份手稿是一位中国官员交予我,让我处理的。他准许我修改,并删节不中听的段落,我觉得还是保留原文为好。现在,在许多西方人的文化生活中,中国已经取代了希腊。因此,看看西方思想如何在东方无孔不入,倒也不失为一件有趣的事情。我们在这里看到的,是一位务实的中国专家的札记。文中有些修订,不知出于何人手笔,我未予更改。①

庞德说他没有删节"不中听的段落",其实是在暗示他并不赞同宋发祥所分析的中国贫困落后的原因。他指出,在这个新世纪里,"在许多西方人的文化生活中,中国已经取代希腊",这其实就是挑战了宋发祥对中国之于现代世界的消极评价。

庞德审阅《中国贫困》时,不会不发现该文犯了替换概念的逻辑错误。孔子所谓"克己",是针对统治者而言,却被宋发祥换成了民众。庞德一定也觉察到,宋发祥在谈论好皇帝、坏皇帝和质疑儒家学说时的自相矛盾。宋发祥一方面承认"偶尔会有勤俭治国的明君",另一方面又说"有许多挥霍民膏的昏君"②。那么昏君是否更尊孔?而在明君手里,中国经济是否更遭殃?庞德没有马上向宋发祥发难。但是此后四年间,他先后发表了两篇尊孔文章。第一篇在刊登宋文的《自我主义者》1914年最后一期刊出;第二篇在《微言评论》(*Little Review*)1918年3月号上发表。两篇文章均可看作是他对宋发祥《中国贫困》的批驳。

庞德第一篇尊孔短文《孔门晚辈弟子明毛之语》("The Words of Ming Mao 'Least among the Disciples of Kung-Fu-Tse'")③ 是针对威廉·海尔(William Loftus Hare)《中国人的自我主义》("Chinese Egoism," *Egoist* 1 December 1914)一文而写。其实,他的锋芒不光指向萨义德批评的英国的东方主义者海尔,还指向宋发祥。海尔在文中将孔子与主张"拔

---

① Ezra Pound, *Ezra Pound's Poetry and Prose*, vol. 1, p. 229.
② F. T. Sung, "Poverty of China," *The Egoist* 16 March 1914: 106.
③ "明毛"是庞德给自己取的一个中文昵称。这篇文章的落款为"M. M."。

一毛而利天下，不为也"① 的杨朱作了对比。他指出，杨朱眼中的快乐存在于物质丰饶之中。孔子虽万古流芳，但没一天快乐日子；而亡国之君夏桀、商纣却"满足了一切欲望"，"虽恶名远扬也值"。②海尔褒杨贬孔的意图十分明显。

宋发祥当然不会把自己的反孔立场与杨朱联系在一起。可是他与杨朱一样，抨击了孔圣人的"目中无物"。庞德认为，贬抑儒学的人缺少对人类另一种欲望的理解，这种欲望他后来称作"精神乐趣"。（Pound, *Cantos* 459）他在这篇反驳海尔的文中说：

> 杨朱说孔夫子"生无一日之欢"，可是我们读到，夫子听到曼妙的音乐之后曾迷狂三日，或者用道家的话说，三日忘形。要说这么一个富有审美情趣的人"无一日之乐"，岂不愚蠢！
>
> 至于杨朱及其与自我主义的关系，还是孔子的教诲来得真切。他教人要以内心的尊严为乐，而不要心为物役。这样，即便他只是一个渔夫，死的时候也会心安理得。至于桀纣之流，他们的快乐来自生而为王的地位，奢侈的生活从天而降。他们只是因袭了王位，生来就有寻欢作乐的机会，他们凭什么当榜样，诱使命运寻常的人们，空有恣情享乐的本事，空有施展这种本领的欲望，却要将他们所有的生命都耗费在追求虚饰的欲望上，追求数不清的锦绣佳人、亭台楼阁、宝马香车！
>
> 杨朱的劝告其实完全算不上自我主义，因为这些说法教人依赖世上的一切，却不教他自立。而这种自立才是儒家哲学的核心。③

庞德完全赞同孔子"精神乐趣"是人类最高需求的观点。对孔子和庞德来说，否认人类对知和美的追求，就是否认人性。庞德这篇最早的尊孔短文，表面上在批评海尔对杨朱放纵式的自我主义的褒扬，实质上也在批评宋发祥抛弃孔子教诲而过度强调物欲。此外，通过谴责夏桀、商纣，庞德也让读者看到了宋发祥的逻辑紊乱，将中国经济受累于君王和受累于儒家伦理混为一谈。夏桀、商纣是孔子常用的反面教材。他由

---

① 朱熹：《四书集注》，第 510 页。
② Williams Hare, "Chinese Egoism," *The Egoist* 1 December 1914: 441.
③ Ezra Pound, *Ezra Pound's Poetry and Prose*, vol. 1, p. 320.

其相继灭亡提醒未来的统治者从中吸取教训，要他们降低物欲、克制物欲。

庞德的这篇短文抨击了贬孔者对"内心尊严"的不屑，但是它对宋发祥提出的某些根本问题未作解答。儒家思想到底有没有妨碍中国社会的进步和发展？抛弃儒学是否能摆脱中国的贫困？对于这些问题，庞德在1918年发表的《虚构信札其七》（"Imaginary Letter VII"）中作了初探。他的观点是，孔子的教诲本身不仅没有阻挡中国的繁荣，而且还是医治宋发祥所说的"内政腐败，军队虚弱，财政不堪，人民悲惨"等诸多中国问题的良方。①

在这封虚构的信里，庞德将中国的儒教与西方的基督教作了对比，得出了儒教优越的结论。庞德认为，基督教实际上只强调一个原则，"邻居的事比自己的事重要"，这个原则束缚了个性和言论自由。②鲍狄埃《四书》译本中的孔子完全不同于刻板、保守的基督徒。他是一个耐心的、善于听取不同意见的长者。在重译《论语·先进篇》"子路、曾晳、冉有、公西华侍坐"一节（11.25）里，庞德向读者展示了夫子是如何鼓励不同性情的门徒各抒己见的。当夫子询问门徒"如或知尔，则何以哉"的时候，第一个说他"可使有勇"；第二个说他"可使足民"，第三个有意于"宗庙之事"，最后一个说他的想法与众不同。直到孔子说了"何伤乎？亦各言其志也"的时候，他才道出自己的想法：原来他想和朋友们一起出去享受大自然的美，"咏而归"。孔子承认自己喜欢这个想法。等同伴们走后，最后那位门徒曾晳想知道孔子的真实想法。孔子说："亦各言其志也已矣。"③

以上这段对话不免让人联想到宋发祥罗列的民初中国所面临的种种问题。回顾这些问题有助于分析庞德挑选《论语》这一节的意图。因为这段对话不仅批评了基督教的保守，而且也驳斥了宋发祥对中国问题的看法。孔门弟子的不同对答针对了《中国贫困》一文列举的种种问题，其中包括宋发祥不以为然的曾晳那种"捉襟见肘"却能"咏而归"的精神满足。而庞德笔下的夫子谦逊、开放、平易近人，可以看作包括中国在内的世界领袖的理想榜样。

---

① F. T. Sung, "Poverty of China," *The Egoist* 16 March 1914：106.
② Ezra Pound, *Pavannes and Divagations*, p. 71.
③ 朱熹:《四书集注》，第188页。

庞德和同样客居欧洲的前辈美国作家亨利·詹姆斯一样，痛恨"划一"，相信"承认差异、承认不同生存权"的重要性。①他在鲍狄埃翻译的孔子身上找到了一个东方伟人，一位价值观与现代主义价值观相当的哲学家、思想家。这位中国的圣贤在强调社会责任的时候，也强调个人的尊严。对庞德而言，孔子的哲理，无论在东方还是在西方，都可谓一剂解毒的良药。庞德哪能知道，此时中国儒家思想已腐朽不堪？他很难理解中国进步人士为何要通过打倒"孔家店"来拯救自己的祖国。他认为，真正的儒家思想并没有错，宋发祥及其同仁尚须将儒学与旧中国的政治体制区分开。

三、一以贯之

同二战期间及二战后相比，庞德 1913 至 1919 年探索儒学的广度和深度显得很有限。我们不妨按蓝峰在《庞德与儒学》(*Ezra Pound and Confucianism*) 一书中的说法，将庞德早期的儒学研究称为"仿效期"，后两个阶段分别称为"创造期"和"综合期"。②庞德在"仿效期"的儒学探索虽不如中后期深刻，却更值得关注。这是因为当时庞德的创作正值关键时刻，而中国对儒家的态度也正值转折关头。这段探索对庞德此后的儒家思想有深远的影响。

庞德早期的两篇尊孔论文是在两个特定的情况中写就的：其一是他对保守的基督教教义的鄙视；其二是他对民初中国"尊孔"与"反孔"之争的了解。把这两篇论文置于上述情况中考察，理解就会加深。1913 至 1919 年，是庞德走向现代主义顶峰、靠拢中国文化的阶段。在此阶段，以"砸烂孔家店"为口号的民主革命正席卷中国，"五四"运动渐入高潮。庞德没有读过梁启超的《新民说》(1902—1903) 和胡适的《易卜生主义》(1918)，但通过与宋发祥的接触，他感受到了达尔文主义和实用主义对儒家传统文化的冲击，了解到了中国旧民主主义革命者具体反对哪些儒家理念。为了搞清症结所在，他重温了鲍狄埃法译《四书》。庞德最早的两篇尊孔论文就是在重温法译《四书》的基础上写成的。

---

① Ezra Pound, *Literary Essays*, p. 298.
② Feng Lan, *Ezra Pound and Confucianism*, p. 3.

庞德在两篇尊孔文章中所用典故均出自鲍狄埃法译《论语》。《明毛之语》中称孔子听了舜乐如痴如醉，典出《论语·述而》(7.14)，而《虚构信扎其七》中孔子与四位弟子的对话，则出自《论语·先进》(11.25)。1928年，庞德英译《四书》第一部《大学》(*Ta Hio*)出版。他用意大利语翻译的《大学》和《中庸》分别于1942年和1945年刊行。1947年，他又出了新的英译本《中庸与大学》(*The Unwobbling Pivot & The Great Digest*)，同年发表了《孟子》摘译。但他的《论语》英译本(*The Analects*)直到1950年才问世。

美国学者齐多（Mary Paterson Cheadle）认为，庞德早期儒学思想的中心是"关注个人及其社会责任"①。的确，第13诗章，即所谓《孔子诗章》，通过孔子与四位弟子的对话，形象地表现了这种关注。

> 子路说："我必守土有方。"
> 求说："若我为一方之长，
> 必使民足而有礼，异于从前。"
> 赤说："我若得一小山寺，
> 必供奉有礼
> 祭献合仪。"
> ……点说："古老的水潭，
> 从跳板上坠落的少年，
> 或坐在树丛间拨弄琴弦。"
> 夫子对大家笑而不语。
> 曾皙忍不住问：
> "谁回答得对？"
> 夫子说："大家都对，
> 是啊，各言其志而已。"（Pound, *Cantos* 58）

庞德《虚构信札其七》中的孔子和鲍狄埃《论语·先进》中的孔子一样，明白地说了"吾与点也"，但第13诗章的孔子却未明确表态。听到不同的答复后，他只是"对大家颔首而笑"，说："大家都对。"齐多

---

① Mary Paterson Cheadle, *Ezra Pound's Confucian Translations*, p. 9.

认为，庞德偏离了《论语》中的孔子，修改了他的评论，从而虚构出了一位圣人，比鲍狄埃、理雅各和庞德本人后来翻译的孔子更宽厚，甚至更民主。①

第 13 诗章，作为《孔子诗章》，亦可理解为庞德对《中国贫困》一文的进一步批驳。为了证明儒学不是中国贫困之源而是中国富强之本，该诗章还摘引了《大学》开篇的句子："欲治其国者先齐其家，欲齐其家者先修其身。"在第 13 诗章这段教导被再创造为：

自己不讲秩序
岂能给他人讲秩序；
  个人无序，
其家岂能井然有序；
  王者自己无序，
其统治岂能有序。（*Cantos* 59）

第 13 诗章中与《论语·先进》第 25 节、《大学》开篇第 4 条并列，旨在赞扬孔子治国之道的还有《中庸》第 20 章第 2 节："子曰：'文武之政，布在方策。其人存，则其政举。'"该诗章的文字虽有离异《中庸》原文处，大意尚存："夫子曰：'王以中庸之道治其国，/ 在其位政治有序。'"（*Cantos* 60）在《中国贫困》前言中，庞德即以"中国已经取代希腊"之语，向宋发祥对中国的消极评价提出质疑。第 13 诗章结尾与其呼应，大胆预言儒学将从东方传至西方，世世代代永不失传。

杏园的花
  从东方吹至西方
我欲让其永不凋零。（*Cantos* 60）

庞德中、后期对儒家思想的认识明显提高，这方面的研究已汗牛充栋。但他的儒学修养虽有长进，却始终没有离开初期让他倾倒的儒家精髓。《论语·述而》中那些令人难忘的夫子轶事在他心中挥之不去，而

---

① Mary Paterson Cheadle, *Ezra Pound's Confucian Translations*, p. 20.

且常常在意想不到的时候不邀而至。如本书《绪论》指出,1945 年 5 月,庞德因发表亲法西斯广播演说而被意大利反法西斯游击队逮捕,不久即押送至意大利比萨郊外美军训诫中心。在那里,他写下了著名的《比萨诗章》,亦即第 74 至 84 诗章,其中所引的《论语·述而》典故,就描写了孔子听到舜乐后如何喜不自禁:

罪犯就没有精神的乐趣?
在齐国听了舜乐
三个月美食无味
阳光下歌声悦耳(Cantos 459)

庞德 1914 年引这个典故,用的是鲍狄埃的《四书》;1945 年重引此典,采用了他携带至训诫中心的袖珍版理雅各英汉对照本《四书》。到 1945 年写《比萨诗章》时,他才发现自己把孔子聆听舜乐后的狂喜程度搞错了。1949 年他重译《论语》时,正式作了订正:"他在齐国听了韶乐,三个月都不知肉的滋味。"(Confucius 220)

庞德后期的诗章中一再引了儒教的关键字"敬"。在第 85 诗章中,"敬"字的左上方添了一个"火"字(Cantos 575),暗指"旺盛";在第 86 诗章中"敬"被解释为"生物的命脉"(Cantos 601—02);在第 98 诗章中有"敬孝"二字(Cantos 711),在第 110 诗章中有"祈祷／有力量"句(Cantos 801)。庞德英译《论语》(1950,1951)的扉页上印有他亲笔书写、放大的"敬"字,以下附言:"对让草籽长草、让樱桃核结樱桃的灵性的敬畏",从而生动地强调了儒家对自然和对舆论的敬畏。(Confucius 193)

据齐多研究,"敬"字以上几层含意,在庞德所用的《马氏汉英字典》(Mathews' Chinese-English Dictionary) 和莫里森(Robert Morrison)七卷本《汉英大词典》(Dictionary of the Chinese Language)① 中都找不到。它们很可能来自他记忆中《论语》的对话。

另一个在后期《诗章》中多次出现的汉字"靈",也是儒家常用字。在《钻石机诗章》(Section: Rock-drill) 开篇第 85 诗章,"靈"用了四次

---

① 庞德使用过的莫里森《汉英大词典》现藏于汉密尔顿学院的(Hamilton College)伯克图书馆(Burke Library)。

（*Cantos* 563，571，572，575），下一篇第 86 诗章又用一次（*Cantos* 580）。这个字源自《尚书·周书》中周公对纣王降部所作的演说《多士》："今惟我周王丕靈承帝事"①，亦即"我们周族的君王（文王与武王）因大善被天帝降以大任"。庞德由此在诗章中作了如下发挥：

LING²
靈
吾朝立乃靈承帝事（*Cantos* 563）

庞德又将周朝开国之"靈"追溯至六百年前除桀灭夏的成汤。（*Cantos* 575）

在第 89 诗章，庞德强调要"读《书经》/分善恶/明确信赖谁"（*Cantos* 610），而在《中国史诗章》（第 53 至 61 诗章）中，庞德则描绘了中国古代各王朝如何因"关怀民生"而欣欣向荣（*Cantos* 266），因"偏离仲尼"而衰落（*Cantos* 308）。其实，在《明毛之语》（1914）一文中，庞德就已表明了他对桀纣的厌恶。由此可见，过了大半辈子，庞德还是忘不了宋发祥的反孔檄文：宋发祥当时并不清楚儒教精髓造就的是明君还是昏君。

四、儒者日新

上世纪初，中国胡适、陈独秀等新一代知识分子为建设一个富强的现代中国，曾猛烈冲击"孔家店"。而在大洋彼岸，西方现代派大师庞德却逆向而行，大力宣扬儒学的人文价值。20 世纪六、七十年代，儒学这一价值几乎无人问津。这种情况到世纪末才有改变。牟宗三、杜维明作为当代新儒家，向我们指出了尊严意识是现代社会进步的动力。这为认识儒学的普适性和永恒意义奠定了基础。杜维明认为，东亚现代化在起步阶段，不妨以工业化的西方为榜样，但此后的动力即便不来自儒学，也来自与儒学相当的理念。德国社会学家马科斯·韦伯（Max Weber）曾将儒学与封建主义等量齐观。杜维明承认这一古老的价值体系确实

---

① Séraphin Couvreaur, *Chou King*, p. 285.

"曾阻碍了现代工业资本主义在东亚地区的发展",但这并不意味着"儒家伦理与资本主义精神水火不容"。相反,他预言"21世纪的资本主义如果扎根于儒家伦理,一定比强调禁欲的清教伦理所造就的古典资本主义具有更深厚的根基"①。值得注意的是,在杜维明的表述中,"资本主义"和"现代性"这两个词经常是通用的。

蓝峰认为,当代新儒家"目标与庞德一致。他们都想从儒家思想中发掘人文价值,以此来打造一种社会模式,既能回应西方现代主义的挑战,又能成为现代主义之外的一个选择"②。庞德与当代新儒家之间的关系相当复杂,他们之间固然有某些共同处,但庞德并没能像当代新儒家那样,洞察儒家思想的局限性,没能像他们那样,认识到儒家只有脱离封建主义传统,才能成为现代中国发展的动力。下文还会揭示,1950年代与新儒家的代表人物张君劢的交往中,庞德曾倾心维护正统的儒家思想,从而与当代新儒家产生激烈的争论,但同时他却继续以"日日新"的精神从争论中汲取养料,不断发展对孔子智慧和中国文化的认知。③

庞德在与中国的交往过程中,立场迥异于他的前辈与同代人。萨义德指出,西方人探索东方时总想"征服之、重构之,树立起自己的权威"④,庞德却只想在中国找到救治西方通病的良药。宋发祥及其旧民主主义革命的同仁一旦看到庞德有关儒学的言论,不但会不解,甚至会震惊。

对于中国的现实,早期的庞德可能并非一无所知。但他毫不怀疑儒学在西方大有所为。在1915年2月发表的《文艺复兴》("The Renaissance")一文中,他重申:"本世纪人们将在中国发现一个崭新的希腊"⑤。同年,他撰文讽刺他昔日的中国文化老师、大英博物馆东方学家劳伦斯·比宁(Laurence Binyon)"老爱倒退到19世纪的欧洲,老爱把中国人的智慧与西方先例扯在一起"⑥。1918年,他又在一篇书评中批评《170首汉诗》(*A Hundred and Seventy Chinese Poems*)的译者阿瑟·韦利

---

① Tu Wei-ming, ed. *Confucian Traditions in East Asian Modernity*, p. 10.
② Feng Lan, *Ezra Pound and Confucianism*, p. 123.
③ 见第5章详述。
④ Edward Said, *Orietalism*, p. 3.
⑤ Ezra Pound, *Literary Essays*, p. 215.
⑥ Ezra Pound, *Ezra Pound's Poetry and Prose*, vol. 3, p. 99.

(Arthur Waley)"总是放不下对东方施恩的架子"①。1937年,在《论亟须孔子》("Immediate Need of Confucius")一文中,他进一步指出,"西方与远东的交往是在其堕落的时代展开的"②。一言以蔽之,1914年以来庞德的种种言论表明他是另一类东方学者。

1918至1919年,庞德继续着自己的中国梦寻。在《虚构信扎其七》中,他引译《论语·先进篇》又一次为孔子申辩。在《微言评论》上他分段连载发表了费诺罗萨的论文《作为诗歌媒介的汉字》("The Chinese Written Character as a Medium for Poetry", 1919),在第4诗章(1919)中他以费氏汉诗笔记为依据再造了宋玉《风赋》的意象("This wind, sire, is the king's wind, /This wind is wind of the palace, /Shaking imperial water-jets"[*Cantos* 15])和王维《桃源行》的意象("Smoke hangs on the stream, / The peach-trees shed bright leaves in the water"[*Cantos* 16])。与此同时,他对宋发祥的兴趣却渐渐淡薄。我们可从1919年3月16日宋发祥的信函获悉,同年1月23日庞德曾给宋氏发去一信。那时,宋发祥已晋升为北洋政府徐世昌总统府的政治顾问。他在信中请庞德代他向老庞德致意:"(在费城)与令尊有过难忘的一面之交。"最后,宋发祥重提旧议:"您是否仍有意来华?我愿为您安排。"(Qian, *Chinese Friends* 8)此议后不了了之。

庞德从未到过他所热爱的中国。1968年接受意大利诗人兼导演保罗·巴索利尼(Pier Paolo Pasolini)采访时,庞德公开了自己的遗憾。巴索利尼问:"一直没有看到中国,一定让您很失落。也许这种失落反而使您充满了灵感?"庞德答道:"是啊,我一直都想去看看中国。现在已经晚了,但谁知道呢?"③

庞德的这个梦想最终没有实现。31年后,他的女儿玛丽·德·拉齐维尔兹和外孙女帕特丽齐娅·德·拉齐维尔兹替他圆了这个梦。1999年7月,她们参加第十八届庞德国际研讨会(北京会议)后,专程去曲阜朝圣,并登上了庞德在《比萨诗章》中一再想象见到的泰山。拉齐维尔兹觉得这也算替父亲还了愿。她在《庞德与中国》一书的"后记"中提到庞德1914年的访华计划:"庞德早就'在想像的原野中'重构了一个

---

① Ezra Pound, *Ezra Pound's Poetry and Prose*, vol. 3, p. 126.
② Ezra Pound, *Selected Prose*, p. 76.
③ Ezra Pound, *Ezra Pound's Poetry and Prose*, vol. 10, p. 317.

中国，甚至比《比萨诗章》'泰山下的营帐'（*Cantos* 457）还早。不然，庞德家的后代怎么会在 1999 年来登圣山，朝拜孔子的诞生地和陵园呢？"①

在与庞德分手之后，宋发祥一度仕途亨通，在北洋政府的政治、金融、新闻等各界都能见到他的身影。如上所述，1919 年他曾出任徐世昌大总统府政治顾问。1922 年，他协同徐世昌原法律顾问江天铎与挪威、丹麦商人合作创办了享有纸币发行权的华威银行。1923 年，他又兼任北洋政府外债整理委员会委员。后来他进入报界，在北京办了"中美通讯社"，风行一时。1926 年春，张作霖的奉军攻入北京，他被悬赏捉拿，侥幸逃过一劫。1929 年起，宋发祥转入外交界，先后担任民国驻澳大利亚、爪哇、南非、巴达维亚总领事。在驻澳和驻南非期间，他都曾尽力保护过当地华侨的利益，不惜与澳大利亚和南非政府发生冲突。1940 年，在代理奥地利维也纳总领事期间，他不幸因病去世，享年 57 岁。②

宋发祥在维也纳代理总领事时，未必知道 26 年前在伦敦邂逅的庞德就在离他不远的意大利拉巴洛城。他更不可能知道庞德当时刚结识一位与他次子同龄的中国侨民、清华学子杨凤歧，在杨氏的帮助下开始用意大利文翻译《四书》之《大学》。再过十年，庞德将结识另一位清华学子，比宋发祥次子还年幼两岁的方志彤，同他讨论《四书》、《五经》，并用英文翻译《四书》之《论语》。这些后事将在第三章和第四章评述。

---

① Mary de Rachewiltz, "Afterword," in Zhaoming Qian ed. *Ezra Pound and China*, p. 283.
② 宋发祥生平事迹参见徐友春主编：《民国人物大辞典》，石家庄：河北人民出版社，1991 年，第 447 页；曹聚仁：《听涛室人物谭》，上海：上海人民出版社，1998 年，第 363 页；高拜石：《新编古春风楼琐记》（2），北京：作家出版社，2003 年，第 152 页；侯敏跃：《中澳关系史》，北京：外语教学与研究出版社，1999 年，第 48 页。

第二章 《七湖诗章》
——曾宝荪和庞德《诗章》中的潇湘八景

曾宝荪,摄于 1928 年(东海大学图书馆提供)

第二章 《七湖诗章》——曾宝荪和庞德《诗章》中的潇湘八景

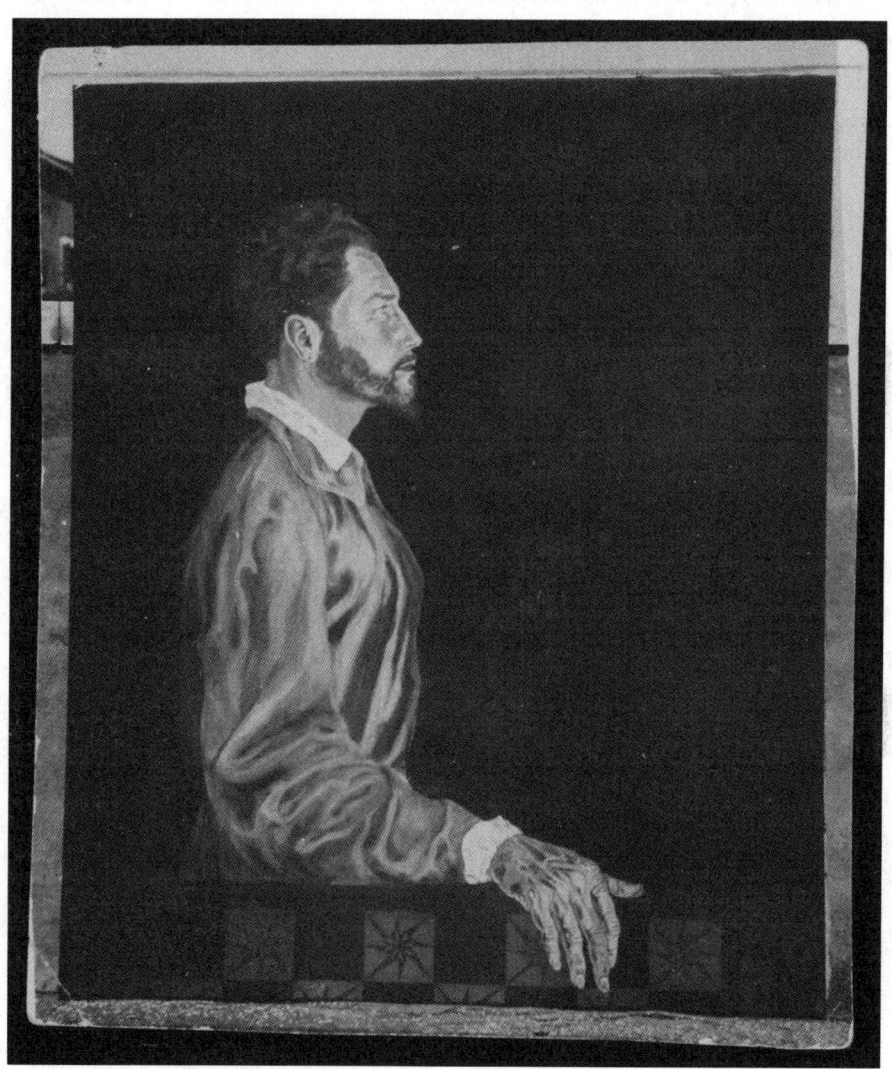

庞德1927年肖像,赫伯特·朱里安·斯托威茨(Hubert Julian Stowitts)绘,奥尔佳·拉齐(Olga Rudge)摄(耶鲁大学拜纳基图书馆提供)

詹姆斯·乔伊斯（James Joyce）的《尤利西斯》（*Ulysses*）、T. S. 艾略特的《荒原》（*The Waste Land*）和埃兹拉·庞德的《诗章》（*The Cantos*）堪称英美现代主义文学的三大杰作。乔伊斯和艾略特分别用了八年和三年的时间完成了各自的代表作；庞德从 1915 年着手写《诗章》，半个世纪后还在不倦地创作，而 1969 发表的《诗稿与残篇》（*Drafts and Fragments of Cantos CX-CXVII*），并不代表其结尾。

庞德之女玛丽·德·拉齐维尔兹（Mary de Rachewiltz）在 1999 年访华时告诉我们，第 49 诗章，俗称《七湖诗章》，排列在第 45 诗章，即《高利贷诗章》和第 52—61 诗章，即《中国史诗章》之间，可谓关键性的一章，是庞德生前最得意的诗章之一。由三行被庞德遗弃的《诗章》残稿我们可以确定，该诗章的主要素材出自一本配有八幅水墨画、八首中文题画诗和八首日文题画和歌的《潇湘八景》册页。①这本经折式诗画册页是一个朋友从日本带到美国，送给庞德舅婆的第三任丈夫的。② 庞德的舅婆去世后，《潇湘八景》册页留给了庞德的父母。1928 年 2 月，庞德在意大利拉巴洛城收到母亲应他请求寄来的册页时，仅初识中文，能勉强辨认八首中文题画诗里的个别汉字，根本不可能真正读懂这些七言绝句。可是机缘巧合，中国湖南才女、教育家兼诗人曾宝荪（1893—1978）在 1928 年 4 月到拉巴洛城访友，她应邀造访庞德，给他提供了这八首中文题画诗的粗译。无意中，曾宝荪便成为庞德创作生涯中第一位中国合作者。如果说第 13 诗章是第一篇有关中国文化的诗章，往深处探究为宋发祥贬孔论文促成，那么第 49 诗章则是第二篇有关中国文化的诗章，它真正融入了一位中华才俊合作的成分。说到底，两篇诗章都与庞德早年的中美交流相关。

---

① 该册页存庞德女儿玛丽·德·拉齐维尔兹在意大利北部的布伦堡（Brunnenburg Castle），参见德·鲁噶编：2004 年摹本《庞德与七湖诗章》（De Luca, ed. *Ezra Pound e il Canto dei Sette Laghi*）。册页的中文题诗和日文和歌见儿玉石英（Sanehide Kodama）：《潇湘八景》（"The Eight Scenes of Sho-Sho," *Paideuma* 2 [1977]: 134–38），日文和歌汉译见冉毅：《潇湘八景》，第 149—52 页。

② 这三行被遗弃的手稿（"我舅婆的第三任丈夫／从一个朋友那儿／获得第 49 诗章的蓝本"）藏耶鲁大学拜纳基图书馆，又见《庞德的中国朋友》（Qian, *Chinese Friends*）第 9 页。

一、合作缘起

　　曾宝荪的英文粗译为第 49 诗章的构思提供了素材和基本框架。1928 年年初，庞德在已经居住了四年的意大利拉巴洛城收到了从美国华盛顿大学书局寄来他的英译《大学》(Ta Hio, 1928) 校样。在审阅自己从鲍迪埃法译《四书》转译的儒学经典时，他突然想起了多年前在纽约舅婆家见过的一本经折式《潇湘八景》册页，既含八景图又含中文和日文"题画诗"，即刻给父母写信，请他们把它从大洋彼岸的费城市郊寄来。这本经折式《潇湘八景》册页，展开即能见到每幅水墨画的左右方分别配有一首日文和歌和一首中文题诗，图文并茂，描绘我国湖南潇湘河畔的八种景致，史称潇湘八景。① 据日本学者儿玉石英考察，这本册页的中文题诗和日文和歌与江户时代艺术家佐佐木玄龙 1683 年版《玄龙书八景诗并歌》所含中文题诗和日文和歌完全一致，唯水墨画和书法笔法略有不同，故而该册页似为日本后世无名氏之临摹本。② 1928 年春，庞德一页页品味该册页，试图将其诗画诉诸《诗章》。然而，图册上用楷、行、篆三体书写的中文题画诗却让他犯难。即便查考家藏的莫里森七卷本《汉英大词典》，庞德仍不得要领。真是天作之合，庞德夫人多萝西想起了拉巴洛城的朋友曼珠女士（Miss Madge），她曾在中国教过书，或许能帮上忙。说来也巧，曼珠女士任教过的那所中国女校的校长曾宝荪将要来拉巴洛访问。曼珠答应到时带她过来与庞德会晤。就这样因缘机会，曾宝荪便成了与庞德合作的第一位中国学者。

　　曾宝荪字平芳，湖南湘乡人。她家学渊源，是孔子门徒曾皙和曾参的后代，其曾祖父曾国藩乃晚清重臣，祖父曾纪鸿为清末著名数学家，父亲曾广钧是光绪十五年进士。曾宝荪自幼受过良好的私塾教育，诗词歌赋、琴棋书画，无一不通；1908 年，入英国圣公会在杭州开办的冯氏高等女校（Mary Vaughan High School）就读，精通了英文，并皈依基督教。1911 年，她留学英国，1913 年在伦敦大学西田学院（Westfield Col-

---

①　"潇湘八景"常被认作"八处佳胜"，但我们认同冉毅教授的说法，宋迪创意八景有深厚的诗歌意蕴，实非"八处景色"，而为"八种景致"。今湖南实存"潇湘八景"并非宋迪原创遗址。参见冉毅译、堀川贵司：《潇湘八景》，第 159 页。

②　Sanehide Kodama（儿玉石英），"The Eight Scenes of Sho-Sho," pp. 131–34.

lege）主攻生物学，1916年获理学士学位，后在牛津、剑桥、伦敦师范学院进修。1917年回国后，她协同堂弟曾约农（1893 – 1986）在长沙创办包含小学、中学、大学三部门的女校"艺芳馆"，自任校长，并聘任包括曼珠女士在内的多位外籍教员。1927年，艺芳馆一度停办，曼珠等外籍教员只好自寻出路。① 离开中国后，曼珠迁至意大利拉巴洛城，即与多萝西结为好友。据曾宝荪《回忆录》记载，1928年4月复活节前，她从上海启程，搭客轮经香港、新加坡、埃及，前往耶路撒冷参加第四届世界基督教大会。复活节后，她专程到意大利拉巴洛城看望曼珠，并接受了庞德夫妇的邀请，由曼珠陪同去跟这位流亡意大利的美国"怪诗人"会面，二人"讨论了中国文化，诗词及传统道德，相谈甚融洽"②。得知曾宝荪为曾晳后代，庞德想必会告诉她，自己三年前曾在巴黎出版了含1至16诗章的第一部诗章分集（*A Draft of XVI Cantos*），其中第13诗章，亦即《孔子诗章》，以《论语·先进篇》为据再现了曾女士先人与孔子的一段对话：

> 夫子对大家笑而不语
> 曾晳忍不住问：
> "谁回答得对？"
> 夫子说："大家都对，
> 是啊，各言其志而已。"
> （*Cantos* 58）

曾宝荪与庞德在此时此地相遇确是奇缘。上世纪二三十年代在拉巴洛城逗留过的华人不在少数，但其中有几人兼擅中文、英文，而能与曾宝荪匹敌？再说，她又来自"潇湘八景"所在地区，既能真实地描述那里的景致，又能解释"潇湘八景"的诗画传统。除此而外，曾宝荪还是个才气横溢的女诗人，著有很多代表湖湘文化的律诗，其《八十晋二回忆竹枝間（甲寅）》之一《湘乡》一诗有"插架瑶签千万册，门临涟水旧家村"之句；同一组诗之《长沙》有"忠壮祠边桂树高，赏观攀折乐

---

① 《曾宝荪回忆录》，第98页。
② 同上215页。

陶陶"之咏①，她确是帮庞德解开《潇湘八景》图册谜团的最佳人选。

在庞德的请求下，曾氏当即逐行粗译了那八首中文题画诗，庞德作了笔录。1928年5月17日，庞德写信向华盛顿大学协助他出版《大学》译本的友人格林·休斯（Glenn Hughes）透露，自己"与一位孔子和曾皙的后人在拉巴洛城得以一晤。"（Qian, *Chinese Friends* 10）1928年7月30日，他给父亲抄录了曾宝荪的译文，准备寄出时，突然想到译文给了父亲或许会丢失或外传，便改了主意，把它留下了。②这份抄本现存美国耶鲁大学拜纳基图书馆，是庞德与曾宝荪合作事实的实证。曾宝荪虽然不是庞德创作《七湖诗章》的唯一协作者，但她是他创作该诗章不可缺少的协作者。她的粗译为庞德构思《七湖诗章》提供了核心素材。探讨曾宝荪对《七湖诗章》的贡献，需要把庞德拥有的册页原诗、曾氏粗译和第49诗章的相关诗行一一对照解读（见附录）。

1937年6月和11月伦敦费伯和费伯出版公司（Faber & Faber）、纽约法拉和莱茵哈特出版公司（Farrar & Rinehart）先后出版了庞德第三部诗章分集（*The Fifth Decad of Cantos XLII-LI*）的英国版和美国版。该分集包含第45诗章《高利贷诗章》和第49诗章《七湖诗章》。"七湖诗章"47行诗中的头30行以曾宝荪1928年4月提供的粗译为主要依据，按"潇湘夜雨"、"洞庭秋月"、"烟寺晚钟"、"远浦归帆"、"山市晴岚"、"江天暮雪"、"平沙落雁"和"渔村夕照"的顺序再创造了"潇湘八景"。这30诗行中的意象、用词甚至有些诗行的长短都和曾氏粗译完全一致。比如曾宝荪"潇湘夜雨"的译文是：

  Rain, empty river,
  Place for soul to travel
  (or room to travel)
  Frozen cloud, fire, rain damp twilight.
  One lantern inside boat cover (i.e. sort of shelter, not awning on small boat)
  Throws reflection on bamboo branch, causes tears.
  (Qian, *Chinese Friends* 15–16)

---

① 见《曾宝荪女士纪念册》，第74页。
② Angela Jung Palandri, "The 'Seven Lakes Canto' Revisited," *Paideuma* 3.1 (1974): 53.

《七湖诗章》的前六行是：

> For the sevenlakes, and by no man these verses:
> Rain; empty river; a voyage,
> Fire from frozen cloud, heavy rain in the twilight
> Under the cabin roof was one lantern.
> The reeds are heavy; bent;
> and the bamboos speak as if weeping. (*Cantos* 244)

第一行"For the seven lakes, and by no man these verses"是全诗的引子。如果我们把曾译中的"Place for soul to travel/ (or room to travel)"看成是一行，两相对照，曾氏粗译与对应的诗章部分，诗行数完全相同，均是五行。粗译中的意象和用词，如"rain"、"empty river"、"frozen cloud"、"fire"、"twilight"、"one lantern"、"bamboo"等都被直接用到了诗章中；有些词汇作了必要的修改，如粗译中的"boat cover"在诗章中改成了"cabin roof"，粗译中的"to travel"在诗中换成了"a voyage"，"Throws reflection on bamboo branch, causes tears"演化成了"the bamboos speak as if weeping"。

请再看庞德抄录的"洞庭秋月"的粗译文：

> AUTUMN MOON ON TON-Ting Lake
> West side hills
> Screen off evening clouds
> Ten thousand ripples send mist over cinnamon flowers.
> Fisherman's flute disregards nostalgia
> Blows cold music over cottony bullrush. (Qain, *Chinese Friends* 16)

而诗章中对应的表达是：

> Autumn moon; hills rise about lakes
> against sunset

Evening is like a curtain of cloud,
a blurr above ripples; and through it
sharp long spikes of the cinnamon,
a cold tune amid reeds. （*Cantos* 244）

对照阅读后，我们发现粗译和对应的诗章部分也都是六行，粗译中的关键意象和关键词"Autumn moon"、"hills"、"Evening cloud"、"ripples"和"cinnamon"等被移用到了诗章中。"cold music"与"cold tune"、"bullrush"与"reeds"虽有差异，但意象和含义基本一致。

再如"江天暮雪"的粗译与对应的诗章部分都是五行，诗中不仅借用了曾氏粗译的意象和用词，甚至句式也极其相似：第一行中的"snow scur on the river"对应译文的小标题"SNOW ON RIVER"；第二行"a world is covered with jade"对应粗译的"world covered with ⟨milky⟩ jade"；第三行"Small boat floats like a lanthorn"与粗译第三行"Small boat floats like a leaf"只有一词之差；第四行中的"The flowing water clots"对应着粗译中的"Tranquil water congeals"；第五行也是和粗译大同小异。

《七湖诗章》2至30行中的其他部分与另外五首中文题诗的粗译虽然出入较大，但基本的意象相同，关键词也基本一致："the monk's bell"、"Sail … may return in October"、"wine flag"、"Wild geese"和"fishermen's lanthorns"。这些相同的意象和相似的用词保证了诗章描述的景物和表达的意境与原诗一致，达到了中国传统山水诗景致空灵、意境深远的艺术效果。

二、诗画交融

庞德创作《七湖诗章》2至30行并非完全依赖于其笔录的曾宝荪粗译，而是借助于曾宝荪所提供的素材和框架，结合自己对八幅水墨画的鉴赏，借鉴中国"题画诗"的传统，进行再创作而成的。

把诗、画两种艺术相提并论在我国古代由来已久。唐代诗人兼画家王维较早注意到诗画的共性，在《为画人谢赐表》中有言："乃无声之箴颂，亦何贱于丹青。"宋代以降，伴随着山水、花鸟画创作高潮的到来，诗画关系成为艺术家关注的热点。晁补有"诗传画外意，贵有画中态"之论（《和苏翰林题李甲画雁》）。郭熙有"诗是无形画，画是有形诗"之说（《林泉高致》二篇《画意》）。宋代题画之风大盛，其中最杰出的代表则是大诗人苏轼，他提出的"诗画本一律"（《书鄢陵王主簿所画折枝二首》）和郭熙"诗是无形画，画是有形诗"的观点一致，旨在建立诗画的同构关系，从此诗与画成了两种可以互名的艺术，诗意可以借画笔绘出，画境也可凭仗新诗写成。

通过与深谙题画诗传统的曾宝荪交谈，庞德可以了解到中国"潇湘八景"诗画创作传统的起源和发展过程。苏轼的好友宋迪画山水草木"妙绝"，相传始创潇湘八景图，其画作已失传。沈括《梦溪笔谈·书画》有记曰："度支员外郎宋迪工画，尤善为平远山水。其得意者，有平沙雁落、远浦帆归、山市晴岚、江天暮雪、洞庭秋月、潇湘夜雨、烟寺晚钟、渔村落照，谓之八景，好事者多传之。"[①] 苏轼的弟子、诗僧惠洪与人斗气，为八景各赋一诗，进而激发了更多的文人追和，甚至惊动了宋徽宗赵佶。据传，他下令宫廷画师绘制八景图，自己也曾就此题材挥洒丹青。从此，潇湘八景衍生为诗画母题，在南宋画家马远、夏圭、王洪、玉涧和牧溪的笔下达到艺术创作的高峰。其中马远的八景图已失传，夏圭的八景图尚有几幅藏于日本和美国的博物馆。王洪的八景图完整无缺被纽约大都会美术博物馆收藏。美术评论家姜斐德（Afreda Murck）细致地分析了王氏如何用画笔还原了惠洪"潇湘八景"诗的意境。[②] 禅画家玉涧开创了八景图配诗的传统。随着玉涧和牧溪的大部分画作流传到日本，潇湘八景也逐渐成为日本诗画创作的一个重要母题。在镰仓和室町时代，仿潇湘八景诗画在日本盛行，上至僧侣、士大夫、下至平头百姓都爱临摹或再创作八景图和八景诗。

如前所述，儿玉石英（Kodama）考证庞德所拥有的《潇湘八景》册页为佐佐木玄龙《玄龙书八景诗并歌》（1683年）的摹本，其书写者、

[①] 宋迪后来还绘有《潇湘晚景图》，苏轼曾题诗五律《宋复古画潇湘晚景图》三首，诗里有云："西征忆南国，堂上画潇湘……经营初有适，挥洒不应难。"
[②] 王洪的八景图参见姜斐德（Alfreda Murck）：《王洪绘〈潇湘八景图〉》（"Eight Views of the Hsiao and Hsiang Rivers by Wang Hong" in Wen Fong, *Images of the Mind*, pp. 225–34）。

绘制者皆为日本艺术家。① 鉴于册页几经转折至上世纪 80 年代仍完好无缺②，我们估计它不是 17 世纪的摹本，而更像是 19 世纪的仿作。日本学者堀川贵司指出禅画家玉涧尚有第二种《潇湘八景》题诗，与今存玉涧《潇湘八景图》之题诗不同，但与庞德《潇湘八景》册页的中文题诗"极其相似"③。堀川贵司就玉涧第二种题诗解释说，从传来途径和最早刻本 1534 年的"叡山本"看，这八首题诗"可能出自天台宗关系的僧侣之手"④。叶维廉希望这八首题诗也是玉涧真传。"如果是玉涧的诗"，他写道，"则我后面讨论到苏东坡推动发扬的云山烟水的影响便更显赫了，因为这些诗的句法有些直接来自苏诗，譬如〈烟寺晚钟〉里的'为言只在此山中'就是脱胎自苏东坡（《题西林壁》）的'只缘身在此山中'。"⑤ 他推断这些诗可能是五山时期日本人所作。叶氏对图册中文题诗作者归属持谨慎态度是有原因的。玉涧《潇湘八景图》大约 14 世纪末流传到日本，今存两幅，其《山市晴岚》藏东京出光美术馆，《远浦归帆》藏名古屋德川美术馆。⑥ 这两幅真迹的题诗均与庞德拥有的图册所含题诗及堀川贵司转引的相关题诗不同。以《山市晴岚》为例，藏东京出光美术馆玉涧真迹的题诗是："雨拖云脚敛长沙，隐隐残虹带晚霞，最好市桥宫柳外，酒旗摇曳客思家"⑦。堀川贵司转引的相关题诗是："一杆酒旗斜阳里，数族人家烟嶂中，山路醉眠归去晚，太平无日不春风"⑧。庞德册页所含《山市晴岚》题诗则是："一杆酒旗斜阳里，数簇人家烟嶂中，山路醉瞑归去晚，太平无日不春风。"⑨

陶乃侃强调中文八景诗富有"浓郁的中国山水诗意味，毫无日本

---

① Kodama, "The Eight Scenes of Sho-Sho," p. 131.
② Richard Taylor, "Canto XLIX, Futurism, and the Fourth Dimension," *Neohelicon* 20.1 (1985): 340.
③ 参见堀川贵司：《潇湘八景—诗歌绘画见日本化様相》，第 198—200 页。
④ 堀川贵司史料取自 1534 年 "叡山文库藏本" 1996 年翻刻本，见川平ひとし：《叡山文库藏〈潇湘八景注〉をめぐって》，《跡见学园女子大学国文学科报》24（1996）：62–68。
⑤ 叶维廉：《庞德与潇湘八景》，第 65 页。
⑥ 一说玉涧还有一幅《洞庭秋月图》藏东京文化厅。东京文化厅美术馆 2013 年 8 月 8 日电子函告，他们并无玉涧《洞庭秋月图》。
⑦ 衣若芬：《玉涧〈潇湘八景图〉东渡日本之前——三教弟子印考》，载《美术史研究集刊》2008 年第 24 期，第 162 页。
⑧ 堀川贵司：《潇湘八景—诗歌绘画见日本化様相》，第 199 页。
⑨ 玉涧《潇湘八景图》真迹题诗见衣若芬：《玉涧〈潇湘八景图〉东渡日本之前》，第 161—62 页。

地域、文化标准",庞德图册上的中日文诗在意境、韵味上相差很大,不像是出自同一派诗人之手;况且《玄童书八景诗并歌》是由日本书法家编纂,因此,"也有可能是几个日本书法家照抄了流入日本的某一南宋《八景图》上的原作七绝,以显示不同的书法艺术和绘画艺术"。①我们认为,不管庞德持有的《潇湘八景》册页诗画的作者是谁,就其册页的制作而言,应该是"日本文献",但其创作源头是南宋以来中国文人所作的潇湘八景诗画的珍本,表现的是中国山水诗画的风格,传达的是中国传统文化的内涵,本质上说,应是"中国文献"。当然,该册页佚名日本画家、书法家也是《七湖诗章》不可缺少的协作者,其仿作《潇湘八景》"继承了日本室町时代(1392—1490)开展出来,以南宋(包括《潇湘八景》)的空蒙烟雨为基调的简逸山水画的传统"②。

在西方文化中,与"题画诗"对应的是"跨艺术再创造诗"(ekphrasis)③,其传统可以追溯到古希腊荷马史诗《伊利亚特》对阿喀琉斯的盾牌所作的长篇描述。文艺复兴时期"跨艺术再创造诗"在欧洲广为传播,其中最有代表性的包括彼得拉克的肖像画诗。达芬奇也曾把诗画相提并论,称画为"有形诗",诗为"有声画"。美国学者米切尔(W. J. T. Mitchell)在《画论》(Picture Theory,1994)一书中提出:"从语义学的角度来看,就表达意指以及观赏者/聆听者的反应而言,文本和图像没有本质的区别";在"跨艺术诗"这种"混合艺术"中,读者兼观赏者的注意力同时被两种媒介左右,他最终获得的印象是视觉表征和语言表征相互作用的结果。④

这应该也是庞德创作《七湖诗章》2 至 30 行的真实体验。他有八幅水墨画和汉日十六首题画诗在手,借助于曾氏粗译笔录,可以理解其中的八首中文题画诗。穿梭于诗画之间,他领会到两种艺术表征之间的契合与间隙,从而以现代主义的表现手法使这个跨艺术再创造传统得到了发扬光大。因此,《七湖诗章》不是单纯的翻译,而是两种艺术转换后

---

① 陶乃侃:《庞德与中国文化》,第 165 页。
② 叶维廉:《庞德与潇湘八景》,第 75 页。
③ 李宏在《新美术》2003 年第 3 期撰文将 ekphrasis 译为"艺格敷词",忽视了"跨艺术"和"再创造"两层含义。
④ W. J. T. Mitchell, Picture Theory, p. 160, p. 157.

第二章 《七湖诗章》——曾宝荪和庞德《诗章》中的潇湘八景

再创作的佳作。正是通过对潇湘八景图的反复品味并结合曾宝荪的粗译，庞德创作出了意境深远的《七湖诗章》，成为现代主义"跨艺术诗"的典范。

比如，《七湖诗章》中对应"潇湘夜雨"的六行诗，如果庞德完全依赖曾宝荪的粗译，有些词语如 "Place for soul to travel/（or room to travel）"，可能会让他如坠云里。幸运的是，他有原画可以参考：雨水打在空蒙的江面上，泛起水波。水墨画中三笔粗线条即是芦苇丛中的小船，远处山峦的空白处即为"冻云"，因此，画中虽空无一人，"Place for soul to travel" 应该暗指"巡游"（"voyage"）。显然，《七湖诗章》的前 6 行表达的意境与《潇湘八景》册页中诗画交融的意境惊人地一致。另一个突出的例证是，原诗和粗译中都没有"湿沉的芦苇"（"The reeds are heavy; bent"），庞德只有参照原画和后面译文中一再出现的"芦苇"意象，才可能写出如此佳句。

"洞庭秋月"一节，更能说明庞德在获得粗译之后，参照了原画，才开始创作。希利斯·米勒（J. Hillis Miller）论证过，在"混合艺术"中，图文并置，各自的阐释功能既彼此强化又相互消解。① 把"洞庭秋月"的粗译文和原画对照解读，我们可以看出两种媒介各含消解另一媒介含义的成分。比如，粗译中最突出的意象是"晚霞（evening clouds）"、"万顷烟波（Ten thousand ripples）" 和 "桂花（cinnamon flowers）"；而原画中突出的意象则是高山上一抹流云，山坡上一棵苍松挺立，根本看不到什么"万顷烟波"或"桂花"。两者并置，图中的意象冲淡了诗中的意象。视觉表征和语言表征的相互作用促成了诗画交融的第 7 至 12 行。

在第 13 至 17 行，庞德有意偏离粗译的束缚，更自由地传达自己从画中获得的印象。第 13 至 14 行应该出自题画诗"烟寺晚钟"。原诗和粗译中远近对照蕴含着深邃的禅理。如果我们把钟声看作远近"融合"的象征，诗的后两句阐释似乎画蛇添足。当我们从译文转向画作，繁复的语句变成了简约的线条：山峦之后依稀可见一个塔尖和一座寺院的挑檐。很多人可能会疑惑赏画者怎么能听到画中寺院的钟声。法兰克福学派的理论家本雅明（Walter Benjamin）论证过原创（而非复制）的艺术品都"有神韵，能'言说'"②。米勒如此评价过荷兰后印象派画家梵高的艺

---

① J. Hillis Miller, *Illustration*, p. 68.
② Walter Benjamin, *Illuminations*, p. 222.

术潜力:"这种力量与空间距离相关。梵高的绘画把我们带到'另一个地方'。"① 庞德看到的《晚钟图》并非什么杰作,但因为是日本艺术家的真迹,可能让他联想到大英博物馆藏日本画家雪村周继(Sesson Shukei,1504-1589)仿宋末元初禅画家牧溪的《晚钟图》。画中简洁空灵的宝塔和隐约可见的寺院也许把庞德带到"另一个地方",让他仿佛听到东方悠扬浑厚的寺院钟声。《七湖诗章》中那短短两行也是对有形画、无声诗的摹仿。

"晚钟"诗句里独特的视觉话语在"远浦归帆"部分有更动态的表现。粗译中呈现了夕阳西下、波光粼粼、归帆点点的景致。而在相应的水墨画中我们看到了一幅静止的图景——即美国学者温迪·斯坦纳(Wendy Steiner)所谓"凝聚时刻"——晴空下激流中的三叶小舟。② 不过,白帆张扬的小舟并不像是"归船"。庞德在诗中保留了画中这个误导性的细节,加上自己的想象("Sail passed here in April; may return in October")("四月春帆过;十月秋来或返航")③,并抛弃了粗译中的"青天"(〈green〉sky)、"迷雾一抹秋"(mists in suggestion of autumn)和"山丘"(hills)等意象,一气呵成第15至17行。

接下来诗画对应的景致分别是"山市晴岚"、"江天暮雪"、"平沙落雁"和"渔村夕照"。我们不妨把八景诗和八景图分别作为一个整体来看。显然,江水和河岸始终占据诗画的中心:在前四幅画中时隐时现的水波、芦苇、小舟、远山和流云在后四幅画中仍然可见。八幅画连在一起传达了游子随季节和景色而变的情绪。"孤灯蓬里听萧瑟"的游子在后几幅画中重现,瞥见"酒旗"(wine flag)、"一个冰清玉洁的世界"(a world is covered with jade)和"落雁"(Wild geese),听见"小伙子们在河底摸虾"(the young boys prod stones for shrimp)。如果说诗里只是暗含了这个主题,画中小舟的反复出现则更直观地呈现了这一叙事。

斯坦纳把"图像重复"和"大路延伸"认作欧洲绘画大师叙事的两

---

① J. Hillis Miller, *Illustration*, p. 80.
② Wendy Steiner, *Picture of Romance*, p. 13.
③ 庞德也许此处联想到自己《华夏集》开篇转译自费诺罗萨《采薇》笔记的《西周弓箭手歌》("Song of Bowmen of Shu")中的一句"Will we be let to go back in October?"参见 Ezra Pound, *Personae*, p. 131.

大技巧①,而巫鸿(Hung Wu)则把分段绘制、分段观赏的长卷水墨画认作中国画主要的艺术媒介,提出"就创作和观赏而言,一幅长卷就是一幅呈时空变幻的动画"②。庞德所拥有的册页与长卷相仿,只不过各部分又自成一体,每幅图被中文题画诗和日文和歌所间隔。但如果我们把八幅图拼在一起,就是一幅多景的长卷。按中国人鉴赏长卷的惯例,从右向左展开,八幅图就合成了一幅连续完整的长卷水墨画:远景中群山连绵,前景中河道时宽时窄。《潇湘夜雨》左侧的停泊处与《洞庭秋月》连在一起。《洞庭秋月》中的山坡延伸到《烟寺晚钟》的左侧。《烟寺晚钟》中高耸的山峰是整体布局中的一个转折点。山峰两侧有细微的色调变化:右侧各图的景致一片暗灰,左侧各图渐呈浅绿和桔黄,色彩的变化暗示着心态的变更。《潇湘夜雨》和《洞庭秋月》充满愁思和哀怨,《江天暮雪》和《平沙落雁》显现一片闲适安宁,而《山市晴岚》和《渔村夕照》则给人以欢乐祥和之感。因此,结合中国的文化传统,我们可以把八景图理解为失意的文人归隐自然,通过参禅达到人生的最高境界。

日本无名氏《潇湘八景》册页之一景《潇湘夜雨》
(玛丽·德·拉齐维尔兹提供)

八景图和八景诗之间无疑存在着差异,这是景致的视觉表征和语言表征之间的差异。另外,七言绝句在景物描写之后往往还给诗人留有抒怀的空间,这无疑有悖于庞德意象主义的宗旨:"直接处理主观或者客观

---

① Steiner, *Picture of Romance*, pp. 17–22.
② Wu Hung, *The Double Screen*, p. 59.

的事物"，"不要空论"。①庞德对中日诗的诗体格式并不关注，他只想抓住八景的核心内涵。因此，他抛弃了《洞庭秋月》中"羁客愁思"、《烟寺晚钟》中的个人揣摩、《山寺晴岚》和《渔村夕照》中的夸张想象等，把各种意象直接叠加，从而使诗歌更接近绘画的"无声之言"。

三、诗画之外

休·肯纳（Hugh Kenner）曾提出《七湖诗章》2 至 30 行主要来源于庞德笔录译稿而非图册里的中文诗，而日本学者儿玉石英认为《七湖诗章》更接近中文诗。② 通过对照中文原诗、庞德笔录的曾氏粗译和八幅原画，我们可以看出《七湖诗章》2 至 30 行既不是纯粹的翻译，也不是纯粹的"跨艺术再创造诗"，而是庞德借助于曾宝荪的粗译，结合自己对八幅水墨画的理解，发扬了中国"题画诗"的传统创作而成，是翻译加艺术转换再创作的精品。

我们很难想象如果没有曾宝荪的帮助，是否还会有如此接近潇湘八景传统的英文《七湖诗章》流传于世。《七湖诗章》之俗称来源于其首句"咏七湖，不知何人的诗句"（"For the seven lakes, and by no man these verses"）。至于庞德何以将图册的"潇湘八景"与"七湖"联系在一起，尚未有学者作出合理的解释。据我们考查，史上惯以"七泽"泛称楚地诸湖泊和洞庭诸水域。如西汉司马相如《子虚赋》言："臣闻楚有七泽，尝见其一，未睹其余也。"唐代权德舆《药名诗》曰："七泽兰芳千里春，潇湘花落石磷磷。"宋代徐俯《鹧鸪天》云："七泽三湘碧草连，洞庭江汉水如天。"谙熟湖湘诗词的曾宝荪在向庞德介绍潇湘八景的地域文化时，无疑引用了"七泽"的说法，而且直译为"seven lakes"，然后被庞德拿来用于第 49 诗章。③

如果仅仅依据那本从日本流传到美国、再流传到意大利的《潇湘八景》图册，《七湖诗章》何以能蕴含如此丰富的意象？比如，与"山市

---

① Ezra Pound, *Literary Essays*, p. 3, p. 6.
② Hugh Kenner, "More on the Seven Lakes Canto," *Paideuma* 2（1973）：44；Kodama, "The Eight Scenes of Sho-Sho," *Paideuma* 2（1977）：132.
③ 冉毅教授从《钦定四库全书》集部《御定历代题画诗类》卷二十九"名胜类"查到明宣宗潇湘八景诗中"七泽"出现三次，其中"江天暮雪"有"茫茫七泽与三湘"句。感谢冉毅教授所提"三湘四水"说对我们的启发。

晴岚"诗画相对应的《七湖诗章》第 18 至 19 行,虽然简略,与曾宝荪的粗译有较大的出入,但如果没有粗译中一些关键意象("wine flag","evening sun","smoke")的提示,庞德很难从画中看出村居屋檐后寥寥一笔加一点是迎风招展的酒旗,遑论什么"落日"与"炊烟"了。同样,如果没有曾宝荪的粗译,庞德如何能在空无一人的《江天暮雪》图中看到"山阴乘兴人(people of leisure)"呢?如果没有"平沙落雁"粗译最后一行写到"理羽毛的鸟儿"("The birds stop to preen their feathers"),庞德想必也不能在《渔村夕照》的画面察觉有什么白嘴鸦在船头喊喳("Rooks clatter over the fishermen's lanthorns")。更重要的是,如果没有曾宝荪给庞德介绍"中国文化,诗词及传统道德"①,光凭那本册页,庞德不可能深入理解"潇湘八景"题画诗丰富的文化内涵和悠久的历史传承。

对于中日题画诗的传统和潇湘八景的诗画母题,庞德在"大英博物馆时期"(1908—1914),亦即客居伦敦初期,有过初步的了解。那时他与大英博物馆东方馆副馆长、远东艺术鉴赏家劳伦斯·比宁(Laurence Binyon)交往甚密,聆听过比宁有关远东艺术的幻灯片讲座,参观过东方馆办的中日绘画展(1910—1912),评论过比宁的东方美术论述《飞龙在天》(*The Flight of the Dragon*, 1911)。比宁编的中日画展目录把八景描述为"传统的系列绘画题材……源于中国洞庭湖的景致"②,这必定引起庞德的兴趣。画展上清代画家云樵主人和日本室町时代画家雪村周继的八景图会给他留下深刻的印象。另外,比宁在《飞龙在天》里曾强调"《晚钟图》让我们感受到浑厚的钟声穿山越岭传至游子的耳边"。③关于八景的诗画传统,庞德可从比宁的画论《远东绘画》(*Painting in the Far East*, 1908)中获得更多的知识。在那部画论里,比宁阐释了中国诗人和艺术家为何擅长因袭传统主题。他对禅画家牧溪《晚钟图》的评论颇有见地:运用新颖而别致的方式处理相似题材能产生伟大的艺术——原创性源于艺术家对该题材深刻的感触。比宁认为,西方艺术家可从牧溪《晚钟图》的成就中获得启迪:"题材基本相同,就像巴比松的薄暮孕育了

---

① 《曾宝荪回忆录》第 215 页。
② Laurence Binyon, *Guide to an Exhibition of Chinese and Japanese Paintings*, p. 37.
③ Laurence Binyon, *Flight of the Dragon*, p. 61.

法国绘画大师米雷（Jean Francois Millet，1814 – 1875）这个富有诗意的天才。"①

比宁的这段话说到了点子上。中国诗人、艺术家和庞德一致遵循的"推陈出新"或"日日新"（"Make It New"）的创作原则，就是主张"运用新颖而别致的方式处理相似题材"。不是原创才能出天才，运用新颖而别致的方式处理他人的原创同样能出天才。美国著名评论家玛乔瑞·帕洛夫（Marjorie Perloff）在其2010年新著中称这种天才为"非原创性天才"（"unoriginal genius"）。艾略特的《荒原》就是一部运用新颖的方式叠加经典原创的杰作，本雅明的《拱廊工程》（*The Arcardes Project*，1927 – 1940）也是一部运用新颖的方式叠加经典原创的杰作。②艾略特和本雅明都属于"非原创性天才"。我们今天生活在一个数据库时代、数码录音时代、多媒体网络社交时代，引用、摘抄经典原创、他人原创易如反掌。按帕洛夫之见，在这样一个时代，运用新颖而别致的方式摘抄、叠加经典原创、他人原创已经成为文学艺术的新潮。她颇有见地地指出："我们一旦承认当代艺术创作实践有其特殊的要素和创造力，就大可不必在意把通常联系在一起的'原创'和'天才'这两个词儿拆开。"③

在比宁的熏陶下，庞德虽然对东方画产生了兴趣，并对其理论和实践有所了解，但这并不足以让他能把握和转换"潇湘八景"的丰富内涵。曾宝荪不仅给庞德提供了题画诗的粗译，还让庞德对"潇湘八景"的历史背景有了深入的了解。假设帮助庞德译诗的不是曾宝荪，而是一个对"潇湘八景"的文化内涵一知半解、中英文功底不如曾氏的中国人，庞德就可能会被误导，《七湖诗章》的艺术效果就要另当别论了。

"潇湘"一词始于汉代，《山海经·中山经》言湘水"帝之二女居之，是常游于江渊。澧沅之风，交潇湘之渊"。到唐代中期，"潇湘"不单意指湘水，而是被诗人们衍化为地域名称。如果没有曾宝荪的讲解，庞德何以知晓"潇湘"一词的由来？他又怎能理解册页第一景《潇湘夜

---

① Laurence Binyon, *Painting in the Far East*, p. 134, p. 135.
② 本雅明于1927年开始创作《拱廊工程》，至1940年逝世仍未完成。其德文夹法文的第一版于1982年由铁德曼（Rolf Tiedemann）编订出版。艾兰（Howard Eiland）和麦克拉夫林（Kevin McLaughlin）翻译的英文版《拱廊工程》1999年由哈佛大学出版社出版。
③ Marjorie Perloff, *Unoriginal Genius*, p. 21.

雨》题诗"只向竹枝添泪痕"句的文化内涵呢？相传舜晚年效法尧，将部落联盟首领职位禅让给禹。禅让后，舜到南方巡狩，活动于潇湘流域，不幸"崩于苍梧之野，葬于江南九嶷"（《史记·五帝本纪》）。噩耗传来，娥皇、女英二妃悲痛欲绝，竟至泣泪成血，挥洒荆竹之上，荆竹为之所染成斑纹，故称斑竹，也叫泪竹。唯有创作《八十晋二回忆竹枝间（甲寅）》组诗的曾宝荪说明了娥皇、女英与舜的帝后关系、与尧的帝女关系，并阐释了湖湘斑竹典故后，庞德才能领悟"潇湘夜雨"题诗中"只向竹枝添泪痕"这一句的深刻含义，才能把粗译中"Throws reflection on bamboo branch, causes tears"巧妙地转化为诗章中的"the bamboos speak as if weeping"。

《七湖诗章》共47行诗，潇湘八景诗占去了前30行中的29行，其后17行诗中有4行引自费诺罗萨笔记中所写中国史实，4行就二战前西方世界的社会现实抒发感慨，9行从费诺罗萨笔记转引两首中国古民谣——《卿云歌》和《击壤歌》。这种跳跃式摘引加抒情的写法是从法国立体派拼贴画家那里借鉴来的。《七湖诗章》第31至32行由潇湘八景转到"1700年清临此山湖／光移南方天际"（"In seventeen hundred Tsing came to these hill lakes. /A light moves on the south sky line"）虽与史实有出入（康熙南巡未曾到湖湘地域），上下文尚能衔接。第37至40行直接按日本语注音引《卿云歌》（KEY MEN RAN KEI/…），第41至45行引英译《击壤歌》（"Sun up; work/…"），初看让人觉得突兀，细细琢磨后读者方能领悟其奥妙。《卿云歌》乃舜时民谣："卿云烂兮，糺缦缦兮。日月光华，旦复旦兮。"相传舜帝南巡前禅位给大禹时，和贤士、百官同唱《卿云歌》。诗歌描绘了一幅政通人和的清明图景，表达了上古先民对美德的崇尚和圣人治国的政治理想。《击壤歌》为尧时民谣："日出而作，日入而息。凿井而饮，耕田而食。帝力于我何有哉？"赞扬的是尧时的太平盛世，据《帝王世纪》记载："帝尧之世，天下大和，百姓无事。有八九十老人，击壤而歌。"如联系到《七湖诗章》第6行对应八景之一《潇湘夜雨》的诗句"竹枝低语若哭泣"（"the bamboos speak as if weeping"），庞德引用《卿云歌》和《击壤歌》的意图就不言自明了。正因为曾宝荪给庞德阐述了原中文题诗"只向竹枝添泪痕"的内涵，庞德才有心从费诺罗萨笔记中找出了那两首古民谣，插入第49诗章，使其前后呼应，缅怀尧舜时代无高利贷盘剥等丑行、"太平无日不春风"的美好社会。这种大同社会的图景与《七湖诗章》第 33 至 34 行所谴责的战前西方社会现实形成了鲜明的对照:"制造财富的国家就该因此而陷入债务?这是丑行!这是格利翁!"("State by creating riches shd. thereby get into debt? / This is infamy; this is Geryon"[Cantos 245])。插入《卿云歌》和《击壤歌》后,第 49 诗章急转直下,以向往"前湾咿轧数声橹,疑是山阴乘兴人"("The flowing water clots as with cold. And at San Yin / they are a people of leisure"[Cantos 244])的逍遥世界,向往尧舜的时代,即所谓"第四空间"结尾:"第四空间:静止 / 制服豺狼的威力。"(The fourth; the dimension of stillness. / And the power over wild beasts"[Cantos 245])

《七湖诗章》47 行诗,其中仅 4 行诗是庞德的原创,其他 43 行诗都有出处,都属于他人的原创。《七湖诗章》与《荒原》一样,是现代主义的"非原创性天才"之作,庞德和艾略特两位诗人都创造性地重写了经典。《七湖诗章》与《荒原》的不同处在于《七湖诗章》所叠加的清一色都是远东的,特别是中国的经典原创,而《荒原》所叠加的则是欧洲的和印度的经典原创。

对于《七湖诗章》隐含的题旨,庞德学者有道家和儒家之争。乔治·科恩斯(George Kearns)认为:"第 49 诗章是抒情的,道家意义重于儒家意义。"① 叶维廉提出《七湖诗章》体现了"大寂美景",是庞德"道家式的感兴"发展的一个顶点;庞德在《七湖诗章》里"建立了一个寂然璨丽、悠悠幽放的世界,和他在其他诗章所推出的儒家秩序很不相同"。② 赵毅衡根据诗中所引《击壤歌》的"无为而治",提出"如果说庞德在其他地方坚持儒家思想,《七湖》明显是道家出世精神的产物"③。

陶乃侃则联系庞德第 13 诗章里的儒家伦理母题的建构,认为"《诗章四十九》整体表达的是儒家以德治国的理想";主导庞德《诗章四十九》创作的核心概念是儒家"止于至善"的概念,是"止"的蕴意。④

---

① George Kearns, *Ezra Pound: The Cantos*, p. 59.
② 叶维廉:《庞德与潇湘八景》,第 64,118 页。
③ 赵毅衡:《诗神远游:中国如何改变了美国现代诗》,成都:四川出版集团,2013,第 138 页。
④ 陶乃侃:《庞德与中国文化》,第 177,179 页。

由于对创作题旨理解的不同,叶、陶两位学者对于《七湖诗章》的开头和结尾也就有了不同的解读。叶维廉强调在诗章的开头,庞德以"no man"之暗语奠定了"以物观物"、"物各自然"的道家美学策略:

> 诗章开头第一句"For the seven lakes, and by no man these verses"(给七湖,无作者的这些诗),彷佛是一种坦白之言,他不知道作者是谁,但这句话也成了一种美学的逗语:让景物自现。像范诺罗莎所说的那样"不把符码抛来抛去,而是看着事物在我们眼前演出它们的命运"……这里确实可以说是与道家美学中的"任万物不受干预地、不受侵扰地自然自化的兴现"有了应合。①

陶乃侃分析:"'by no man'是双关用法,既指画上的七绝均无署名,无名氏也,又暗喻这些诗文由山水所作……从'七湖诗章'的实际语境看,整个上半部没有人的介入,庞德主要暗示这首诗章不是人写的,而是山水景物写的";他提出庞德运用了中国传统诗学,以"山水"寄予思情,传达儒家伦理。②

两位学者对于诗章结尾两行("The fourth; the dimension of stillness/ And the power over wild beasts")也有不同的翻译和解读。叶维廉译为第四度空间:寂止的宏幅/制服野兽的伟力。他的解读是:

> 就是说,诗中呈现的寂然世界,代表一种高度的文化。假如在庞德《诗章》的寻索中,第17诗章呈现的代表爱与美从水中生长出来的艺术之城石城/水城威尼斯,是第一个"地上乐园"(paradiso terrestre),那么,第49诗章呈现的由中国式以烟雨云山为主的山水构成的寂然世界,就是第二个更完善的"地上乐园"。③

陶乃侃把结尾译为"第四,清静的维度。/和抑制野兽的力量",他把"stillness"(清静)看作理解这首诗的关键所在,认为"清静"也是

---

① 叶维廉:《庞德与潇湘八景》,第119页。
② 陶乃侃:《庞德与中国文化》,第168,181页。
③ 叶维廉:《庞德与潇湘八景》,第75页。

儒学中极其核心的一个概念，即儒家"止于至善"的概念，是"止"的蕴意，是"由道德控制内在精神世界的维度"。①

我们认为两位学者之争其实是出发点和关注点不同。叶维廉要论证《七湖诗章》中的道家美学思想，就偏重庞德对八景画的领悟以及诗章前半部分对潇湘八景的呈现，他相信"庞德应该是先被册页内潇湘八景的画本身所吸引，极欲抓住和呈现作为画特有的视觉感染魅力，所唤起的一种超乎'叙'、'说'的感受，也就是带着看画所得的感受去协调诗的营造，几乎是以感觉导引"②。陶乃侃要论证《七湖诗章》的儒家伦理母题，就一再强调诗章后半部分尧舜的圣王形象，因为"尧舜帝王形象与儒家传统息息相关"，代表了儒家的"仁治思想"。③所以在叶维廉看来，"第四维空间"就是"道家美学的寂然世界"；而在陶乃侃看来，"第四维度"就是"清静无为的维度"，代表"儒家思想中的道德力量"。二位学者各有侧重，但都忽略了蓝本《潇湘八景》诗画蕴含的禅宗思想。如前所述，"潇湘八景"的诗画创作传统是经由禅宗诗画家玉涧和牧溪的作品传入日本。佐佐木玄龙等人的仿作《潇湘八景》"继承了日本室町时代（1392—1490）开展出来，以南宋（包括《潇湘八景》）的空蒙烟雨为基调的简逸山水画的传统"④。又如日本学者所言："室町时代的文化，不是有禅宗的影响，而是禅宗成了室町时代的文化"⑤。所以，如果我们从全诗通盘考虑，从《潇湘八景图》的澄静观照、宁静致远，到《卿云歌》中的圣王治国、政通人和，再到《击壤歌》中的无为而治、自足自乐，《七湖诗章》无疑蕴含了中国儒释道思想的精髓，体现了儒释道相通的一面，是禅道美学思想和儒家政治理想的完美结合，正是《诗章》中庞德的代言人奥德赛追寻的"人间天堂"⑥，所以庞德曾言第49诗章意在呈现"对乐园的惊鸿一瞥"（"a glimpse of paradise"）⑦。而庞德对"潇湘八景"的深刻领

---

① 陶乃侃：《庞德与中国文化》，第178—79页。
② 叶维廉：《庞德与潇湘八景》，第119页。
③ 陶乃侃：《庞德与中国文化》，第177页。
④ 叶维廉：《庞德与潇湘八景》，第75页。
⑤ 转引自叶渭渠：《日本文化史》，第181页。
⑥ 从这一点上来看，库克逊（William Cookson）把诗章开头的"no man"看作奥德赛、因为后者曾自称"Outis（no-man）"的说法有合理之处。See Cookson, Ezra Pound: The Cantos, p. 70.
⑦ 转引自Cookson, Ezra Pound: The Cantos, p. 69.

悟及其儒释道思想的连贯表达都离不开曾宝荪对"潇湘八景"的释解。在庞德的心目中,曾宝荪是一个难忘的合作者。1952年,庞德在与荣之颖的一次访谈中,坦承一位来自中国的"曾女士"对他创作第49诗章的帮助。①

曾宝荪于1949年迁往香港,1951年应宋美龄之邀,移居台湾。除了传教布道外,她也参加一些为妇女争取权益的政治活动。1955年,她又协同堂弟曾约农,在台中筹办起台湾第一所私立大学东海大学,该校半个世纪来为中华民族培养了众多杰出人才。前国民党副主席詹春柏、前哈佛燕京学社社长、新儒学代表人物杜维明、经济学家郎咸平等都是东海大学培养出来的精英。曾宝荪和庞德之间并无直接的书信往来,但1928年意大利拉巴洛城的一次会面,成就了中华才女和美国现代派诗人的一段合作奇缘。曾宝荪称庞德为"廿世纪的一个有名怪诗人",并提到庞德从圣伊丽莎白精神病院出来后,其夫人多萝西与她还有书信联系,多萝西告诉她庞德"仍是在吟诗自娱"②。1957年4月,曾宝荪曾以台湾当局首席代表的身份赴纽约参加联合国妇女地位委员会会议。庞德在报上看到这条新闻,立即写信给纽约中国友人王燊甫(David Wang),要他与曾宝荪取得联系(Qian, *Chinese Friends* 11)。遗憾的是,当王氏联系上台湾当局代表团时,曾宝荪已离美返台。

曾宝荪与曾约农,1916年摄于伦敦
(东海大学提供)

29年过去,庞德依旧刻骨铭心记得这位一面之交的湖南才女,这是因为她协助自己写成了一篇举足轻重的诗章。第49诗章上承《高利贷诗章》,下启《中国史诗章》,在整部《诗章》中居枢纽位置。同第3诗章描述的威尼斯一样,这里的"潇湘八景"象征着诗人憧憬的人

---

① Angela Jung Palandri, "The 'Seven Lakes Canto' Revisited," p. 51.
② 《曾宝荪回忆录》,第216页。

间天堂。诗人再创造的"潇湘八景"与"1700年清临此山湖"句及"击壤歌"、"卿云歌"并列,更深化了该诗章的政治内涵。通读《诗章》后,读者会意识到第49诗章预示《中国史诗章》,预示其追溯到尧舜、评议至康熙、雍正的浩瀚的历史覆盖面。

庞德创作《中国史诗章》除了依靠手头的冯秉正法译十三卷《中国通史》,还要查阅大量中国史料。拉巴洛城没有一个像样的图书馆,能查到中国文化资料。1939年,庞德恰巧被聘为《罗马正午报》(*Meridiano di Roma*)特约撰稿人,1941年他又开始一月两次到罗马电台灌制每讲十分钟的亲意大利法西斯、反美国联邦政府的广播演讲。几乎每次去罗马,庞德都要上意大利中远东研究所(IsMEO)图书馆查阅资料。就是在中远东研究所的图书馆,他结识了下一章要评述的中国学者杨凤歧。

曾宝荪与曾约农,1955年摄于筹建中东海大学校址
(东海大学图书馆提供)

附录:日本无名氏《潇湘八景》册页汉诗、曾宝荪粗译笔录和庞德《七湖诗章》前30行的对照(转引自叶维廉:《庞德与潇湘八景》,第65—66页):

第二章 《七湖诗章》——曾宝荪和庞德《诗章》中的潇湘八景

"潇湘八景"原诗	曾宝荪译文	《七湖诗章》 For the seven lakes, and by no man these verses:
潇湘夜雨 先自空江易断魂 冻云粘雨湿黄昏 孤灯蓬里听萧瑟 只向竹枝添泪痕	Rain, empty river, Place for soul to travel (or room to travel) Frozen cloud, fire, rain damp twilight. One lantern inside boat cover (i.e. sort of shelter, not awning on small boat) Throws reflection on bamboo branch, causes tears.	Rain; empty river; a voyage, Fire from frozen cloud, heavy rain in the twilight Under the cabin roof was one lantern. The reeds are heavy; bent; 5 and the bamboos speak as if weeping
洞庭秋月 西风剪出暮天霞 万顷烟波浴桂华 渔笛不知羁客恨 直吹寒影过芦花	AUTUMN MOON ON TON-Ting Lake West side hills screen off evening clouds Ten thousand ripples send mist over cinnamon flowers. Fisherman's flute disregards nostalgia Blows cold music over cottony bullrush.	Autumn moon; hills rise about lakes against sunset Evening is like a curtain of cloud, a blurr above ripples; and through it 10 sharp long spikes of the cinnamon, a cold tune amid reeds.
烟寺晚钟 云遮不见梵王宫 殷殷钟声诉晚风 此去上方犹远近 为言只在此山中	Monastery evening bell Cloud shuts off the hill, hiding the temple Bell audible only when wind moves toward one, One can not tell whether the summit, is near or far, Sure only that one is in hollow of mountains.	Behind hill the monk's bell Borne on the wind.
远浦归帆 鹭界青山一抹秋 潮平银浪接天流 归樯渐入芦花去 家在夕阳江上头	AUTUMN TIDE, RETURNING SAILS Touching ⟨green⟩ sky at horizon, mists in suggestion of autumn Sheet of silver reflecting the all that one sees Boats gradually fade, or are lost in turn of the hills, Only evening sun, and its glory on the water remain.	Sail passed here in April; may return in October 15 Boat fades in silver; slowly; Sun blaze alone on the river.
山市晴岚 一竿酒旗斜阳里 数族人家烟嶂中 山居醉眠归去晚 太平无日不春风	Spring in hill valley Small wine flag waves in the evening sun Few clustered houses sending up smoke A few country people enjoying their evening drink. In time of peace, every day is like spring.	Where wine flag catches the sunset Sparse chimneys smoke in the across light
江天暮雪 云淡天底糁玉尘 扁舟一叶客吟身 前湾咿轧数声橹 疑是山阴乘兴人	SNOW ON RIVER Cloud light, world covered with ⟨milky⟩ jade Small boat floats like a leaf Tranquil water congeals it to stillness ~~In Sai Yin there dwell people of leisure.~~ The people of Sai Yin are unhurried.	Comes then snow scur on the river 20 And a world is covered with jade Small boat floats like a lanthorn, The flowing water clots as with cold. And at SanYin they are a people of leisure
平沙落雁 古字书空淡墨横 几行秋雁下寒汀 芦花错作衡阳雪 误向斜阳刷冻翎	Wild geese stopping on sand Just outside window, light against clouds ~~Light clouds show in sky just beyond window ledge~~ A few lines of autumn geese on the marsh at their Bullrushes have burst into snow-tops The birds stop to preen their feathers.	Wild geese swoop to the sand-bar, 25 Clouds gather about the hole of the window Broad water; geese line out with the autumn
渔村夕照 薄暮沙汀惑乱鸦 江南江北闹鱼虾 呼童买酒大家醉 卧看西风舞荻花	EVENING IN SMALL FISHING VILLAGE. Fisherman's light blinks Dawn begins, with light to the south and north Noise of children hawking their fish and crawfish Fisherman calls his boy, and takes up his wine bottle, They drink, they lie on the sand and point to marsh-grass, talking.	Rooks clatter over the fishermen's lanthorns, A light moves on the north sky line; Where the young boys prod stones for shrimp. 30

第三章 兼听则明
——庞德和杨凤岐的争论与合作

杨凤岐,摄于1960年前后(兰奇奥迪教授提供)

庞德，1942 年前后摄于罗马
（德克萨斯大学哈利·兰荪人文研究中心提供）

前两章都提到了庞德在二战时结识的清华学子、旅居意大利的中国学者杨凤岐（1908—1970）。杨凤岐在庞德的儒家思想形成和发展的中间阶段起到了举足轻重的作用，但是国内外学界在讨论庞德与中国文化的关系时却未予重视，唯有杨凤岐当年在罗马的同事、汉学家利奥内罗·兰奇奥迪（Lionello Lanciotti）曾在意大利《中国》（*Catai*）杂志1981年第2期上撰文介绍过庞德给杨凤岐的四封书信。① 可是这篇文章并未揭示二者在中日战争问题上的争论，更未涉及杨凤岐对庞德儒家思想发展所产生的影响。杨凤岐和庞德之间的书信史料尚未得到充分挖掘和评论。细读这些文献档案，我们可以发现杨凤岐不仅同庞德激烈辩论过中日战争的正义和非正义性，而且还直接参与到庞德用意大利文翻译儒家典籍的工程之中，甚至还对庞德的儒家思想观念的成型与变化产生过重要的影响。

耶鲁大学拜纳基图书馆收藏了11封杨凤岐给庞德的书信（其中3封写在明信片上），10封庞德给杨凤岐的书信的复写本（其中一封写在明信片上）。② 尼考洛·查普尼（Niccolo Zapponi）编《埃兹拉·庞德的意大利》（*L'Italia di Ezra Pound*，1976）收录了庞德致杨凤岐信一封。庞德没有署明年份，查普尼未经细查二人往来信件之上下文，而把年份定为1944年。③ 该信上承杨凤岐1940年11月9日致庞德，下接杨凤岐1940年11月14日致庞德，乃拙编《庞德的中国朋友》所收庞德1940年11月12日致杨凤岐。庞德在信中提及墨索里尼财政官员里卡迪（Raffaello Riccardi）三日前的公开讲话，1944年11月墨索里尼政府已不复存在，查普尼显然错定了此信的年份。现存庞德——杨凤岐之间21封用意大利文写就的往来信件，今已成为珍贵的历史文献，它们如实记载了杨凤岐和庞德1939至1942年间在意大利展开的多次政治交锋与文化交流。正是在同杨凤岐的往来通信与正面交流中，庞德的政治态度和文化思想发生了微妙的变化：他对中国的抗日战争和中国的儒家思想都有了崭新的认识。

---

① Lionello Lanciotti, "Un carteggio inedito di Ezra Pound," *Catai* 1.2 (1981): 297–304.
② 感谢原那不勒斯大学利奥内罗·兰奇奥迪教授对笔者寄去的拜纳基图书馆藏庞德书信复印件作了校勘，兰奇奥迪教授收藏了4封庞德书信原件，他确定拜纳基复印件和原件完全一致。
③ Niccolo Zapponi, *L'Italia di Ezra Pound*, p. 210.

一、义战之辩

杨凤岐①，河北高邑人②，1931年获清华大学历史学学士学位，毕业后留校，给研究中国近代外交史的蒋廷黻先生当助教。1935年"利用清华休假的待遇去罗马大学"（University of Rome，"La Sapienza"）深造，③ 1938年获文学博士学位，随后便在罗马的意大利中远东研究所（IsMEO）任教。

1939年6月下旬，庞德返回美国，在纽约和华盛顿等地游说美国政府避免参战，未取得效果，他带着失意返回意大利，重新投入一项浩大的工程，即创作《中国史诗章》。为此，庞德常去罗马中远东研究所查阅资料，他在中远东研究所的图书馆偶遇杨凤岐。二人相遇时正逢第二次世界大战在欧洲爆发，杨凤岐来自儒家思想的发源地中国，而中国此时已进入抗日战争的持久阶段，因此杨凤岐身上便汇集了庞德的两大兴趣：儒家思想之于当代中国和法西斯之于当代中国。这在他们二人的通信中表现得非常明显。现存一封庞德于1939年10月2日自意大利拉巴洛城写给杨凤岐的书信，此为二人之间的首次通信，似乎应是他们二人稍前相关讨论的继续。庞德在信中单刀直入："尊敬的杨博士（要是尊姓不是杨，那么凤岐博士），我并不怀疑蒋介石的英雄主义，我很高兴认识尊驾，因为我很想了解中国内地人的真实想法。"④ （Qian，*Chinese Friends* 23）庞德写这封信时，德国纳粹部队刚于一个月前攻占波兰，而日本的侵华战争却已进入白热化阶段。日本侵华战争给中国人民带来了巨大的灾难，国际反法西斯阵营正动员力量谴责日本、声援中国。可是庞德在信中不仅不责备日本军国主义，反而提出"中国最大的敌人不是日本，而是高利贷，尤其是国际资本的盘剥"（Qian，*Chinese Friends*

---

① 罗马大学档案显示杨凤岐出生于1906年，然而兰奇奥迪教授却确定他出生于1908年。本书暂采纳兰奇奥迪教授的说法。

② 清华大学档案馆杨凤岐的学籍档案显示，杨凤岐的籍贯信息有二：一为河北高邑；另一为河北临城。本书暂采纳第一种说法。

③ 何炳棣：《读史阅世六十年》，第69—70页。

④ 《庞德的中国朋友》收录了15封庞德与杨凤岐用意大利文写的信件，每封意大利文书信附英译文。将意大利文原信译成英文时，笔者曾得到谭尼娅·斯坦佛（Tanya Stempfl）的帮助，在此致谢。译文中尚存谬误，文责笔者自负。

24)。此句中写到"国际资本",庞德除了使用意大利语"乌苏拉"(usura)之外还特意附上了汉字"放利账"。毫无疑问,远在意大利的庞德和很多不知情的欧洲人一样,并没有认清中日战争的本质以及中国面临多么严峻的威胁。在这个问题上,我们不能仅凭这几句话就给庞德扣上"法西斯分子"的帽子。其实,他在书信的结尾处也承认自己无知:"或许我上面的印象全都是错误的,因为在西方看不到你们的信息,哪怕最基本的信息。"(Qian, *Chinese Friends* 24)庞德当时旅居在墨索里尼法西斯统治下的意大利,当局控制着所有的新闻媒体和社会舆论渠道,反法西斯阵营的信息完全被屏蔽,这想必是造成庞德站在日本侵略者一边的重要原因之一。正如庞德在1940年11月2日信中所指出的那样:"日本用英文发布了很多新闻,我不知道中国是否用任一欧洲语言发布过信息。"(Qian, *Chinese Friends* 28)此外,1939至1940年庞德一直在读日本先锋派诗人北园克卫推荐的《日本时代报》(*Japan Times*),并为之撰稿。在该报1940年3月4日发表的一篇文章中,他甚至引用费诺罗萨的说法,扬言中华文化已被日本发扬光大,日本在中国推行"大东亚共荣圈"政策,可以帮助中国重振中华文化。① 在结识杨凤岐之前,庞德有关中日战争的信息完全来自西方媒体、日本媒体以及与日本友人的交流,殊不知"偏听则暗"带来的问题会使自己在歧途上渐行渐远。幸好在1939年至1940年他结识了杨凤岐。

庞德在1940年8月22日再次致信杨凤岐探讨中日战争,此次他竟然直接质疑时任中国国民党领袖蒋介石的道德信仰:"我听说蒋介石皈依了基督教,这对中国人来说似乎是个大错。"②(Qian, *Chinese Friends* 24-25)庞德在信中认为蒋介石不该皈依基督教,而要振兴儒家思想,学习《大学》,发扬孟子提倡的"尚志"精神。中国之所以遭受这场战争的灾难,他写道,自己并不感到惊讶,因为中华民国建立以来中国的教育机构似乎已经废除教授《四书》。庞德得知杨凤岐是国民党党员,便原文引用《论语·为证篇》"非其鬼而祭之谄也",对杨凤岐为蒋介石辩护一事进行讽喻。(Qian, *Chinese Friends* 25)庞德对蒋介石皈依基督教一事心生反感,这和他自己向来对基督教不以为然的个人价值取向有关,但他对自己信中所述之事(蒋介石皈依基督教,中国教育机构

---

① Sanehide Kodama, *Pound and Japan*, p. 162.
② 着重号为原文所有,庞德特意将意大利语"ERRORE"用大写字母拼写。

已废除教《四书》等等）并没有深入调查，更未作过多少考证，仅凭道听途说便对蒋介石的治国治军方略以及教育政策评头论足，此举实在唐突。

杨凤岐此时再也无法保持克制，他在9月18日的回信中首先表明立场——"我不同意您的观点"，然后义正言辞地对庞德的论点一一加以驳斥。杨凤岐在信中捍卫了民族尊严，颂扬了蒋介石，称他为"当今我国最伟大、最英勇的政治家"，还告诫庞德不要轻信日本的洗脑宣传，并强调中国治军思想并非他所想象的靠儒学或基督教精神，而是靠孙中山的"三民主义"。（Qian, *Chinese Friends* 26—27）杨凤岐在书信中向庞德阐述了当时中国政府治国和治军的基本思想，这些内容是庞德之前从未听过的。当然，或许囿于篇幅限制，杨凤岐在书信中并未真正完整、客观地阐述出蒋介石的治国方略。蒋介石打的旗号确实是孙中山的"三民主义"，但他试图对其进行改造，在"三民主义"大范畴中输入中国儒家的伦理成分，将其融会贯通成既继承传统又开拓创新的新时期文化观，以便于维护自己的统治。

庞德对杨凤岐的驳辞没有马上作出反应，但是一个多月后，在10月29日致日本友人北园克卫的一封信中，他突然冒出一句呼吁日本停战的话："我希望你们能跟中国讲和。"① 这是否可能与杨凤岐的驳斥有关？

在11月2日致杨氏的信中，庞德承认自己对中日战争无知，对汪精卫为何不义无知，但同时他又说："大凡从中国学到东西的外国人都入侵过中国。"（Qian, *Chinese Friends* 28）他的这一说法真正激怒了杨凤岐。在11月9日的复信中，杨氏严正指出，入侵中国才能学习中国的说法是荒诞的："朝鲜和印度支那各国从未入侵过中国，照样学到了中国文化；蒙古征服过中国，却并没有学到中国文化。"（Qian, *Chinese Friends* 30）为了帮助庞德认识中日战争的实质，杨凤岐随信寄去一册《田中义一备忘录》和一册1939年的《中华年鉴》。众所周知，1927年出任内阁首相的田中义一（1864—1929）曾给日本天皇递交一份奏折，参曰："惟欲征服中国，必先征服满蒙；如欲征服世界，必先征服中国。"日本军国主义称霸世界的野心在此《备忘录》里表露得淋漓尽致。1939年的《中华年鉴》毫不留情地揭露了日本侵略者侵占东北、华北、华东乃至华中后，

---

① Sanehide Kodama, *Pound and Japan*, p. 100.

```
ANNO                « Liberty is not a right but a duty ».
XVIII               22 kg/
VIA MARSALA 12-5
RAPALLO             EZRA POUND

Caro Dottor Yang
              Dopo nostro incontro , ed avendo saputo da Valeri
    che siete nazionalista , del partito di Chang kai Chek , ho meditato
    ancora una volta il testo


    [Chinese seal characters]


    Poi incontrando alcuni Giapponesi a Roma, e poi meditando ancora ;
    mi pare che essiste un modo di fare una pace con onore
    per la Cina. Naturalmente non conosco le condizioni di oggi giorno
    in Cina. Vorrei consultarvi , se vi interessa.
    Ho sentito che Chang kai Chek fu convertito al Cristianesimo;
    che a me pare un ERRORE per un Cinese. In somma un
    cristiano potrebbe mettere un po in ordine          le sue
    idee, meditando il  學大       , forse un Confuciano
    potrebbe derivare un stimolo dallo studio della teologia
    medioevale/ o qualche spinto per

                            尚心

    ma NON per convertirse.

    Una altra cosa ho sentito ma non so se sia vero, 1 e
    stato detto che Chang NON potendo ottenere il che voleva
                                        morale dalle
    sue truppe, coi testi della bibbia, ha ritornato al uso dei
    testi confuciani.

    E vero anche , o no ? che lo studio dei Quattro classici fu
    sospeso nelle scuole col arrivo della Republica in Cina ?
    Lo ho sentito , A i disturbe e       calamita susseguente non m hanno
    sorpreso.
            Forse Chang non ha avuto tempo di riflettare sul
```

庞德致杨凤岐，1940 年 8 月 22 日（耶鲁大学拜纳基图书馆提供）

烧杀抢掠、无所不为的兽行。1937 至 1938 年冬，南京沦陷，日本侵略军残暴集体屠杀中国军民，"南京大屠杀"遇害的中国同胞达三十万之多。杨凤岐在信中写道，历史事实告诉我们，背叛中华民族、投靠日本侵略者的汪精卫是不义的，而主张抗战的蒋介石则代表正义的一方。（Qian,

Chinese Friends 29—30）暂且不论杨凤岐对蒋介石抗战策略的评价是否完全正确，他在国家和民族尊严受到质疑时能够挺身而出、旗帜鲜明地驳斥不明真相者的谬论，此举值得钦佩。

或许杨凤岐的辩护起了作用，庞德在此后的态度开始有了明显改观。在 11 月 12 日的信中，庞德就承认中国维护领土主权的正义性。（Qian, *Chinese Friends* 29—30）在 11 月 17 日的信中，他评价蒋介石的语气也有了很大的转变，称他"很棒"，他的抵抗是"形势所迫"，是"必要的、唯一可行的对策"，就连暗杀汉奸也是"必要的"。（Qian, *Chinese Friends* 31）然而，需要指出的是，庞德在这封信中再次脱离中日战争的残酷现实，引用《孟子·尽心下》的名言"春秋无义战"，给中日双方各打五十大板。这说明他还是没有分清什么是正义的战争、什么是非正义的战争。孟子继承了孔子的仁政与贵民思想，但是孔孟所说的礼乐征伐并非否定一切战争，而是为了强调战争与政治整体秩序之间的密切关系。孔子在讨论礼乐征伐时有一个重要的前提，那就是天下是"有道"还是"无道"。毫无疑问，庞德在此时抛开战争的正义与非正义的分野，引用"春秋无义战"来描述中日间正义非正义间的大搏战，此说带有明显的历史虚无主义色彩。庞德不仅在这封书信中引用"春秋无义战"的中文原文，在四五年后创作的第 78 诗章手稿里也用了此语原文。耶鲁大学拜纳基图书馆收藏的第 78 诗章手稿显示庞德亲笔从理雅各（James Legge）汉英双语版《四书》抄录的孟子此语录原文，但是该诗章正式发表时只保留了英文译文（*Cantos* 503）。由此可见，庞德虽然推崇孔孟之道，花了很多时间来学习和翻译中国儒家典籍，为儒家思想在西方的传播作出了巨大贡献，但是囿于种种原因，他在不少大是大非问题上并未能真正理解儒家思想的精髓。

在多次沟通无果之后，杨凤岐对这种毫无意义的争论感到厌倦，便在 1940 年 11 月 21 日致信庞德提出结束这个话题。客观地说，杨凤岐和庞德之间的多封书信往来在一定程度上加深了庞德对中国抗日战争的了解，但是仍然未能完全改变庞德的政治立场，即便在 1945 年因"叛国罪"被指控，他也没有改变自己对《孟子·尽心下》"春秋无义战"的错误理解。文化和政治、历史和现实在庞德思想上留下了一道很深的鸿沟。庞德非常推崇中国的儒学文化，但是在中日战争问题上他却站在日本一边批评中国，其理由竟是当时的中国政府并未秉承和发扬儒家思想。

庞德的这种文化超越政治的理念使他无视战争的正义与非正义之分，因而在政治立场上日益靠近法西斯阵营。

二、儒"法"之异

庞德和杨凤岐交往的这段时间既是庞德在儒家思想研究方面取得一定成就的时期，又是他为人诟病的"法西斯岁月"。批评界在研究庞德这段时间的思想和创作时总是倾向于将他关注的儒家思想和法西斯主义联系在一起。庞德有一个观点现已为批评界所熟知，即他认为墨索里尼统治下的意大利贯彻了孔子的教导。长期以来，西方有一学术见解影响很大，那就是将中国的儒学等同于西欧的法西斯主义。休·肯纳（Hugh Kenner）的评语就具有一定的代表性，他认为"庞德对理想化的法西斯主义的兴趣和他对《中庸》的兴趣是一脉相承的：统治者只要具备足够的灵感和足够稳定的意志就可以催化整个民族的道德感"①。批评界之所以认为庞德支持法西斯主义，是因为他多次通过电台演讲和刊物撰文公开支持墨索里尼的统治，并且明言自己支持他的法西斯主义。② 如果因为庞德曾颂扬过墨索里尼就肯定庞德是法西斯主义的同盟，那么我们又该如何解释他对俄国革命领袖列宁的多次公开称赞呢？庞德对英美等国的政治经济制度一直持有批判态度，在他旅居意大利期间看到了墨索里尼的集权统治在维护社会秩序和提高经济效益等方面的"政绩"，便对其法西斯主义产生了认同感，认为这和儒家思想有着某种共通之处，甚至在不同场合将儒家和法西斯都称为"极权主义"。

虽然庞德对法西斯主义和儒家思想同样进行了理想化解读，但是二者绝不可同日而语。庞德的政治言论和自己的文学创作并非完全契合，他在引用中国儒家典籍时也存在不少偏颇和误读。如上文所示，他在讨论中日战争时居然引用《孟子·尽心下》"春秋无义战"来指责中国抗战，这种脱离历史和文化语境的引证无疑是危险的。西方批评界有人仅因为庞德在不同场合将法西斯主义和儒家思想都称为"极权主义"便认为庞德对儒学的研究导致他投入了法西斯的怀抱。蓝峰《庞德与儒学》

---

① Hugh Kenner, *The Pound Era*, p. 457.
② Leonard Doob, *Ezra Pound Speaking*, pp. 101–102.

一书通过分析儒家经典，驳斥了这一论断。① 庞德与杨凤岐1939年至1942年的往来书信无可辩驳地证明了蓝峰的观点是正确的。在这些书信中，我们不难看出庞德的亲法西斯倾向和儒家思想之间并无必然的联系。关于庞德的亲法西斯政治立场，加拿大学者列昂·苏瑞特（Leon Surette）发表过中肯的见解，他认为庞德此举在于认同墨索里尼和列宁通过强权创立的新秩序，这种"极权主义体系的'仁政'、效率、智性让民主国家的腐化自由和资本主义相形见绌"②。庞德对儒家思想的推崇在很大程度上源于他的诗学理念：他一贯试图将文化的力量和文学批评的力量变为维护社会秩序和伦理规范的政治力量。庞德的诗学理想是将文化与政治联系在一起，研究文化在于促进政治开明，这种动机本身蕴含着偏激的基因。

庞德是一位精力充沛、思想活跃的知识分子，虽然他一直在潜心钻研，但是他对中国儒家思想的理解并不客观和全面。早年他只能借助于18、19世纪西方汉学家的译本钻研《四书》，二战前虽然开始尝试用英汉、法汉对照本研究和翻译儒家典籍，但是囿于他的汉语水平有限，他的解读往往都是翻译和联想的结合体，其中充满大量过度的个人阐释发挥，并非严谨的学术著作。对于这一点或许杨凤岐看得非常清楚，他在和庞德的交往过程中就试图将政治与学术分开，一方面坚决反对庞德的政治立场，另一方面又热情地帮助他研究和翻译儒家典籍。

上文提及1940年11月21日杨凤岐致信提议停止无果的中日战争问题争论，庞德对此的反应是沉默三天，然后给杨寄去了一份《罗马正午报》（*Meridiano di Roma*），并建议围绕其中几篇"亲华"文章继续他们间的对话。庞德于1939至1942年在这份带有法西斯倾向的报刊上发表过很多短文。杨凤岐显然在其后半年间仔细阅读了这份报纸，他发现《罗马正午报》刊登的并非全是受制于法西斯意识形态的文章。1941年的5月22日，他写信询问庞德是否能帮他向该报推荐一篇自己写的关于罗马文化的文章。（Qian, *Chinese Friends* 36）杨凤岐这篇题为《一个中国人眼里的罗马》的短文于7月8日在《罗马正午报》刊发，庞德当日即致信杨凤岐对其大加赞赏，由此他们之前关于中日战争的话题又得以继续。

《罗马正午报》虽然是法西斯主义宣传机构控制的喉舌，但它刊发的文章大部分并不鼓吹法西斯主义。因为发行量大，包容性强，杨凤岐

---

① Feng Lan, *Ezra Pound and Confucianism*, p. 123.
② Leon Surette, *Pound in Purgatory*, p. 93.

这位坚定的反法西斯人士居然也毛遂自荐要求投稿。庞德兴趣更广泛，他撰稿的动机不都与政治相关，在《罗马正午报》发表的文章五花八门，应有尽有。庞德确实在《法西斯季刊》等法西斯主义报刊上发表过很多文章，可是正如德国学者普瑞达所指出的，他在这些文章中却"从未直接讨论过法西斯主义"①。在清算与评价庞德"法西斯岁月"的言行时，批评界对此不可不察。

三、杨庞合作

庞德和杨凤岐在政治上有不可调和的分歧，但是二人对儒学研究却同样有着浓厚的兴趣。庞德在给北园克卫的信中曾透露，1937 年至 1938 年他每天要花四五个小时学中文，开始用理雅各双语版《四书》对照阅读《大学》，后来尝试用莫里森《汉英大词典》逐字阅读北园克卫给他寄去的中文原版《诗经》。庞德一直希望找到一位能指导他学习儒家经典、解答他疑难问题的中国人。无疑，历史专业出身的杨凤岐是庞德想认识的理想人选。此时杨凤岐离开中国仅四年，他对中国历史和中国文学均有很深的造诣。汉学家利奥内罗·兰奇奥迪说起杨凤岐的学问，总是赞不绝口，称其不仅是一位"诲人不倦，不求回报"的教师，而且是一位"热衷于研究汉学经典、在行内无与伦比的大师"②。

1941 至 1943 年，庞德每月要去两次罗马电台，录制一篇又一篇臭名昭著的广播讲演。一个月准备两篇十来分钟的讲演稿对庞德来说并不费事，他更多的时间还是用于研究和翻译儒学经典。对《四书》之一的《大学》，庞德确实倾注了不少心血。早在 1928 年他就以鲍迪埃法译本《四书》为底本译出了他的第一部英译《大学》（*Ta Hio*）；1947 年他又以理雅各双语版《四书》为底本重译了这部儒家经典（*The Great Digest*）。1941 年，这位"儒家诗人"忙于用意大利文翻译《大学》。对庞德而言，翻译这个本子比翻译英译《四书》要难得多，这是因为他不光是中文差，意大利文也不过硬。在翻译这部儒家经典时，他不仅时常要找意大利朋友鲁契尼（Alberto Luchini）润色他的意大利译文，而且偶

---

① Roxana Preda, "Fascist Quarterly," in Demetres Tryphonopoulos and Stephen Adams, ed. *The Ezra Pound Encyclopedia*, pp. 117 – 118.

② Lionello Lanciotti, "Yang Feng-chi," *East and West* (Rome) 20. 3 (1970): 380.

尔还要请杨凤岐解答中文原文中的疑惑。

1941年10月底或11月初，庞德曾将他部分意大利文《大学》译稿送交杨凤岐审校。杨凤岐在11月5日寄给庞德的明信片上写道："您对几个表意字的解读已阅，您的译文值得称道，您加的评语同样很有意思，希望您专心于此。"(Qian, *Chinese Friends* 37) 此时杨凤岐和庞德之间的关系已经发生了重大变化。杨凤岐在和庞德的交流中已经不像以前讨论中日战争问题时那样处处居于守势，而是被尊为给庞德译著把关的"专家"。他再也不必苦苦纠缠于庞德之前那种咄咄逼人的姿态，而是可以凭借自己谙熟的儒学知识指点他。杨凤岐自幼接受儒学传统的教育，自然熟悉儒家经典，尤其是孔孟之道关于内圣外王的理想抱负，但是这种理想抱负和当时庞德所持的亲法西斯意识形态不可同日而语。作为一名儒家学者，杨凤岐意识到庞德的法西斯立场和中国儒学思想是两个并存而不能等同的思想体系。因此在得知庞德在研读《四书》后，他便在那张明信片上鼓励庞德"专心于此"，目的显然是让其潜心投入儒学。

庞德在讨论政治问题时态度相当顽固，但是在涉及儒家学术问题时却虚怀若谷，悉心求教于方家。在得到杨凤岐的赞许之后，庞德于11月7日的回信中详细解释了自己翻译儒家典籍时所用的"费诺罗萨词源分析法"。这里我们不妨以《大学》第一节"安而后能虑"中的"虑"字为例来探究庞德当时的认识。对繁体"慮"字，他不仅注意到了其中的"思"字，还注意到了其中的"虎"字。在11月7日致杨凤岐的信中他强调指出，"慮"字中的"虎字头非常重要"(Qian, *Chinese Friends* 38)。杨凤岐两天前刚称赞过庞德对几个表意字的解读，他可能赞同庞德的见解，因为"焦慮"、"忧慮"中的"慮"字确含"害怕"、"担忧"这层意思，能与"虎"字联系上。当然，他也可能因为"考慮"、"思慮"中的"慮"很难与"虎"字联系上而不认同，但出于礼貌没有表态。反正，"能慮"二字在庞德的意大利文译本中被处理为"resta sereno di fronte a una tigre"①，几年后出版的英译本《大学》中此二字又相应译为："he who can keep his head in the presence of a tiger."(*Confucius* 29)

1941年10月和11月，庞德无疑向杨凤岐请教过不少问题，其中多数问题应当是在二人见面时讨论解决的，我们今天已无法查考。但是他

---

① Ezra Pound, *Confucio: Studio Integrale & L'Asse che non Vacilla*, p. 29.

们的往来书信已足以证明杨凤岐为庞德用意大利文翻译《大学》提供了很多便利。在杨凤岐等人的协助下,庞德的《大学》译稿于 1941 年 11 月完成。11 月 7 日庞德在给杨凤岐的信中谈到下一步打算译《孟子》。(Qian, *Chinese Friends* 38)

  然而 1942 年春,庞德突然改变了计划,转而开始翻译《中庸》(Pound, *Ciung Iung*)。① 据他后来向方志彤透露,他最终按"学—雍—论—孟"的传统顺序来翻译《四书》应当归功于杨凤岐在罗马公使馆的一位姓朱的朋友。1941 年年底,庞德显然与朱先生见过一面,当时朱先生就问他:"您有没有读过《中庸》?"(Qian, *Chinese Friends* 71)由于朱先生的的提示,庞德决定放下《孟子》先译《中庸》。如我们所期待的,在庞德翻译《中庸》的过程中,杨凤岐起到了比以往更重要的作用。庞德每次去罗马都会到意大利中远东研究所拜访杨凤岐,向其请教汉字的象形和表意。1942 年 6 月中上旬庞德再次去拜访杨凤岐而不遇,只好把自己的问题托人转告。现存一份史料,为杨凤岐 6 月 15 日致庞德的书信,从中我们可以洞察当年二人在翻译儒家经典过程中的密切合作:"庞德先生您好,今晨友人告知您曾造访并询问关于汉字的表意,但是我没法听懂他说的那几个词,遂无法随信答复。不知您是否已找到字典,如若有需,请再来信询问……"(Qian, *Chinese Friends* 39)此时庞德的意大利文版《大学》(*Ta S'eu*)已经出版,庞德显然送了样书给杨凤岐,因为杨凤岐在 6 月 15 日的那封信中对庞德的译本称赞有加,并称罗马公使馆的朱先生向其索书要转赠朋友,故要求庞德在方便时再寄十本给他(Qian, *Chinese Friends* 39)。对这一细节我们不妨作此揣测:杨凤岐和朱先生之所以对此译本有亲切感,不仅因为庞德的译文精彩,而且因为它打上了中国学者的印记。庞德当然欣然答应了杨凤岐的要求,7 月 30 日杨凤岐发出一张明信片,告知庞德新书收讫。杨凤岐切实参与了庞德意大利版《大学》和《中庸》的翻译工作,为书稿的最终定稿发挥了不可磨灭的作用,他的贡献不应该被历史遗忘。

四、否定新儒

  庞德的《诗章》前 109 章推崇中国儒家思想,庞德对儒家文化的热

---

① Ezra Pound, *Ciung Iung*: *L'Asse che non Vacilla*, 1945.

第三章　兼听则明——庞德和杨凤岐的争论与合作 | 077

情不仅洋溢于再创造自《论语·先进篇》等儒学篇章的第 13 诗章，而且贯穿于评述儒家思想和中国历代兴衰关系的第 52 至 61 诗章。批评界通常认为庞德曾试图以儒家思想作为拯救西方文明痼疾的良药。多数研究者还认为庞德信奉的是以朱熹为代表的新儒家思想，亦即宋明理学。① 批评界将庞德推崇的儒家文化定性为新儒家思想或许基于另一个重要史实，即庞德写作《中国史诗章》时参照的是法国汉学家冯秉正（又译德·梅拉，de Moyriac de Mailla, 1669 – 1748）的《中国通史》，而此书的纪年体例和主体构架皆脱胎于朱熹的《通鉴纲目》。当然也有一些学者认为庞德否定了新儒学，但是他们似乎并未找到庞德在二战后一度否定新儒学的契机。比如蓝峰就认为庞德否定了新儒学，但是他主张庞德之所以会否定新儒学，其中原因之一在于受到西方教士出身的汉学家的影响，特别是冯秉正的影响，而冯秉正等教士汉学家之所以对新儒学反感是因为在宗教情感上无法接受新儒学"掺入佛教和道家异端思想"的做法。② 我们认为蓝峰的这个论点值得商榷。冯秉正对新儒学掺入佛道二教是否真有反感并不重要，重要的是他编译的十三卷《中国通史》采纳的基本上就是朱熹的理学思想和新儒学理念范式。从上文分析可以看到，上世纪三四十年代庞德主要通过理雅各和冯秉正学习《四书》和中国历史，而这二人采用的都是朱熹的新儒学范式。新儒学在庞德身上产生过相当巨大的影响，以至于他在创作《中国史诗章》时基本上沿用了新儒学的历史观。由此可见，冯秉正并不是造成庞德否定新儒学的动因，反而应该是使他贴近新儒学的引导力量。既然如此，那么又是什么原因促使庞德二战后一度否定新儒学、归附宋明以前的"孔孟之道"和正统的儒学呢？我们认为庞德儒家思想上的这一重大转折与他跟杨凤岐之间的交往有着重要的联系。

　　让我们先将目光拉回到庞德写给杨凤岐的第一封书信，其中潜藏着揭开这一谜题的符码。尽管庞德在这封信里开门见山，把话题直接指向中国的抗日战争，而且接着又对俄国革命和国际资本问题发表了评论，但是他写信的真实目的并不是要了解中国抗日战争的"真相"，而是想

---

① 与先秦孔孟为代表的儒学相比，宋明理学以其思想和形态的创新又称为"新儒学"。本文的"新儒学"即指此，并非 20 世纪张君劢、梁漱溟、熊十力、冯友兰、牟宗三等人所谓"现代新儒学"。感谢李丕洋阅读本章初稿后建议增此注释。

② Feng Lan, "Confucius," in Ira Nadel, ed. *Ezra Pound in Context*, p. 327.

借题发挥，绕行到他此时正痴迷的儒家思想，讨论儒学的历史观和战争观。庞德在这封书信中除了直接用中文写下"放利账"三字外，还在书信开头处使用了"正名"二字。我们认为庞德在书信中特意写上"正名"其实很有深意，这个词出现在他第 51 诗章的结尾处。不仅如此，第 51 诗章开篇即用很长的篇幅讨论高利贷（usury）的危害。第 51 和第 45 诗章均重点讨论了高利贷对文化生活的巨大负面影响，这两篇诗章通常被并称为"高利贷诗章"。① 由此可见庞德这封致杨凤岐的书信和他的《诗章》创作之间有着密切的联系。第 51 诗章结尾处，庞德以汉字"正名"结束了前 50 章中模仿《圣经》和《神曲》的神启预言式语调，转而在第 52 至 61 诗章亦即《中国史诗章》，用了 10 章的篇幅较为严肃地讨论儒家思想和中国史的关系。庞德用"正名"二字连接《中国史诗章》，由此可见他在使用这个词语时所赋予它的重要意义。

"正名"源于《论语·子路篇》第 13 节："子路曰：'君待子为政，子将奚先？'子曰：'必也正名乎！'"孔子将端正名分视为治理国家的首要大事，关乎"事成"和"刑罚"等国家大事，可以恢复伦理规制和社会秩序。庞德似乎看到了孔子思想中关于"名正"、"言顺"、"事成"、"礼乐兴"、"刑罚中"和"天下治"之间的逻辑关系，因此对孔子的"正名"观十分赞同。后来，庞德在翻译《论语》时对孔子的正名观又作了个人化和创造性的解读。他在 1950 年较为成熟的《论语》译本中摒弃了理雅各双语版直译的"rectify names"，将"正"、"名"和"precise"、"word"对应起来。② 庞德的译本既注重了孔子思想中的伦理规范诉求和政治主张，又体现出语言与现实的"名"、"实"契合问题。在严格意义上来说，"正名"思想正是孔子传统儒家思想原初阶段的范畴，而并非后来朱熹等人理学或者新儒学的核心议题。

翻阅庞德和杨凤岐之间的书信，可以发现庞德对以朱熹为代表的新儒家思想的态度并不是一味的推崇，而是充满了审视与批判的眼光，拥有他自己的评判标准。庞德此时阅读《四书》使用的是理雅各的双语对照本，理雅各的译本基本沿用了朱熹的注解，传达了朱熹的精神。这个事实已为庞德批评界通晓。朱熹在《四书集注》中用理学思想重新阐释儒家思想，理雅各的译本当然移植了朱熹的这些新儒家精神。庞德留下

---

① Demetres Tryphonopoulos and Stephen Adams, ed. *The Ezra Pound Encyclopedia*, p. 90.
② Feng Lan, *Ezra Pound and Confucianism*, pp. 50–51.

的图书中存有一本理雅各双语版《四书》，由于长年累月的翻阅，书已经破旧不堪，上面留有庞德当年的眉批。① 庞德首次对照原著和英译本阅读儒家经典时就对理雅各译文所传达的新儒学思想有所警觉，结识杨凤岐以后，他似乎对其缺陷有了更清醒的认识。

　　1941 年 5 月至 11 月庞德和杨凤岐有五个月没有通信。这段时间庞德正忙于翻译《大学》，他应当有十来次机会在罗马见到杨凤岐，向他当面讨教疑难问题。据兰奇奥迪回忆，作为一个"热衷于研究汉学经典"的学者，杨凤岐并不满足于中远东研究所教汉语基础课，有人请教儒学问题，他会滔滔不绝，忘乎所以。② 在这五个月里，庞德和杨凤岐显然讨论过理雅各译本对汉字的处理和朱熹对孔孟语录的解释。这些讨论对庞德的影响反映在庞德 1941 年 11 月 7 日致杨凤岐的一封信中。庞德在这封信中抱怨理雅各双语版《四书》无视隐藏在汉语表意文字中的孔子原意："我在罗马没有字典，只能相信理雅各（译本），但他的译文充斥基督教词语，而无视汉字的表意性。"紧随其后他又观点鲜明地提到在处理此类古籍时"理应保持表意文字的原义"（Qian, *Chinese Friends* 38）。庞德此时正和鲁契尼切磋《大学》的意大利译文，他请求出差在外的杨凤岐返回罗马后为他校对译文："我们正在翻译《大学》，接着将是《孟子》，一部一部来。我觉得真正的传统是孔子—曾子—孟子。其他人都无关紧要，他们很有意思，但是并非直系嫡传。"（Qian, *Chinese Friends* 38）庞德在这里将自己对中国儒家思想脉络传统的理解表述得清清楚楚：他将孔子、曾子和孟子形成的儒家正统奉为圭臬，而将朱熹等人的"新儒学"与正统儒家思想区别开来。《诗章》写作年代的整体跨度将近半个世纪，其中体现出来的庞德对中国儒家思想的评价其实也是一个复杂而充满变化的过程。庞德在和杨凤岐交往的这段时间里越发明晰了自己的儒学观，尊崇原初的、正统的"孔孟之道"，而轻视后来朱熹等众多儒家学者在新时期对"孔孟之道"的进一步发展。

　　待到 1953 年 11 月，庞德将遇见另一位中国学者、著名的当代新儒家代表人物张君劢。庞德在和张君劢的首次会晤中就坦诚地说自己尊重的是代表孔子本意的儒家思想，而"对后来的多次扩充（later dilations）并不感兴趣"（Qian, *Chinese Friends* 105）。毫无疑问，庞德所说的"扩

---

① Angela Jung Palandri, "Homage to a Confucian Poet," *Paideuma* 3. 3 (1974): 305.
② Lionello Lanciotti, "Yang Feng-chi," *East and West* (Rome) 20. 3 (1970): 380.

充"包括了朱熹经过理学观念过滤的新儒学。从这个历史细节我们便可推断，庞德在20世纪40年代，已经基本完成了对新儒学认识的第一次转变。庞德和杨凤岐的书信史料清晰地记载了他们之间思想碰撞的火花。如果没有与杨凤岐的交流，庞德仍然会完成对儒学的新认识，但可能将在不确定的状态中摸索更长时间。

现存杨凤岐和庞德最后一封往来书信日期署为1942年7月30日。此后二人或许还有通信或面谈，但这只是推测，我们无法确定庞德和杨凤岐的这段争论和友谊的最终结局。1946年，杨凤岐被罗马第一大学聘为中文讲师。1948年，联合国通过中国驻罗马公使馆借调杨凤岐去巴尔干半岛国家作了半年调定委员会特派代表。其后20年他一直在罗马第一大学任中文教授。上世纪五六十年代意大利通用的中文教材（*Corso Graduato di Letture Cinesi*, 1952）就是他主编的。可能因为这个原因，原那不勒斯大学教授、汉学家兰奇奥迪在杨凤岐的讣文中称："他的名字在意大利汉学界无人不知。"① 虽然后来庞德和杨凤岐的人生轨迹渐行渐远，不再有过交汇，但是庞德并没有忘记这位帮助过他的中国朋友。1951年12月24日，庞德在其英汉对照修订本《大学与中庸》出版时，致信新结识的中国朋友、清华学子方志彤，打听杨凤岐在罗马公使馆的朋友朱先生。上世纪30年代初同在清华读书的方志彤（还有钱锺书）只比杨凤岐低一班，二人应当相识。庞德在给方志彤的信中写道："毕竟是那位朱先生，在我提到《大学》意大利文译本时问起了我有没有读过《中庸》。"（Qian, *Chinese Friends* 71）1951年他打听朱先生的下落或许还是想通过朱先生帮他再联系到杨凤岐。不过实情是否真的如此已经无法考证，它已经湮没在无声的历史中。不管怎样，我们都不应忘记杨凤岐在1939年至1942年间给庞德的"法西斯岁月"带来的正能量和积极影响。

---

① Lionello Lanciotti, "Yang Feng-chi," *East and West* (Rome) 20. 3 (1970): 380.

第四章 缘起缘落
——方志彤和庞德《诗章》中的《尚书》、《孟子》

方志彤，摄于 1953 年（方志彤夫人方伊泽 Ilse Fang 提供）

庞德在翻译《四书》，1945 年 5 月摄于热那亚美军刑事调查指挥部
（奥马·庞德提供）

第四章　缘起缘落——方志彤和庞德《诗章》中的《尚书》、《孟子》

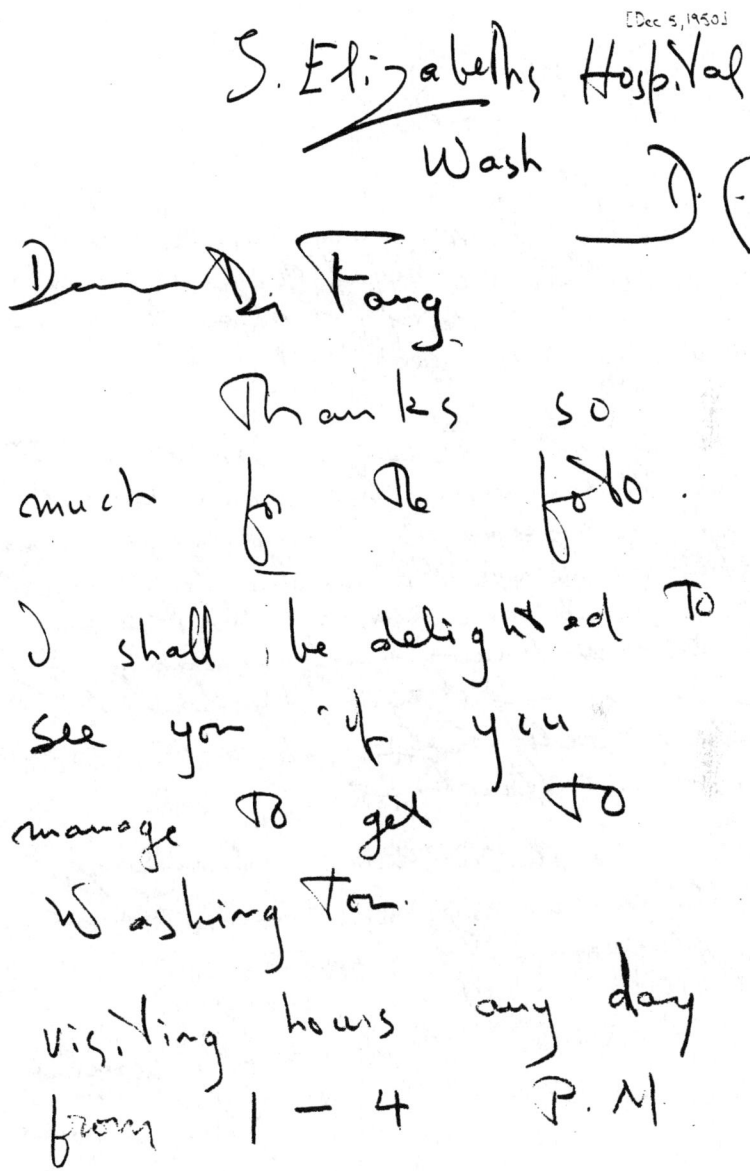

庞德致方志彤，1950年12月5日（耶鲁大学拜纳基图书馆提供）

Dec. 21, 1950

Dear Dr Pound,

Thank you very much for your second letter. I'm now doing K'ien-long's edict; hope to bring my version to you.

I plan to leave Boston on the 25th, Monday. As soon as I reach Washington, Tuesday, I shall contact Mrs Pound and invite her to a Chinese dinner that evening. (If she is previously engaged, the following day is agreeable to me. I only hope you will pardon me this imprudence.)

On the 27th, Wednesday, in the morning, I shall have the pleasure of meeting you.

Respectfully yours,
Achilles Fang

方志彤致庞德，1950 年 12 月 21 日（印地安那大学礼莉图书馆提供）

第四章　缘起缘落——方志彤和庞德《诗章》中的《尚书》、《孟子》

庞德的中国朋友中最博学的当属方志彤（1910—1995）。方志彤是钱锺书（1910—1998）清华旧友。在《管锥编》第一册"周易正义"之二十六"说卦（一）"中，钱锺书曾援引方志彤1953年发表的《论翻译之难》（"Some Reflections on the Difficulty of Translation"）。① 1979年4月28日至5月1日，钱锺书访问哈佛，与阔别46载的方志彤久别重逢，宴席间未能尽其言，宴席后又请人捎去一英文信，称赞方志彤《论翻译之难》："布劳尔编的那本《论翻译》中，记得有一篇妙文，作者不就是你老兄嘛！请接受我迟到的敬礼。"那年正值印地安那大学出版社筹备出版《围城》英文译本，钱锺书审阅出版社为"译者序"准备的材料时，给其清华经历添了一句话："他为数不多的密友中，有当时在哲学系读书的方志彤，玛丽安娜·摩尔管他叫'语言奇才'。"②摩尔是庞德的密友，她的赞语引自她晚年的佳作《古希腊里拉琴的替身》（"In Lieu of the Lyre"）。

关于方志彤的祖籍一说是"朝鲜族人，生于日本统治下的朝鲜"③。此说的根据似乎是方氏的讣告和哈佛的传闻。与方先生在哈佛共事40余载的海陶玮（James Robert Hightower）在其所写的方氏讣文中称，方志彤"出生于朝鲜，籍贯是中国"④。因为方志彤童年在朝鲜度过，15岁来华，哈佛东亚系的人大多认为他是朝鲜人。抗战时在北平让方先生辅导过中文的原加州大学伯克利分校东亚图书馆馆长伊丽莎白·赫芙（Elizabeth Huff）甚至在其未曾发表的"口述史"中说："他把自己说成是中国人（passing himself off as a Chinese）。他其实是朝鲜人"⑤。哈佛大学图书馆方志彤的档案里有他1948年向美国政府递交的永久居留申请书，

---

① 方志彤论文见芮沃寿编：《中国思想研究》（Arthur Wright, ed. *Studies in Chinese Thought*, Chicago: U of Chicago P, 1953）；又见布劳尔编：《论翻译》（Reuben A. Brower, ed. *On Translation*, Cambridge: Harvard UP, 1959）。钱锺书引文见《管锥编》（三联书局2007年版）第一册，第94页。

② 钱锺书1979年4月29日致方志彤英文信原文及中译文均见高峰枫：《钱锺书致方志彤英文信两通》，《东方早报·上海书评》2010年12月19日。钱锺书英文原文见 Qian Zhongshu, *Fortress Besieged*, trans. Jeanne Kelly and Nathan K. Mao, Bloomington: Indiana UP, 1979, p. xiii. 摩尔语原文见 Marianne Moore, *Complete Poems*, New York: Penguin, 1980, p. 206.

③ 见徐文堪：《不该被遗忘的方志彤先生》，《东方早报·上海书评》2012年8月19日。

④ Hightower, James Robert, "Achilles Fang," *Monumenta Serica* 45 (1997): 399.

⑤ 转引自高峰枫：《"所有人他都教过"——方氏与哈佛在京留学生》，《东方早报·上海书评》2012年8月19日；又见加州大学伯克利分校图书馆藏赫芙"口述史"（Elizabeth Huff, "Elizabeth Huff"），第97页。

他亲笔签字的自述里写着他是中国人，1910 年 8 月 20 日出生于山西安邑。① 方志彤女儿的出生证上所填父亲原籍亦为中国。② 没有任何证据可以让我们怀疑方氏在永久居留申请书和女儿出生证这样庄严的法律文件上隐瞒和伪造自己的国籍。再说方志彤也没有理由要隐瞒和伪造国籍。至于他童年和少年在朝鲜的背景，方志彤从未隐瞒过。1925 年，他刚满 15 岁即获得一个美国传教士的资助，到上海就读于美国浸会学校，师从艾谔风（Gustav Ecke）学会了德文、拉丁文和古希腊文。

方志彤其后的经历，海陶玮所写讣告与其自述基本一致。1927 年方氏被清华和燕京两校录取，他去了清华，在那里与钱锺书结识。1932 年获哲学学士学位后，他留校又攻读了两年研究生课程。1934 年他被广西省立医学院聘为拉丁文教师。1937 至 1947 年，他在北平辅仁大学《华裔学志》（Monumenta Serica： Journal of Oriental Studies of Catholic University）编辑部当了十年编辑，为这份上世纪三四十年代最有影响的西文汉学期刊立下了汗马功劳。这十年间，他还有不少兼职：1939 至 1945 年，他在中德学会（Deutschland-Institut）任教，并兼任《中德学志》（原名《研究与进步》）的编辑。1941 年，他在北平出版过一本他译注的德语教材《德语津梁》。③ 1944 至 1947 年，他还在辅仁、清华和北平的国立艺术专科学校授课。在此期间，得益于方志彤辅导的哈佛留华学生除了海陶玮和伊丽莎白·赫芙，还有《元朝秘史》的英译者柯立夫（Francis Woodman Cleaves）和耶鲁大学历史学教授芮沃寿（Arthur F. Wright）等，他们之间的情谊已见诸报刊，此处不予赘述。④

方志彤因知识渊博、学贯中西而被称为"百科全书式学人"⑤。1947 年 9 月 15 日，他应哈佛燕京学社社长叶理绥（Serge Elisséeff）之邀抵达哈佛，参与哈佛汉英字典的编辑，其身份是研究员（Research Fellow）。方氏为人傲岸、狂狷，不久厌倦了单调的字典编撰工作，开始带职攻读哈佛大学的比较文学博士学位，他的论文选题就是研究庞德的《诗章》。1958 年他完成长达 865 页的博士论文《庞德〈诗章〉研究考证》（Mate-

---

① 方氏 1948 年自述现存哈佛大学档案馆（Harvard University Archives Harvard Depository 13505，Papers of Achilles Fang, 1942–1992），感谢高峰枫发现此文献后为我们提供了复印件。

② 方志彤女儿方唯贤（Madeleine Weihsien Fang）2013 年 3 月 18 日电邮函告，其出生证上父亲国籍填的是中国。

③ 《德语津梁》，为明兴德意志学院歌德学会德语课程，原名 Gesprochenes Deutsch，著者为 Wolfhart Klee 和 Magda Gerken。

④ 见高峰枫：《"所有人他都教过"—方氏与哈佛在京留学生》。

⑤ 见徐文堪：《不该被遗忘的方志彤先生》。

第四章 缘起缘落——方志彤和庞德《诗章》中的《尚书》、《孟子》

rials for the Study of Pound's Cantos），因卷帙浩繁，至今未出版，但如钱锺书所言，他的"论文的缩微胶卷本早已成为.包括叶维廉在内的庞德学者必不可少的参考"①。泰瑞尔编撰《庞德〈诗章〉指南》时从中受益匪浅，并在前言中致谢。(Terrell x) 方氏脱离字典编撰工作后留哈佛任教，长期讲授古代汉语、中国文学理论和文艺批评等，至1977年退休。虽始终未获教授职称，但其"心无杂念地埋首学问"，赢得钱锺书的敬佩，赞其"虽无职称遮体"（academic nudity），却远胜其同事们俗不可耐的花哨头衔。② 方氏虽学问极好，但一生著述不多，他翻译过陆机的《文赋》，西方汉学家称之为"权威译本"。他引导美国学者艾朗诺（Ronald Egan）走进钱锺书的著作，艾朗诺后来发表的《管锥篇》选译本就是题献给方志彤的。③ 方氏1995年11月22日因患癌症去世，为了纪念他，哈佛大学于1997年专设方志彤纪念奖；而其"方志彤赠书"也成为北大图书馆特藏之一。

方志彤与庞德的交往始于1950年。当时庞德被囚于华盛顿圣伊丽莎白精神病医院，与世隔绝，深为沮丧。方氏给出版《诗章》的美国新方向出版社社长詹姆斯·拉夫林（James Laughlin）写信，建议庞德将《诗章》里的中国帝王将相称号、姓名的罗马注音前后保持一致，并询问诗章续篇是否可能涉及"现代中国"。(Qian, Chinese Friends 40) 1950年庞德对自己1947年发表的《中庸与大学》译本作了修订，拟出版英汉对照本。④ 1950年11月方氏应庞德之邀为其修订版《孔子：大学与中庸》注释唐石经。拟稿时，方氏决定去华盛顿拜访庞德，庞德两次发短笺表示"欢迎"和"期待"。(Qian, Chinese Friends 45—46) 1950年12月27日，方氏与庞德首次会面。与博学的方氏畅谈，庞德可谓"棋逢对手"，二

---

① 转引自张佩芬：《"偶然欲作最能工"》，载《东方早报·上海书评》2010年7月18日。作者张佩芬在该文中引用了钱锺书致其丈夫李文俊信中对方志彤的评论。
② 转引自高峰枫：《钱锺书致方志彤》。
③ 参见《面向西方的中国文学研究——艾朗诺访谈录》，载季进：《另一种声音——海外汉学访谈录》，上海：复旦大学出版社，2011年，第16页。方志彤的译文见"Rhymeprose on Literature: The Wên-Fu of Lu Chi (A.D. 261–303)," *Harvard Journal of Asiatic Studies* 14.3 & 4 (1951): 527–66.
④ 庞德英译《中庸与大学》(*The Unwobbling Pivot & The Great Digest*) 于1947年出版；庞德英译《论语》("Analects") 于1950年在《哈德逊评论》(*The Hudson Review*) 两期连载；庞德与方志彤合作，修订英汉对照版《孔子：大学与中庸》(*Confucius: The Great Digest & The Unwobbling Pivot*) 于1951年出版。1969年新方向出版社发行《孔子：大学、中庸、论语》合集（《大学》和《中庸》英汉对照，《论语》仅有英译），本书所引庞德儒家经典英译均出自此版本，简称 *Confucius*。

人均有"互为知己、相见恨晚"之感。① 之后,两人之间的鸿雁传书日渐频繁,庞德在 1954 年 3 月的信中称方氏几乎是其晚年的"唯一安慰"。(Qian, *Chinese Friends* 141)

两人的交往大体上可分为两个阶段。第一个阶段主要涉及双语版《大学与中庸》的出版,第二个阶段涉及《诗经》英译本的出版及双语版《诗经》的出版波折。方氏对庞德儒学翻译的贡献不限于为其《大学与中庸》写《石经简解》、为其《诗经》写前言。以上二书的刊印,从封面设计到订正拼音、汉英对照排版、清样校对,方氏都费尽了心血。方氏还竭力促使庞德阅读《四书》之外的经典著作。方氏对庞德敬重有加,但学术上秉持严谨,他对庞德翻译和引用儒家概念既不吝惜褒奖,也不苟同其错误见解。他与庞德对儒学核心概念的探讨常被庞德融入自己的儒家典籍翻译和《诗章》创作中。

庞德与方志彤的友谊持续到 1958 年。此间方氏是庞德最重要的中国朋友,现存于美国耶鲁大学拜纳基图书馆和印第安纳大学礼莉图书馆二人的往来信件达 214 封,庞德致方氏 108 封,方氏致庞德 106 封。② 这些信件记录了"百科全书式诗人"与"百科全书式学人"的"缘起缘落"。

一、英译《孔子》

1950 年庞德对自己 1947 年发表的《中庸与大学》译本进行修订,拟出版英汉对照本。汉字文本拟采用"唐石经"拓本。③ 方氏为修订本撰写了《石经简解》("A Note on the Stone Classics"),被出版商拉夫林赞为"妙趣横生"、"令人茅塞顿开"(Lilly:1951 年 1 月 9 日)。方氏在

---

① 参见庞德夫人多萝西·庞德(Dorothy Pound)1950 年 12 月 30 日致方氏信中对此次会晤的描述,及 1951 年 1 月 3 日方氏致庞德信中所提。(Qian, *Chinese Friends* 41, 47)

② 《庞德的中国朋友》(*Pound's Chinese Friends*)收录 96 封庞德与方氏的往来信件。本书引用二人往来信件,如为该书收录,注明 Qian, *Chinese Friends* 及页码,如该书未收,注明所藏图书馆(Beinecke; Lilly)及信件日期。

③ 唐石经,通称"开成石经"、"雍石经",唐文宗大和七年(公元 833 年)始刻,文宗开成二年(公元 837 年)完成。唐石经共刻《周易》、《尚书》、《毛诗》、《周礼》、《仪礼》、《礼记》、《春秋左氏传》、《公羊传》、《穀梁传》九种"大经"(也有称"九经"的),再加《孝经》、《论语》、《尔雅》三种"小经",共 12 种经书(也有称"十二经"的)。其时《孟子》尚未进入"经书"之列。石经在长安的国子监太学里,共 227 块碑石,字体除诸经标题用隶书外,经文一律用楷书。除了有几块碑石因 1555 年地震受损,大部分碑石至今完整地保存在西安碑林博物馆里。参见刘起釪:《〈尚书〉与历代"石经"》,载《史学史研究》1984 年第 1 期,第 74—81 页。

第四章 缘起缘落——方志彤和庞德《诗章》中的《尚书》、《孟子》 | 089

《简解》中首先把石经与庞德《中国史诗章》中的四句诗联系起来：

> 矗立在洛阳的 46 块石碑
> 已成残石，筑入佛寺（佛，该死的佛教徒。）
> 这是在胡灵太后摄政时①（Confucius 11）

据方氏介绍，儒家石经（stone classics）始于公元 175—183 年的汉石经，自汉代创例后，又有魏石经、唐石经、蜀石经、宋石经、清石经等。唐石经刻有十二经，至今仍有不少石碑留存。方氏还在《简解》中选译了乾隆书于 1794 年的御制《石经序》，陈述其选用蒋衡手书《十三经》刻石之缘起以及刻经而不刻注疏之原因与用心：

> 盖此经为蒋衡手书，献于乾隆庚申（乾隆五年，公元 1740 年）者……虽自愧学之未成，乃今刻诸石，列诸辟雍，应时举事，以继往圣，开来世，为承学之标准，岂非厚幸也欤！……若夫历代注疏，入主出奴，纷如聚讼，既冗且繁，衡止书诸经正文，余概从删，是也。或以为不观注疏，何以解经？予则以为以注疏解经，不若以经解经之为愈也。学者潜心会理，因文见道，以六经参互之，必有以探其源而晰其奥者，是在勤与明而已。②

乾隆在序中强调"不观注疏"、"以经解经"引起庞德的共鸣。庞德称赞方氏的《简解》"写得非常出色"，乾隆序的翻译显示出方氏对中国典籍的"熟谙"和"运用自如"的双语能力。（Qian, *Chinese Friends* 69）方志彤赞同庞德遵照朱熹的做法把《中庸与大学》的顺序调整为《大学与中庸》，因为这更符合中国的惯例。（同上 63）对此，方氏也在《简解》中加以说明。（Confucius 13）

---

① 胡氏太后，魏宣武帝妃子，公元 515 年因其子孝明帝登基年龄尚幼而临朝摄政，因虔信佛法而建造中国历史上最高、最豪华、规模最大的永宁寺。528 年孝明帝驾崩，胡氏因众叛亲离，遭沉河而死，死后追谥灵，故又称灵太后。

② 《清石经》亦称《乾隆石经》，开雕于乾隆五十六年（1791）十一月，而至五十九年（1794）九月间刊刻完竣。《乾隆石经》刻成，立于北京国子监，乾隆帝撰《御制石刻蒋衡书〈十三经〉于辟雍序》，亦刻碑立于国子监《石经》前。以上所引方志彤摘译的该序原文转引自何广棪：《〈乾隆石经〉考述》，载《古籍整理研究学刊》2008 年第 1 期第 12 页。

除了撰写《简解》，方氏还对译文里中国人物姓名的罗马化注音提出了修改意见，建议统一采用韦氏注音以保持前后一致，对此庞德欣然接受，承认修改"适合，且不损害音调"（Qian, *Chinese Friends* 46）。他在1951年元旦的信中让方氏放手对手稿中"空缺的内容酌情添加"，或加注眉批。（Beinecke）由于双语版的对照排版更加复杂，拉夫林邀请方氏对书稿作校对，要求他不仅"用铅笔标出哪些拼写需要修改"，而且要检查每一页的中文是否与英文对应（Lilly：1951年1月10日）。对这些要求方氏都一一照办。他严谨的工作态度从1951年6月11日致庞德的信中可见一斑：

> 为方便中英文页码准确对应，我把长条校样按照页面排版剪好，用红色标注页码，希望印刷厂不要搞混。
>
> 我把校样中各处的罗马注音加以修改，不是为了符合注音标准体系，而是为了前后保持一致。
>
> 还有其他的一些修改建议见红色标注；希望我自行修改没有冒犯您。
>
> 我注意到您调整了两本书的顺序，我赞同您的调整，因为中国人一向说大学—中庸，而不是中庸—大学。
>
> 第111、113、115页缺失，我一旦收到校样就转寄给您。涉及以上各页，我建议把"《诗经》III, 1, 5, 3"字样插入《中庸》XII, 3中提到的《诗经》后，把"《诗经》I, 15, 5, 2"字样补充到《中庸》XIII, 2后。（Qian, *Chinese Friends* 63）

两人在修订《大学与中庸》的过程中，常探讨、争论儒学关键词的涵义，这些探讨和争论加深了庞德对"敬"、"止"等概念的理解。

庞德1950年发表在《哈德逊评论》（*Hudson Review*）上的英译《论语》把"信"和"敬"作为关键词放在首页，"信"注释为："人以诺而立"（"man standing by his word"）；"敬"释义为："对让草籽长出草、让樱桃核结樱桃的灵性的敬畏"（"respect for the kind of intelligence that enables grass seed to grow grass; the cherry-stone to make cherries"）。（*Confucius* 193）方氏在1951年1月3日致庞德的信中由《论语》开头的"敬"字联系到托尔斯泰对中国文化中"敬"的理解——"没有任何确

第四章 缘起缘落——方志彤和庞德《诗章》中的《尚书》、《孟子》

定的对象，对每个个人和想法的尊重"；方氏赞同庞德把"敬"字独立出来，但又委婉地提醒庞德"敬"字的偏旁部首与"草"和"樱桃"无关：

> 讲到"敬"字，朱熹曾说：
> 恩师程伊川所以有功于后学者，最是"敬"之一字有力。近世程沙随犹非之，以为圣贤无单独说"敬"字，只是敬亲，敬君，敬长，方着个"敬"字。全不成说话！圣人说"修己以敬"，曰"敬而无失"，曰"圣敬日跻"，何尝不单独说来！若说有君、有亲、有长时用敬，则无君亲、无长之时，将不敬乎？①
> ……
> 您是否认为"敬"字与"后生可畏"的"畏"字有联系？……或与
>
> And Kung said
> "Respect a child's faculties (*Canto* 13/59) 有关？
> 高本汉②(《汉语—中日解析词典》，1923年巴黎版，第138页第396条)把"敬"字释义为：
> 该字篆体包括偏旁"攴"表示"打击"，左半部分不是"苟"(kou)而是"句"和"羊"；"句"表示"说话"，"羊"表示"义，善"。(Qian, *Chinese Friends* 49)

方氏的来信提醒了庞德去查看自己以前的译文，他回复道：

> 我不太了解"敬"有时会特指/当我修订到"敬"字时，我查阅意大利译本看是否需要修改，我发现我无法修改/因为不符合上下文的语境/
> 但是在孔子对"忠"[敬君]、"孝"[敬亲]加以区分时，这

---

① 此处信件译文参考《朱子语类》，第207—208页。
② 高本汉，Bernard Karlgren (1889–1978)，瑞典汉学家，著有《汉语—中日解析词典》(*Analytic Dictionary of Chinese and Sino-Japanese*, 1923)、《诗经注解》(*Glosses on the Book of Odes*, 1946, 1964)、《古汉语字典》(*Grammata Serica Recensa*, 1957) 等，庞德有其前两本编著。方氏所指引文出自理雅各双语版《四书》(*The Four Books: Confucian Analects, the Great Learning, the Doctrine of the Mean, and the Works of Mencius*)，第177页。

个词无疑是可以单独使用的……（Qian, *Chinese Friends* 51）

方氏后来继续致信庞德探讨"敬"与"畏"的关系：

的确，在"Respect a child's faculties"中"respect"代表"畏"，而不是"敬"；但孔子无疑把这两个词作为同义词使用。在《论语》第 16 篇第 8 章（第 177 页），"畏"似乎就是"敬"。（Qian, *Chinese Friends* 52）①

上文方氏所指即《论语·季氏篇》第 8 章中：孔子曰："君子有三畏：畏天命，畏大人，畏圣人之言。小人不知天命而不畏也，狎大人，侮圣人之言。"庞德在 1950 年发表的英译《论语》中把这几句译为：

1. Kung-tze said: The proper man has three awes; he stands in awe of the decrees of destiny [*heaven's mouth and seal*], he stands in awe of great men, and of the words of the sages.
2. The piker does not recognize the decrees of heaven; he is cheeky with great men, and sneers at the words of the sages. (*Confucius* 271)

对于庞德别出心裁把"敬"视为儒家思想的核心概念，方氏表示赞赏：

确实如你所言，这个字在《中庸》与《大学》中出现得并不频繁，尽管这两部书渗透着"敬"的理念。同样有趣的是你经过独立思考而关注这个概念，并没有受所谓宋代新儒学的影响。我希望您可以就此生发开去写点什么。（Qian, *Chinese Friends* 65）

庞德在《孔子》修订本中把含有"敬"字的句子分别翻译如下：

于缉熙敬止——Coherent, splendid and **reverent**；（*Confucius* 40 -

---

① 方氏所说"《论语》第 16 篇第 8 章"见理雅各双语版《四书》第 177 页。

41)

为人臣，止于敬——as a minister, in **respect**; (*Confucius* 40-41)

之其所畏敬而辟焉——if they are filled with reverence and **respect**; (*Confucius* 54-55)

敬大臣，则不眩——he who **respects** the great minister will not be led astray (*Confucius* 156-157)

以上例句也说明庞德在理解和翻译儒学经典时很注重上下文语境，并不受概念的束缚。再比如庞德对"止"字的处理。庞德把《大学》的开篇"大学之道在明明德，在亲民，在止于至善"的"止于至善"译为：it is rooted in coming **to rest**, being **at ease** in perfect equity. (*Confucius* 29)

此处庞德对"止"字的理解可能源于孔子在《大学》中的阐述：

《诗》云："邦畿千里，惟民所止。"《诗》云："缗蛮黄鸟，止于丘隅。"

子曰："于止，知其所止，可以人而不如鸟乎？"(*Confucius* 38)

庞德把这段阐述译为：

The *Book of Poems* says:
The twittering yellow bird,
The bright silky warbler
Talkative as a cricket
Comes **to rest** in the hollow corner of the hill.
——Shi King, *II*, 8, 6, 2.

Kung said: *comes to its* **rest**, alights, knows what its **rest** is, what its **ease** is. Is man, for all his wit, less wise than this bird of the yellow plumage that he should not know his **resting place** or fix the point of his aim? (*Confucius* 39)

又如，庞德把《论语·子罕篇》第21章"子谓颜渊曰：'惜乎！吾见其进也，未见其止也！'"译为"He described Yen Yuan: Alas, I see him advance, I never see him **stop**(**take a position**)"。在译文后他还特意加注强调"在孔子哲学中没有比'止'更重要的字眼了，它表示一个系柱、位置或处所，人身处其中又以此为起点"(There is no more important technical term in the Confucian philosophy than this chih (3) the hitching post, position, place one is in, and works from)。(Confucius 232)

庞德对"止"字的灵活处理得到方氏的高度赞扬：

> 您对"止"字的解释似乎解决了儒学经典中的一些棘手问题。我查阅了很多评注，至今未看到任何论述对这个字加以强调。祝贺您，我也将在此方面就您的儒家思想拓展我的研究。(Qian, *Chinese Friends* 52)

在修订《孔子》时，庞德还和方氏讨论了"端"字："注意 tuan/中庸/第六章/第十二章, 4 端。"(Qian, *Chinese Friends* 64)方氏在回信中为庞德指出《马氏汉英字典》中"端"字释义的正误：

> 至于"四**端**"，马守真①的理解间接出自你我都有的那本《孟子》第79页。可怜的马守真。该词条（6541）第1和第2条释义为"线索"是错误的，应该指"迹象"，"松开的线"，"初始"。第3个释义还准确，但很少用。第4个释义也错，应和1、2同义。第5个释义（"部分"）其实指"一个方面"或"一个阶段"。对第6个释义我没有异议，不过"麻烦、扰乱"应作特定意义上的理解，释为"无谓的忙乱"更适合本质上懒散之人的理解。第7条释义"制造借口"应理解为"以……作为……的借口"。很抱歉对马守真这么刻薄，毕竟他只是个传教士而已。(Qian, *Chinese Friends* 65—66)

---

① 马守真（Robert Henry Mathews，1877–1970），澳大利亚来华传教士，汉学家，其编撰的《汉英字典》与翟理斯（H. A. Giles）的《华英字典》并称为20世纪上半叶最通用的汉英字典。该字典初版名为 *A Chinese-English Dictionary Compiled for the China Inland Mission*（Shanghai：Presbyterian Mission Press，1931）；1943年经过哈佛语言学家赵元任等人的修订和增补，再版时名为 *Mathews' Chinese-English Dictionary*（Cambridge：Harvard University Press，1943），英文读者常简称为 *Mathews*，故在本书第六章中译为《马典》；1961年再版时添加中文书名《麦氏汉英大辞典》（Cambridge：Harvard University Press，1961）。该字典是庞德后期常用的字典，马守真另编有中文教材《国语初阶》（*Kuoyü Primer: Progressive Studies in the Chinese National Language*, Shanghai：China Inland Mission，1938）。

第四章　缘起缘落——方志彤和庞德《诗章》中的《尚书》、《孟子》

所幸，庞德并没有受《马氏汉英字典》的影响，他把《中庸》第六章"执其两端，用其中于民"译为"followed the middle line between these inharmonic **extremes**"，把第十二章中"君子之道，造端乎夫妇"译为"The ethnic of the man of high breed has its **origin** in ordinary men and women。"(*Confucius* 106 – 7, 118 – 19)

庞德还和方氏讨论自己对"鬼"字的理解：

不知何人把飘忽的幽灵转化成一个曲臂，他可能只是想模仿曲线使其更有造型，δ　厶　鬼。

这样，任何人看到这个字形就明白其指代，即埃及人所谓"一目了然"。(Qian, *Chinese Friends* 78)

所以，在其英译《大学》的术语解释部分，庞德把"鬼"释义为：

鬼　这个字符表示幽灵，包含两个要注意的部首。

厶　我们可以很容易看出这个部首像曲臂。它总是出现在表示能量的合成字中，我认为可以把它看做引导个人的能量的来源。

儿　奔跑的双腿表示快速的运动或至少表示运动的能力。(*Confucius* 23)

庞德1951年2月10日向方氏咨询"暮"的发音。(Qian, *Chinese Friends* 55) 方氏在回信中详细解释了"暮"和"莫"在词源和意义上的区别：

至于暮，读mu⁴

该字是"莫"的讹误，不读mo⁴（表示否定，如 μη）而读mu⁴（意为"黄昏"或"傍晚"，就如《论语》第十一篇第25章第7条，第112页"暮")。① 《康熙字典》（学者们奉康熙帝之命编撰的字典）及之后的所有字典都把"暮"放在"日"部，而把"莫"置于"艸"部。（Qian, *Chinese Friends* 57）

方氏还由此联系到庞德在第74诗章对"莫"字的诗意拆解："莫奥德赛/夕阳下沉于人之上"（"a man on whom the sun has gone down"）（*Cantos* 450）。不过，他也提醒庞德："当然'莫'的下半部分既不是'大'，也不是'人'，而是两根草（艸）"。（Qian, *Chinese Friends* 57）

经过方氏的详细解释，庞德恍然大悟："我很愚笨没看出日在草下/这下终于明白了。[暮]"（Qian, *Chinese Friends* 58）

庞德把《中庸》第一章中"莫见乎隐，莫显乎微。故君子慎其独也"译为"Nothing is more outwardly visible than the secrets of the heart, nothing more obvious than what one attempts to conceal. Hence the man of true breed looks straight into his heart even when he is alone."（*Confucius* 100-101）译文注意到了"隐"字和"慎"字中所含的心，方氏未必欣赏，但庞德认为这样才符合孔子本意。

1951年11月《孔子》英汉对照修订本出版，方氏所提出的大部分修改意见都得以采纳。庞德夫人多萝西在1952年3月12日庞德致方氏的信中附言感谢他："大大鼓舞了庞德的士气。"（Beinecke）方氏很高兴地看到自己提供的一张清石经拓本的照片被复制在该书的护封上，他写信给庞德："这一版很不错。我相信这是新方向出版的最完美的一本书。这儿有个学生在写论文，见了样书爱不释手，居然订购了一本。"（Qian, *Chinese Friends* 69）庞德的满足感并不亚于方志彤，他在1953年的一封信中告诉拉夫林，在乔治·华盛顿大学学汉语的大卫·戈登（David Gordon）称此版为"西半球最重要的一本书"。（Beinecke）

---

① 方志彤此处所指为《论语·先进篇》第25章"莫春者，春服既成，冠者五六人，童子六七人，浴乎沂，风乎舞雩，咏而归"。庞德译为"Toward the end of spring, in nice spring clothes, with five or six fellows who have been capped, and six or seven kids, go bathe in I river (Shantung) with the wind over the rain dance [probably, wind for the rain dance, could be: wind suitable for the rain dance] to chant (through the service) and go home."（*Confucius* 243）庞德译《论语》以理雅各双语《四书》为底本，理雅各《四书》中依照朱熹《集注》把《论语·先进篇》中第二、三章合并为一章，故"子路、曾皙、冉有、公西华侍坐"为第二十五章，在杨伯峻《论语译注》中为第二十六章。

二、英译《诗经》

《孔子》英汉对照修订本出版后,庞德立即投入《诗经》英汉对照本的筹备工作。庞德虽然一再声称"一切答案尽在《四书》中",但他也非常推崇《诗经》。他在1953年2月4日致方志彤的信中强调:"外国人需要《诗经》,孔子编选《诗经》旨在防止后人把智慧简单化成抽象的公式,降格为干巴巴的空话。"(Qian, *Chinese Friends* 130)庞德想把东方的智慧传播到西方。他曾对在西雅图华盛顿大学留学的荣之颖说:"学习外国文学唯一的途径就是对照原文翻译","美国人太懒了,不愿意下功夫学外语,但如果引导得好,他们也会学的"。① 对庞德来说,《诗经》300首既是有字符意义的"诗",也是有韵律的"歌",因此他理想的《诗经》译本不仅要英汉对照,而且汉字要加注音。早在1948年10月,庞德就中文排版问题咨询过洛杉矶华语书局的威利斯·哈莱(Willis Hawley)。哈莱给庞德寄了唐石经拓本、宋刻本和篆体三种《诗经》文本的影印件,建议"影印文本比重新排版要实惠得多"(Qian, *Chinese Friends* 107)。庞德在这三种文本中选了篆体,因为那是孔子时代的字体。

1949至1950年在庞德忙于翻译《诗经》之际,哈莱提供的《诗经》篆体影印本被拉夫林转寄至印刷商吉姆宝(Dudley Kimball)手中。庞德、哈莱、拉夫林和吉姆宝之间频繁通信,琢磨如何实现三对照排版。1951年12月因吉姆宝不堪重任,方氏就接手了对照排版和汉字注音校对的工作。而拉夫林经历了《孔子》排版的繁琐之后,对更麻烦的《诗经》三对照排印望而却步,出版之事一拖再拖。拉夫林多年后对奇多解释:"E. P. 想要出版《诗经》的'吟诵本'(a singing text),但我们觉得这根本没有市场,而且在每个字的注音上加四声标号,这样的排版很费钱。"(转引自 Cheadle 210)庞德对此深表不满。多萝西在1952年1月4日致方志彤的信中附言:庞德出这个版本,也想自己用,出版社的拖延让他很恼火。(同上 72)方氏便找了哈佛大学出版社社长威尔逊(Thomas Wilson)。哈佛出版社仅对庞德的英文译本感兴趣,而庞德却坚

---

① Angela Jung Palandri, "Homage to a Confucian Poet," *Paideuma* 3. 3 (1974): 303.

持译本中要附加汉字原文和注音。经过方氏反复调停，1953年8月哈佛出版社和庞德签订了一个出版协议：先出一本赢利的《诗经》英译本，再出一本有学术价值的英汉对照加汉字注音本。（同上135）对于《诗经》纯英译本的刊印，方氏承担了从封面设计、代序撰写到文字校对的全部繁琐事务。威尔逊1953年8月10日致信方志彤，称其所起的作用是"不可或缺的"。（Beinecke）对于代序，庞德希望方氏帮忙写出他的想法：

> 在你的前言中，一定要反复强调《诗经》是一个整体，不是散落的珠宝，本书译者认为没有汉字和注音对照，译文是不完整的。别以为我对《诗经》了解多少，我只知道孔子讲到"秩序"时所总结的"思无邪"。(Qian, *Chinese Friends* 145)①

方氏在代序中对《诗经》性质和历史的介绍，既通俗易懂，又有很高的学术水准。为满足庞德意愿，方氏还摘录了《诗经·关雎》原文、注音和唐代传下来的乐谱，并在脚注中加以说明：

> 包含有305首篆体汉文、注音和英译文的《诗经》对照版不日将由哈佛大学出版社出版。埃兹拉·庞德同意出版现行译本是为了刊行更完整的对照版，他认为"没有汉字原文和格律或旋律形式做参照，就无法真正欣赏一首优秀的汉诗"。②

在序言的结尾，方氏又加了一个脚注说明："在本诗集结尾出现的'思无邪'，似乎与但丁的'directio voluntatis'（《俗语论》，II，2）同义。这一句也出现在《诗经》第297首的最后一节中，但庞德显然觉得不译为妙；他坚持语境的重要性。"③

该译本的封面用了方氏提供的一个篆体"诗"字（䜺）和他德籍太太伊尔泽（Ilse）所师从的著名琴师管平湖（1893—1967）手抚古琴琴弦的照片。篆书和古琴象征《诗经》书于竹帛、传于琴弦，正是孔子和

---

① 《论语·为政篇》第2章："子曰：'《诗》三百，一言以蔽之，曰：思无邪。'"
② Ezra Pound, trans., *Shih-Ching*: The Classic Anthology Defined by Confucius, p. xii. 该书以下简称 *Shih-Ching*。
③ 同上 xvi.

第四章 缘起缘落——方志彤和庞德《诗章》中的《尚书》、《孟子》

庞德强调的字、音二要素。译作最后一页还印上了"唐石经"拓本"思无邪"三个字。庞德对这些设计均表示满意。

1954年6月《诗经》纯英译本正式发行,它似乎未给庞德带来多大的愉悦。除了赞赏方氏撰写的序言之外,庞德感到多处不尽如人意,如该版既无目录又无索引;封面上自己的名字印得比孔子还显眼尤其让庞德恼火。他不无讥讽地抱怨道:"这是世界上最完美的诗集,要知道孔子对这本诗集的功劳比我大得多。"他期待"货真价实的版本"。(Qian, *Chinese Friends* 146)

1954年7月,庞德提醒方氏:"记住我想知道何时/能否看到真版的前页①,那里要多印些东西。这次我感到缺了些什么,不过没关系。"(Qian, *Chinese Friends* 149)但"真版"的排版进展缓慢。1956至1958年间庞德与方氏的通信中充满了焦躁和怨愤。方氏向庞德一再保证威尔逊无意打退堂鼓,庞德开始怀疑是否由于方氏在注音上过于较真,导致了延误。1956年2月4日庞德在给方氏的信中嘲讽道:"如果你还在耗时间满足你追求精确的癖好,见鬼去吧/没有字母可以精确显示汉字的发音,更不要妄想用某种美语字母的拼写方式去对应经过3000年演化的27种不同的汉字。"(Qian, *Chinese Friends* 156)1956年6月看到出版社仍无动静,庞德写信给威尔逊直言:"如果这意味着方氏对此事已经厌倦,我希望你把手稿还我/我自己来校订。"(Qian, *Chinese Friends* 108)其实1956年方氏非常繁忙,他一直在为庞德获释而与二战后期曾任助理国务卿的哈佛诗人兼剧作家阿奇鲍尔德·麦克利什(Archibald McLeish)、与庞德的儿女频繁通信。麦克利什与庞德交情一般,能出大力促成庞德于1958年获释,同方志彤的斡旋有很大关系。与此同时,方氏还忙于撰写自己的博士论文。1956年下半年,可能由于庞德一再催促,方氏放下一切事务,替《诗经》注音、排版。1957年1月他把编排好的手稿送到了哈佛大学出版社编辑室,但此事他并未通报庞德。1957年10月,庞德还没看到该书出版有实质性的进展,非常气恼。10月14日他写信质问威尔逊到底是什么妨碍了《诗经》的排印。威尔逊回复道,书稿并未收齐:"跟您坦率地说,我们并不乐于出版此版,但书稿一旦齐全,我们会履行合同……我们之间的通信说得很明白,方博士一旦完成书稿编辑和必不

---

① 前页,front matter,包括扉页、版权页、目次等。

可少的序言，我们就同意出版《诗经》学术版；但我们尚未收到全部书稿；书稿齐了，我们自然会做下去，除非您要收回手稿。如果您想收回，我们将很高兴遂您所愿。"（Qian, *Chinese Friends* 109）对这个答复庞德不明其理，转而向方氏寻求解释：威尔逊"把所有延误的责任都推到了你的身上，而这个版本才是我唯一感兴趣的版本"（Qian, *Chinese Friends* 157）。方氏在1957年10月回信中向庞德说明自己在1月份就与出版社相关编辑和校对见了面，交付了全部书稿：

> 至于"序言"，我在1月份会面时就指出没有必要，除非庞德本人来写。不过，我告诉他们如果威尔逊坚持要我写，那我将就你采用的篆书文本和注音体系写个说明，可以很快完成，他们可同时进行书稿的影印工作。
>
> 不知为何威尔逊和哈佛大学出版社的理事们这么看重那个"序言"。
>
> 我现在所能做的就是赶紧写他们需要的"序言"（我将要求威尔逊把"序言"改为"后记"；毕竟这本书是您的）。（Qian, *Chinese Friends* 159）

方氏还向庞德解释，出版可能因为负责该书稿的编辑的个人原因而延误，为了尽快出书还是不要追究，一切责任由他一人承担。（Qian, *Chinese Friends* 159）但这并没有让庞德释怀，他不无怨恨地回复："虽然有多年的耐心和忠诚，方氏将失去一个杰出的翻译家的友谊和尊重。"（Qian, *Chinese Friends* 109）此后，《诗经》的排印仍无进展。1958年5月庞德获释后再次致信方氏，提醒他关注此事，强调自己只有在译文、原文和注音三对照的情况下，才能完善译文；庞德在批评美国"卑劣"的学术体制和教育现状的同时，隐隐发泄对方氏的不满。（Qian, *Chinese Friends* 160）方氏在8月的回信中向庞德保证哈佛出版社在暑假之后就会开始工作，但庞德对哈佛出版社已失去信心。1958年11月10日他从意大利写信给威尔逊要求索回全部书稿和照片，撤消这个耗时已久的出版项目，而庞德与方氏保持近十年的友谊也随着《诗经》学术版的夭折而终止。

三、《尚书》与《钻石机诗章》

1955年庞德发表了《诗章》第七部《钻石机诗章》（Section：Rock-Drill de los cantares LXXXV-XCV）。根据《〈诗章〉指南》，顾赛芬（Seraphin Couvreur）的汉、法、拉丁三语对照《尚书》（又称《书经》）和理雅各（James Legge）的英汉对照《尚书》乃《钻石机诗章》之第85和第86诗章的主要依据。（Terrell 466-467）庞德对《尚书》的读解完全依赖于这两位19世纪西方汉学家的版本吗？1951至1954年方氏与庞德几乎隔天通信，从中我们可以了解那个时期庞德儒学研究的详情，两人一直在讨论儒学，而这些讨论对庞德后期儒家思想及诗章创作的影响，学界认识尚不足。①

方氏是收集典籍的行家，酷爱与友人分享自己的收藏。1951年1月方氏向庞德介绍《十三经》史，指出《十三经》各经的重要性，劝说庞德把阅读范围扩大到《四书》以外。虽然庞德在浏览了部分《十三经》后，仍坚称"一切答案尽在《四书》之中"（Qian, Chinese Friends 53, 62），方氏还是向庞德重点推荐《尚书》，强调"此书并非无知之辈所认为的那么乏味，其实写得生动明快，而且对孔孟有直接的影响"，赞其为"众经之首"（book of books）"，并愿把自己的理雅各中英对照本赠与庞德。（Qian, Chinese Friends 47）庞德回复"不需译本，除非兼有原文，否则如何了解原著之风格？"（Qian, Chinese Friends 50）得知庞德有顾赛芬三语对照《尚书》和理雅各纯英文译本，方氏便把理雅各的英汉对照译本和中文原版寄给庞德，并在通信中与庞德多次讨论重点章节。② 正是经过这些讨论，《尚书》才成为庞德创作《钻石机诗章》开篇之第85至86章的主要素材。

《尚书》主要记录虞夏商周各代帝王和辅臣的言行，间接呈现了中

---

① 由于未能审阅庞德—方志彤往来书信，索金梅（2003）、蓝峰（2005, 2010）等学者在探讨庞德与儒学的论著中均未提及方志彤对庞德的影响。
② 如1953年7月20日庞德致信方志彤，讨教《尚书》中提及的天干地支及属相问题；方氏还曾写信建议庞德取中文名"方以修"或"封以修"，他告诉庞德"方"或"封"为Pound音译，"以修"出自《尚书·康诰》："越我一二邦，以修我西土"，又与Ezra音近（1957年1月23日）；随后的一封信中方氏便称呼庞德为"以修夫子道座"（Beinecke：1957年2月14日）。

国古代从尧舜禹到夏商周的历史，其最突出的特点是强调天与人的关系，以天命观解释朝代的兴亡，以为现实提供借鉴。庞德对此深有感触，他在 1953 年 7 月 6 日致方氏的信中写了"民情大可见"五个汉字和"Our dynasty came in because of great sensibility" 一行英文，(Beinecke) 后成为《钻石机诗章》开篇第 85 诗章的母题。

第 85 诗章以化用《尚书》之《周书》开头，呼应儒家以周初为治世圭臬的立场：

 Ling² 靈
  吾朝立乃靈承帝事（*Cantos* 563）

"靈"在接下来的第 85 诗章中还重复出现了三次：

"吾朝立乃靈承帝事。"
 移风易俗，
   美德盛行 靈
 在孟津，
   黄河南岸，
 黄河。
 天地生万物，
   "它是我内心的主宰"
 受降灾
 Ling² 靈
   为治理之本。（*Cantos* 571—572）

受不明
 厥德弗敬上天。
  吾朝立乃靈承帝事
    靈 sensibility（*Cantos* 575）

以上诗行化自《周书》中的内容。《周书·泰誓上》中周武王伐商，在孟津大会诸侯的誓师词中言及"惟天地万物父母，惟人万物之灵"，

第四章　缘起缘落——方志彤和庞德《诗章》中的《尚书》、《孟子》 | 103

应顺从天意，"今商王受，弗敬上天，降灾下民"，"天命诛之"；在《周书·多士》中，周公代替成王发布诰令，对殷商旧臣说明成汤革夏、周灭殷商是顺从天命"丕灵承帝事"。① 繁体"靈"字列于庞德此时常用的《马氏汉英字典》第 586 页，释义为"the spirit of being, which acts upon others"，可拆解为"雨"、三个"口"和"巫"，即"上天""开口"于"巫师"，其中"巫师"被译介为"a wizard or witch: a medium/ Dancing & posturing in order to induce the descent of the spirits；结合理雅各对"惟天地万物父母，惟人万物之灵"的英文翻译："Heaven and Earth is the parents of all creatures; and of all creatures man is the most highly endowed"以及顾赛芬对"今惟我周王丕灵承帝事"的法文翻译："les empereurs de notre maison de Tcheou (Wenn wang et Ou wang), à cause de leurs grand bonté, furent charge d'exécuter l'oeuvre du roi du ciel,"② 庞德推断出了第 85 诗章的核心句"Our dynasty came in because of a great sensibility"，并把"灵"作为该诗篇的"诗眼"，恰好抓住了《尚书》中体现的"顺天者昌，逆天者亡"、"以民为本、以德治国"的政治理念。

庞德在该诗章的结尾加注说明："第 85 诗章在一定程度上证明了孔子的观点——基本治国之道存于《尚书》中。"(*Cantos* 579) 庞德还在第 89 诗章开篇再次强调了《尚书》的重要性：

　　通书经
　　　　辨善恶
　　明晓孰可信。
　　　　　Ching Hao
　　日益完善
　　　　（天堂篇）

---

① 江灏等：《今古文尚书全译》，第 204—207，第 332 页。
② 戈理夫（Thomas Grieve）在 "The Seraphin Couvreur Sources of Rock-Drill"（*Paideuma*, 4.2-3（1975））一文中把《钻石机诗章》中的汉字出处与顾赛芬和理雅各的译本一一对照加以注释，为《钻石机诗章》的研究提供了很大的便利，以上两处顾赛芬和理雅各的引文转引自该文第 423、438 页。

以马内利·斯威登堡所谓"群体"①（*Cantos* 610）

方氏对儒家经典某些关键词的精辟阐释被庞德融入《诗章》创作中。如上所述，方氏指出"敬"字可单独使用，并赞同庞德把"敬"作为儒学核心词。在第 85 诗章中，我们看到庞德把"敬"字加以突出：

XIII, 9 k'ip'eng 其
朋 Odysseus "to no man"
火
tcho
敬
and you can know the sincere（*Cantos* 575）

此句出自《尚书》之《周书·洛诰》，周公勉励周成王要振作精神，去洛邑主持政事，不要像刚点着的火那样火焰微弱——"孺子其朋，孺子其朋，其往！无若火始焰焰"——而且要学会从诸侯的享礼中识别忠诚与敬意——"汝其敬识百辟享"，此处"敬"字便为独用。②

在第 88 诗章中，庞德由儒家的"修身为本"想到印度教的敬畏万物，便把自己在《孔子》中对"敬"字的释义——"对让草籽长出草、让樱桃核结樱桃的灵性的敬畏"化用于其中：

不是非人，我的埃斯特林③，而是所有人

---

① Ching Hao，"经好"；以马内利·斯威登堡（Emanuel Swedenborg, 1688 – 1772），瑞典科学家、发明家，后转为神学家，其著述《神圣的爱与智慧》（*Divine Love and Wisdom*）把宇宙分成神界、精神界和自然界三个层次（divine, spiritual, natural），在《天堂及其奇观与地狱》（*Heaven and Its Wonder and Hell*）中描述天堂里的天使"并非聚集一起而是分成大小不一的群体"，随着每天群体成员人数的增加，每个群体都变得日益完善，因而整个天堂也随之更加完善。（Terrell 410, 514）此处庞德把对《尚书》的推崇与斯威登堡的神学思想联系在一起，意在阐述从《尚书》中吸取更多的智慧必能促进社会的完善。
② 江灏等：《今古文尚书全译》，第 317、319 页。
③ Estlin，美国诗人爱德华·埃斯特林·卡明斯（Edward Estlin Cummings, 1894 – 1962），为庞德好友，在其诗集《1×1》（New York：Harcourt, Brace, and Co., 1944）第 14 页第 14 首诗中把现代人看作"忙碌的怪物，非人"，表达对人类的怜悯："pity this busy monster, manunkind, /not. Progress is a comfortable disease..."

第四章 缘起缘落——方志彤和庞德《诗章》中的《尚书》、《孟子》 | 105

    ching
就如 **敬** 第 4
    声
敬畏生长的力量
或"万物皆生命"（印度教有云）(*Cantos* 601 - 2)

  庞德由"敬"推及到对孝的理解，他对方氏说："孝，Sagetrieb，在我看来，与子承父业的诗篇紧密相关。传统思想更新，也是敬。"（Qian, *Chinese Friends* 134）

  庞德把"孝"拆解为"老"与"子"，意为长者把智慧传给后代，因为英语中找不到对应词，庞德就把德语"Sage"（传说）和"Trieb"（推动、驱动）组合，造了"Sagetrieb"一词，用来表示"延续传统"、"传承智慧"，大致等同于"教"，在后期诗章中多有运用。"Sagetrieb"最先在第 85 诗章中出现，均与汉字"教"相连：

    只接受适度的供奉
    教与学 **胥** siu《马典》2835
         hsu，第 1 声
         kiaó，chiao，¹⁻⁴
    这就是延续传统 **教**（*Cantos* 577）

    文王有贤臣相伴
     虢叔
      闳夭、散宜生
       教
        延续传统
    如手握禾苗，**秉**
    冒烟前行
       冒
        敷乃心迹：
    （*Cantos* 579）

这两处诗行分别取材于《周书·无逸》和《周书·君奭》。前者是周公告诫周成王学习文王不过分享受——"不敢盘于游田，以庶邦惟正之供"——及善于接受臣下训劝："古之人犹胥训告，胥保惠，胥教诲"；① 后者是周公与召公推心置腹，说明辅臣的重要性："惟文王尚克修和我有夏；亦惟有若虢叔，有若闳夭，有若散宜生。"正是有贤臣辅佐，文王才能完成天命："无能往来，兹迪彝教，文王蔑德降于国人。亦惟纯佑秉德，迪知天威，乃惟时昭文王迪见冒，闻于上帝。"进而勉励召公合力成就文王大业："前人敷乃心，乃悉命汝，作汝民极。曰：'汝明勖偶王，在亶乘兹大命，惟文王德丕承，无疆之恤！'"②《尚书》的基本内容是君王的文告和君臣的谈话记录，治国之道、辅臣之理以"言说"的方式传承，故而庞德在第89诗章中又把"Sagetrieb"与"oral tradition"相提并论。(*Cantos* 617)

方氏对庞德"望形生义"解释儒学关键字词并不赞成，在其博士论文中，曾批评这种做法太"主观"，"多数情况下有讹误"。③ 但如上所述，庞德对"止"字的理解得到他的认可。早在《比萨诗章》第79章中，诗人就由比萨训诫中心周围电线上栖息的小鸟想到孔子在《大学》中关于"黄鸟知止"的论述。据罗纳德·布什考证，庞德《比萨诗章》原稿有五十余个儒家词语④，出版时唯有他亲笔写的"黄鸟止"和另外几个字被保留了下来，"止"字左侧且注有"to rest"(*Cantos* 507)，指明其意为"栖息"。

庞德对"止"字独到的领悟和解析得到方氏的肯定，想必激发了他在《钻石机诗章》中多处对"止"字加以发挥，比如在第85诗章中，讲到滑铁卢战役后由英国威灵顿公爵（Duke of Wellington）发起并主持的维也纳会议带来的欧洲和平，庞德用了一个"止"字：

　　滑铁卢战役后威灵顿的和平
　止 chih³　　(*Cantos* 563)

---

① 江灏等：《今古文尚书全译》，第342—43页。
② 同上第351—52页。
③ Achilles Fang, "Materials for the Study of Pound's Cantos," p. 21.
④ Ronald Bush, "Confucius Erased," in Zhaoming Qian, ed. *Ezra Pound and China*, pp. 163–64.

在第 87 诗章中，庞德讲到伟人刻在纪念碑上的名字会历经磨损，但其思想却如磐石——或"止"字所代表的系柱，坚守不移：

> 纪念碑上伟人的英名，
> 　渗漏，
> 　精神，阻碍，
> 消解。
> 　止（Cantos 595—96）

在第 93 诗章中，庞德再次用了"止"字作为但丁《神曲》中呈现的九重天围绕的中心点：

> 九学关乎
> 　　止 chih³
> 　　　chih（Cantos 645）

1955 年《钻石机诗章》刚发表时，大多数西方读者和评论家面对通篇的汉字，感到无所适从。第 85 诗章尤为显著，几乎满篇是摘自《尚书》的汉字和英文诗句交错在一起。《尚书》对中国读者来说，都算得上古奥迂涩，诘屈聱牙，更何况不懂中文或初识汉字的西方读者。其实，上述儒学关键词的反复出现，恰恰构成了后期诗章的主题思想，它们让看似凌乱的《钻石机诗章》有了内在的连贯性和逻辑性。正如赵毅衡所言，这些"令西方读者视为天书的汉字，成为凝聚诗意的光辉节点"，不仅成为庞德后期诗章反复吟诵的"乐园主题的贯穿性象征"，而且创造了绝佳的诗学和美学效果。①

四、《孟子》与《钻石机诗章》

方氏还重新唤醒了庞德对《孟子》的兴趣。早在 1938 年，庞德就在艾略特主编的《标准》（Criterion）杂志上发文《孟子伦理》介绍孟子的

---

① 赵毅衡：《儒者庞德——后期诗章中的中国》，第 56 页。

治国思想。① 上世纪 40 年代，庞德曾计划把《四书》全部译成意大利文。在完成《大学》(Ta S'eu, 1942) 意大利文译本后，他本打算译《孟子》，后来采纳了杨凤岐在罗马公使馆的好友朱先生的建议改译《中庸》，其译本在 1945 年出版。此后庞德投入《孟子》的意大利文翻译。1945 年 5 月 3 日，庞德正坐在打字机前翻译《孟子》，两名意大利游击队员闯入，把他带走。临走时庞德顺手把他那本袖珍版理雅各英汉对照《四书》装进了兜里。他后来告诉荣之颖，这本"圣经"拯救了他，使他免于身心崩溃。② 奇多曾提出 1945 年被捕"促使庞德的儒家思想发生了变化"，"孟子不再是庞德儒家信仰的中心"。③ 如前所述，罗纳德·布什曾撰文指出，庞德 1945 年创作的《比萨诗章》原始稿中有 50 多个汉字在出版时被出版商删除，其中绝大多数源自《论语》和《孟子》。④ 1947 年秋庞德还在纽约《新象》(New Iconograph) 的创刊号发表了节译《孟子·梁惠王上》。可见奇多有关庞德战后不再关心《孟子》之言并不准确。

1951 至 1952 年，方氏就孟子的观念与庞德多次展开讨论，把庞德的兴趣又引回到了《孟子》。方氏在信中反复强调《孟子》的重要性；除了频繁引用《孟子》，方氏还不断鼓励庞德翻译《孟子》。1951 年 1 月 25 日方志彤把哈佛汉学家海陶纬的新作《中国文学：大纲与参考文献》(Topics in Chinese literature: Outlines and Bibliographies, 1950) 寄给庞德，然后在 26 日致信告之，自己能提供海陶纬列出的多半参考书，包括朱熹注的《孟子》，并说"望您也能译《孟子》"(Lilly)。1951 年 2 月 16 日方氏与时任哈佛大学英美文学助理教授的理查德·艾尔曼（Richard Ellmann）应邀做客哈佛电台，讨论"庞德的《诗章》"；方氏准备阐述《诗章》与儒家思想的联系。此前方氏在 2 月 13 日致信庞德，征询建议。庞德答复为"一切答案尽在《四书》中"(Qian, Chinese Friends 56)。方氏随后提醒庞德："我可以让听众参阅您的《论语》、《大学》、《中庸》及《标准》杂志上发表的《孟子伦理》。我仍认为您欠我们大家一部新

---

① "Mang Tsze (The Ethics of Mencius)," Criterion, XVII. 69 (1938): 603–25，与 1937 年发表的《论亟须孔子》("Immediate Need of Confucius") 相呼应，呼吁西方读者重视儒家思想的积极意义。
② Angela Jung Palandri, "Homage to a Confucian Poet," Paideuma 3.3 (1974): 303.
③ Mary Paterson Cheadle, Ezra Pound's Confucian Translations, p. 116.
④ Ronald Bush, "Confucius Erased," in Zhaoming Qian, ed. Ezra Pound and China, pp. 163–64.

第四章　缘起缘落——方志彤和庞德《诗章》中的《尚书》、《孟子》

版的《孟子》,那部译本何时能面世?"(Lilly)一年之后的一封信中,方氏再次提醒庞德"仍认为您应该翻译《孟子》"(Qian, *Chinese Friends* 121)。

庞德没能译出《孟子》,但孟子的话语在其晚期诗章中时隐时现。《孟子·滕文公上》中孟子与滕文公论及税收,孟子提出收税要有一定的制度,"取与民有制",主张采用什一税率,赞成殷商以徭役"助耕"的"助"法,反对夏朝采用的"校数岁之中以为常"的"贡"法,即比较若干年的收成,取平均数而不以年成丰歉为基准。他引用贤人的话说:"治地莫善于助,莫不善于贡。"① 庞德在《孟子伦理》一文中就很推崇孟子省刑罚、薄赋敛的仁政思想,强调"莫不善于贡(Nothing worse than a fixed tax)"。② 是故我们在他 1945 年创作的第 78 诗章中就读到:"莫不善于贡/《孟子》第三篇,第 1 节,滕文公/第 3 章第 7 段。"(*Cantos* 500)在他 1953 年写的第 87 诗章中,孟子的税收主张再一次被强调:"莫善于助(孟子)/莫不善于贡"(*Cantos* 594),"孟子论什一税/**长治久安**"(*Cantos* 600—601)。直至第 94 诗章中,诗人由比古罗马法律更加人道的《查士丁尼法典》联想到历史上的仁人君子,把孟子与孔子、意大利诗人但丁和瑞士裔美国地质学家路易斯·阿加西(Louis Agassiz)相提并论。(*Cantos* 655)

《孟子·梁惠王上》提出的"何必曰利"尤其符合庞德"反高利贷"的经济思想,所以他曾把《孟子》摘译题为《经济学家孟子》("Mencius, the Economist", 1947)。"何必曰利"有四次或直接或间接地出现在《钻石机诗章》中。③ 在第 87 诗章中,诗人在赞赏过孟子"莫善于助,莫不善于贡"的主张后,便联系他"何必曰利"(Why must say profit)的诘问。诗人还把"利"拆解为"禾苗被砍"(the grain cut),把一心求利讽喻为"杀鸡取卵"。(*Cantos* 595)第 89 诗章讲到美国第七任总统安德鲁·杰克逊(Andrew Jackson)反对给银行续授金融特许权,诗人把汉字"必"插入"If our government must/必 sell monopolies"("如果政府**必须**卖专营权!"),无形中与孟子"何必曰利"的主张形成对照。(*Cantos*

---

① 李申译注:《孟子全译》,第 234—5 页。
② Ezra Pound, *Selected Prose*, p. 89.
③ 1940 至 1950 与庞德频繁通信的威利斯·哈莱(Willis Hawley)给自己取的中文名为"何利",给自己在洛杉矶的华语书局取名为"何利斋"。

612）接下来讲到因否决给银行续发金融特取，1834 年杰克逊总统宣布"公共欠款已被清除"，诗人再次发出"何必曰利"的感慨：

> 公债清除了。　　　1834 年。
> 　　何 ho²
> 　　必 pi⁴⁻⁵
> 　　曰 yüeh⁴⁻⁵
> 　　利 li⁴（*Cantos* 615）

这几处诗行既是引用孟子之言，也呼应《大学》最后一句"此谓国不以利为利，以义为利也"（*Confucius* 87）。最后，如赵毅衡指出的，第 94 诗章本是对希腊哲学家阿波罗尼乌斯（Appolonius）的生平和哲学的阐述，但讲到阿波罗尼乌斯访问罗德斯岛，见到岛上的新富，诗人突然变成了直面梁惠王的孟子，直引中文："梁惠以财发无以宝。"①（*Cantos* 656）

此外，庞德把孟子最重要的理念——"仁义礼智"四端说，融入了《钻石机诗章》中。如前所述，在修订《孔子》时，庞德便和方氏讨论"端"和"四端"。这些讨论，看似繁琐，对庞德晚期的创作意义重大。细读这些讨论有助于揭示庞德在第 85、89、99 诗章中对"四端"的运用和发挥，也丰富了庞德在早期诗章中对孔子思想中的"仁"或"善"的指代。1951 年 10 月 20 日方氏给庞德指出《马氏汉英字典》中"端"字释义的正误。马守真把"四端'对应为英文的"love, duty, propriety, and wisdom"，庞德联系自己对《孟子》的阅读，对此表示疑问，尤其对于"duty"对应四端之何端拿不准：

> 有人给我讲讲这些字的含义就好了。
> 　　显然一定有个汉字指 duty??（Qian, *Chinese Friends* 80）②

---

① 赵毅衡：《儒者庞德——后期诗章中的中国》，第 50 页。
② 此处庞德讨论的"四端"出自《孟子·公孙丑上》："孟子曰：恻隐之心，仁之端也；羞恶之心，义之端也；辞让之心，礼之端也；是非之心，智之端也。人之有是四端也，犹其有四体也。有是四端而自谓不能者，自贼者也；谓其君不能者，贼其君者也。凡有四端于我者，知皆扩而充之矣，若火之始然，泉之始达。苟能充之，足以保四海；苟不充之，不足以事父母。"（李申：《孟子全译》第 223 页）

第四章　缘起缘落——方志彤和庞德《诗章》中的《尚书》、《孟子》

对于庞德有关"四端"的疑问，方氏耐心回复道：

《马氏汉英字典》是在鲍氏词典的基础上修订的。① 马氏不该为全部错误负责……

当然，马守真把四端等同于仁义礼智是愚蠢的。但他确实这么做了。老理雅各把"端"解释成"端绪"——"外围一端，抓住可以引导我们了解全部"（第79页注释），这个说法也很痴呆。朱熹说"端，端绪也"，他意指此处的"端"是"端绪"中的"端"——"线的末端"，而不是其他"端"词组中的"端"。这个"末端"是"开头的一端"而非"结尾的一端"。换句话说，恻隐之心是"仁"（HUMANITAS）的源头〈我能想象老白璧德②要是听到我把人文主义（humanism）等同于人道主义（humanitarianism），九泉之下也不会安生〉，理雅各把"端"译成"原则"（principle）当然差强人意；我敢肯定老鲍和老马都被"原则"所误导，以为"原则"为事物本身。传道士的思维就是如此（如果我们把此归功于基督徒）。

"端绪"，就我的理解，表示"线的一端"，通过追溯其起点，我们可以找到整束线甚至整块布；也可以理解为一件织物的组成部分（而且是基本的组成部分）。

至于"仁义礼智"四个概念，我一时无法给出最恰当的译文。也许最好不用翻译；毕竟，怎么翻译 Σωφροδύνη ［一个理智、谨慎、温和、克制、头脑清醒之人的性格或行为］？

比如说"义"这个概念，通常被译成"justice"（公正、正义）。但就我所知，没有中国人把"义"看成一报还一报。作为一个中国人，对于别人的善意和帮助我不会满足于对等回报。不，如果我没有加倍回报，那我就是个无知的蛮人。一报还一报不是中国人对"义"的理解，而是两报（或多报）还一报（当然，是以善报善；报复与"义"字无关）。具体地说，如果我从楼上邻居那儿借了一

---

① 鲍氏，即英国传教士鲍康宁（F. W. Baller, 1852 – 1922），语言学家兼汉学家，编有《英华词典》（*An Analytical Chinese-English Dictionary*, 1900）。

② 白璧德（Irving Babbit, 1865 – 1933），美国学者，文学评论家，为"新人文主义"（New Humanism）运动的代表人物。

个鸡蛋,我还的时候肯定不止一个。(必然的结果:我不愿向任何人借任何东西。)(Qian, *Chinese Friends* 81—82)

针对庞德有关 duty 的疑问,方氏提出"duty"是一个现代观念,没有确切对应的汉字:

> 您所指"DUTY"的概念没有对应的汉字。现代词典中用"本分"表示,通常指人的命运(比如说安于命运)和义务。"义务"可能是日本人造的词(日文发音 gimu),孔孟不可能理解。
> (就功用而言,duty 可译为"职"或词组"职分","职掌","职任","职责",等等)。
> 我能想到与 DUTY 最接近的汉字是"义",但如我上封信中所说的,"义"可以表示不同的意思。(Qian, *Chinese Friends* 83)

方氏指出中国人从来不抽象地理解 duty 或 justice,他们只是身体力行:"犹太人和基督教的道德家们宣扬:崇敬父母就会发达(或类似的说教)。中国人会觉得这种说教太廉价,太功利,令人反感";如同"义","duty"已经融入中国人的伦理道德观,"为什么中国人会尽忠尽孝"?"因为只有这样才是最明智的,孔孟已令人信服地论证了这点",而且"上帝已被孔子一劳永逸地抛到了九霄云外"。(Qian, *Chinese Friends* 83)

方氏的阐释想必更激发了庞德对孔子的崇敬,他在 1952 年 3 月 18 日的信中说:"中国没有受到希腊文化的毒害,亚里斯多德哲学掩盖了奴役……duty/侍奉/事君/事双亲/好像是孔子暗示的 duty 之意。"此时庞德似乎突然领悟了四端的本质:"礼"是"仁"上升到 duty(义)的形式,"仁"是"礼"的肌理。(Qian, *Chinese Friends* 84)他还把自己的领悟作了进一步的拆解:

1. "仁":正当的动机
2. "义":"仁"之所限
3. "礼":"仁"之适度

第四章 缘起缘落——方志彤和庞德《诗章》中的《尚书》、《孟子》

4. "智": 实践出真知（Qian, *Chinese Friends* 85）①

对庞德有关"四端"内在关联的揣摩，方氏认为是"一大进步"，加以鼓励，又进而指出孟子思想的复杂性：

你的释义
1. "仁": 正当的动机
2. "义": "仁"之所限
3. "礼": "仁"之适度
4. "智": 实践出真知

我能接受。不过孟子有可能会把2和3（也许还有4）看成1的延伸。"仁"对于孔子，或许还有孟子，确实很重要（有个日本人专门就"仁"写了厚厚一本书），但孟子可能无意把其他三者附属于"正当的动机"。我的意思是说，他没有明确表态，以致让人们对四端之关联争论不休。我看不出你的拆解有什么不对，孟子想必也不会有异议。

孟子的问题是他思维太活跃，经常随性而言，认真的读者常感无奈。就拿"不忍人之心"之中的"忍"字来说（第二章第1节第6条）：② 在之前和之后的语境中它表示"容忍"或"忍受"。在某些情况下，"忍"是美德（耐心，容忍），而在另一些情况下它的反义词（就孟子而言）是美德；这完全取决于动机是利他的还是利己的。（Qian, *Chinese Friends* 86）

无疑，庞德和方氏有关"四端"深入而热烈的探讨对其诗章创作产生了潜移默化的影响：《钻石机诗章》和《御座诗章》中有多处反映了庞德对"四端"的思考，而方氏有关"仁义礼智""也许最好不用翻译"的建议也在《诗章》中得以充分体现。当庞德用到这几个字时，或仅用

---

① 庞德的原文是：1. decent impulse; 2. limits to which; 3. modus in which; 4. horse sense acquired by action。
② "不忍人之心"出自《孟子·公孙丑上》："孟子曰：'人皆有不忍人之心。先王有不忍人之心，斯有不忍人之政矣。以不忍人之心，行不忍人之政，治天下可运之掌上。'"（李申：《孟子全译》，第223页）

汉字，或汉字加注音，或仅用注音，未用"love，duty"之类的英文。第85诗章讲到《商书·汤诰》里成汤取夏后告诫各诸侯国要奉行天命、遵守常法，"无从匪彝，无即慆淫，各守尔典，以承天休"① 时，庞德把"四端"作为"各守尔典"放于其中：

四 TUAN¹
　端
　　　　或根基
复活节时的糙米和蚕丝
　　　　（把蚕茧藏在她们的围裙里成汤时期流传至今）②
倚天木，
　　　而知乾坤树（Cantos 565）

第86诗章讲到《周书·康王之诰》中周康王勉励诸侯群臣忠于王室，勤劳王事："则亦有熊罴之士，不二心之臣，保乂王家，用端命于上帝。"③ 庞德再次把"端"字突出：

熊罴之士，第23篇第5条，猛士壮如熊
不二心　　　　端 jóung
　　　　　　　Touan
　　　　（Cantos 581）

在第89诗章中，庞德讲到法律的目的是防止暴力或欺诈手段下的威逼，又一次同儒家思想的"四端"联系起来：

不用暴力亦不诈骗

---

① 江灏等：《今古文尚书全译》，第125页。
② "Hulled rice and silk"是庞德对"彝"字的拆解，由"彝"这个宗教祭器想到复活节，又由"蚕丝"和"复活节"联想到意大利农妇参加弥撒时把蚕茧兜在围裙中的传统，此习俗从异教徒时期延续至今；"you lean against the tree of heaven"是"天休"二字的拆解，"Ygdrasail"是北欧神话中的"世界之树"，又称为"宇宙树"或"乾坤树"，高达天际，其巨木的枝干，构成了整个世界。
③ 江灏等：《今古文尚书全译》，第474页。

第四章 缘起缘落——方志彤和庞德《诗章》中的《尚书》、《孟子》

没有暴力或诈骗手段下的胁迫，
　　那是法律的宗旨，或应该是
雅典娜打破了陪审团的僵局
　　　　　　　端 tuan，有四端（*Cantos* 621）

在《御座诗章》第 99 章中，庞德引用了雍正在《圣谕广训》阐述圣谕第六条"隆学校以端士习"所言"端人正士者非尔兵民所当则效者乎？孰不有君臣父子之伦？孰不有仁义礼智之性"①？把四端作为人之本性加以强调：

人为本，
　　端人正士
但四 TUAN
　　乃天性
　　　jen, i, li, chih
并非来自书院高谈阔论；
　　那是书生之职
　　　君子和士大夫的本分。（*Cantos* 731）

如蓝峰所言，孟子提出的人性善论，特别是"四善端"论加深了庞德对人性本善的信念、对基督教人性本恶的蔑视："从天赋'四端'——仁、义、礼、智——的源头出发，重新认识人性本善，儒学让庞德彻底信服人类逐渐自我完善的本能。"② "四端"中的"仁"和"义"在《钻石机诗章》和《御座诗章》中多次单独出现。"仁"被庞德用在第 85，93，95，97 和 99 诗章中，尤其在第 93 诗章中，当诗人不断祈祷呼唤仁爱（compassion）时，孔子在《中庸》里的教导尤显振聋发聩：

力 li⁴
行 hsing²
近 chin⁴

---

① 周振鹤：《圣谕广训：集解与研究》，第 269 页。
② Feng Lan, "Confucius," in Ira Nadel, ed. *Ezra Pound in Context*, p. 332.

乎 hu¹ ²¹⁵⁴

仁 jên²

holding that energy is near to benevolence. (*Cantos* 648–649)

"义"也在《钻石机诗章》中频繁出现, 如第 86 诗章中, 诗人用"lost to all i⁴**义**"影射第一次世界大战(同上 583);在第 89 诗章中, 诗人把"义"与"何必曰利"相对照(同上 615);在第 93 诗章中, 诗人把"义"作为最高美德:"神啊, 最高的美德/可以写成**义** i (第 4 声)。"(同上 646—7)

相对而言, "礼"和"智"在诗章中很少出现, 一个原因可能是庞德把"礼"和"智"附属于"仁", 另一个原因可能是庞德视"礼"与"敬"同义, 更倾向于用"敬"。当"智"在第 89、99 诗章中出现时, 诗人也只是取其词源意义:"何人会让'日'离开了/chih **智**"(同上 595);"但本原一在于礼/本原二在于智, /日 (chih)/在其下"(同上 719), 呼应了他在 1951 年 10 月写给方氏的信中把"智"拆解为"知加上日"。(Qian, *Chinese Friends* 66)

第 85 诗章在《哈德逊评论》发表后, 方氏在 1955 年 3 月 4 日给庞德去信列了一张勘误表, 指出了注音错误、引用错误以及常识性错误等。(同上 153—155) 笔者把在《哈德逊评论》发表的第 85 诗章与新方向出版社 1998 年版《诗章》之第 85 诗章加以对照, 发现有八处错误按方氏勘误作了订正, 比如"胥、教"的注音顺序已调整, 一些汉字注音错误已更正。1955 年 5 月方氏还致信庞德, 表示愿意为其新创作的诗章中涉及中国题材的部分作校勘。(Qian, *Chinese Friends* 155)

此外, 方氏还通过电台访谈、撰写文章、作讲座、参加学术讨论等形式阐释庞德的儒家思想, 扩大庞德与儒家文化的影响。如前所述, 1951 年 2 月 16 日方氏与艾尔曼一起受邀做客哈佛电台, 两人对话的主题是"庞德的《诗章》", 方氏阐述了庞德《诗章》中的儒家思想。又如 1952 年 9 月 1 日方氏致信庞德告知自己已接受《新墨西哥季刊》约稿, 准备写"《中庸》在庞德世界中的位置", 并请求庞德暗示需突出的重点;庞德再次强调"一切尽在四书中"。(Qian, *Chinese Friends* 118—19) 1953 年 9 月方氏与弗洛浩克(Wilbur Frohock)、肯纳、戴文波特(Guy Davenport)一起受邀参加哈佛大学英文学院举办的庞德《诗章》研讨会，发言详细阐释庞德的《比萨诗章》及《诗章》中的儒家思想。①

五、儒学之外

方志彤对庞德的影响不限于儒学研究，他还鼓励庞德对儒家之外的佛道思想持开放态度。庞德学者往往过分强调庞德对佛道的歧视，如索金梅认为庞德"一生厌恶道教徒和佛教徒，对他们的批判贯穿《诗章》的始终"②；钟玲也提出"庞德独对儒家思想有兴趣，但对道、释思想则无意吸收"③。在上世纪三四十年代，庞德确实歧视过道教与佛教。然而，50年代初，他接触到了中国的非儒学传统。1952年11月，读了韦利（Arthur Waley）翻译的《道德经》后，他曾询问方志彤：《道德经》里"有没有《四书》、《诗经》和《尚书》没有论及的、有价值的东西"？（Qian, *Chinese Friends* 122）方氏趁机向庞德指出庄子"对思想开明的儒家学者非常重要"（同上）。本书第八章还将揭示，晚年的庞德走出了儒学的局限，在《诗稿与残篇》之纳西诗篇中盛情歌颂以道教和佛教为本的纳西祭天仪式——孟本。

很多汉学家曾批评庞德校订发表的费诺罗萨论文《作为诗歌媒介的汉字》漠视汉语的语音。耶鲁大学中文教授乔治·肯尼迪（George Kennedy）曾撰文称费氏论文"误解"汉字。斯坦福大学中文教授刘若愚（James Liu）则指责该文误导西方读者以为"汉字都是象形字或表意字"④。必须指出，费诺罗萨论文不是针对语言学学者或学汉语的学生写的，而是针对诗人或学诗歌创作的学生写的。该文旨在勉励诗人创作诗歌时多用形象思维，选词尽量具体、自然。该文并没有称"所有的汉字都是象形字或表意字"，而只是说："大量古汉字及其部首注重描述动作或过程"；费氏并没有否认汉字中语音的存在。相反，他强调说汉字"既有绘画的生动性，又有发音的灵活性"⑤。然而，上世纪后半叶，由

---

① 参见哈佛大学利瑞（Lewis Leary）教授1953年1月14日写给方志彤的邀请信及方志彤1953年9月13日致信庞德通报研讨会的情况（Beinecke）。
② 索金梅：《庞德〈诗章〉中的儒学》，第103页。
③ 钟玲：《史耐德与中国文化》，第218页。
④ George Kennedy, "Fenollosa, Pound, and Chinese Characters," *Yale Literary Magazine*, pp. 23–6; James Liu, *The Art of Chinese Poetry*, p. 3.
⑤ Ernest Fenollosa, *The Chinese Written Character as a Medium for Poetry*, p. 9.

于肯尼迪和刘若愚对费氏的批评被西方汉学界广泛引用,费诺罗萨的名字和庞德的名字几乎成了否定汉语语音错误论调的同义词。

20 世纪 50 年代,庞德一旦认识了汉语语音的重要性,就承认自己的错误,并努力加以纠正。1951 年 2 月,庞德曾向方志彤请教:"想学点中文,特别是中文语音,要想省时间和精力,该怎么做?"(Qian, *Chinese Friends* 54)他还向方氏建议按照同音或近音字编汉英字典,如"KEN 和 Kan(k'an)"、"su 和 so"可列在一起。(Beinecke:1951 年 2 月 28 日)1952 年 1 月他向方氏询问"壁"字的发音,甚至说"意思不重要,但想知道该怎么发音"(Qian, *Chinese Friends* 73)。1952 年 2 月,他又向方志彤诉说自己醒悟太晚:"我一直满足于字义和视觉形象,从未想到要把语音与字形结合起来学。"(同上 77)同年,荣之颖采访庞德时引用他以前说过的话,提醒他曾如何否定汉语语音的价值。庞德反驳道:"一个人的看法会改变,他不该为自己几十年前说过的话再承担责任。"①那时,庞德正在跟上海来的中国留学生孙蕙兰(Veronica Huilan Sun)学口语。② 1952 年 10 月 12 日他给方志彤写信抱怨:"我这个老笨蛋,要中文表达流畅,太难了。你怎么回答'你好吗'?上海的孙蕙兰说'man-hu',跟说'满族'没多少差别。"(Qian, *Chinese Friends* 120)

自然,庞德这段时间对汉字语音的关注也反映在诗章创作中,他在后期诗章中用的中文既表形也表音。第 85 至 89 诗章、第 96 至 98 诗章几乎满篇都是附有拼音的汉字。第 99 诗章讲到急功好利的读书人是"下流"的败类时,庞德还尝试汉英混合押头韵"a low-flow and a liu^2 flow"(*Cantos* 724)。第 110 诗章甚至收了一行汉语拼音写的诗:"yüeh^{4,5} | ming^2 | mo^{4,5} | hsien^1 | p'eng^2",即:"月明莫先朋"。1951 年 1 月庞德给方志彤寄去一篇长达 45 页的《汉语初探》("Preliminary Survey")打印稿,提出:"我们甚至可以假定,最古老的汉语不仅有变形,而且音、义也有关联。"虽然无法知晓古汉语的发音,他仍然推测:"尽管有诸多例外,许多'ch'音仍可解读为地点或动作的象征……'YUAN'在某些情况下明显与环绕、围绕有关……'MEI'和'MENG'在某些情况下

---

① Angela Jung Palandri, "Homage to a Confucian Poet," p. 307.

② 孙蕙兰在华盛顿美国天主教大学(Catholic University of America)留学期间经常探访庞德,耶鲁大学拜纳基图书馆藏有她给庞德的 11 封书信,书信内容未涉及庞德诗歌创作或儒学翻译。

第四章　缘起缘落——方志彤和庞德《诗章》中的《尚书》、《孟子》 | 119

表示黑暗,从确定的黑墨到年幼无知都包含在内。"(Qian, *Chinese Friends* 208)

庞德这段时间还通过研读唐石经与清石经的拓本,琢磨出汉字部首的演变和书法风格的异同,对汉字由 500 个部首简化到 214 个部首大加赞赏,并把书法从篆体到楷体的演变称为人类"智力史上最重要的进步"(Qian, *Chinese Friends* 68)。他建议方氏对汉字部首演变进行考证。经方氏推荐,庞德还研读了《楚辞》、《史记》、《唐宋千家诗》、《聊斋志异》和《中国震撼世界》(*China Shakes the World*, 1949)等涉及中国当代历史的传记,他甚至还创作了一首汉诗:

敬　使　成　聞
花　周　至　顯
忠　栽　在　先
見　采　止　仙

(Qian, *Chinese Friends* 75)

方氏对这首仿绝句的评价不是很高——"意义不明确"、喉音和齿音太多、韵脚不对、"第四行听起来像是个字谜"。(Qian, *Chinese Friends* 76)庞德还把诗寄给荣之颖,征求意见。他承认"第四行是有点怪,我也不指望中国人的认同,但它能帮我记住这些字符的发音——对我来说太难了,因为我开始读中文时只注重用眼睛看,而且跟能讲中文的人待在一起的时间从未超过一个来小时"(Qian, *Chinese Friends* 93)。庞德还开始关注中文的语法,他问过方志彤"余"是否是与格形式(Qian, *Chinese Friends* 74);他想知道"中文语法是怎么回事?古典汉语的魅力是否很大程度归于不拘泥于语法?"(Qian, *Chinese Friends* 117)庞德的最后一个问题正中肯綮,恰是叶维廉在《中国诗学》中反复论证的文言语法有别于印欧语言和白话的"高度的灵活性"①。

庞德把第 85 至 95 诗章命名为《钻石机诗章》是受到四十年前跟他一起发动"漩涡派"运动的挚友刘易斯(Wyndham Lewis)的启发。刘易斯 1951 年为佩吉(D. D. Paige)编选的《庞德书信集》(*The Letters of*

---

① 叶维廉:《中国诗学》,第 14—35 页。

Ezra Pound, 1907 – 1941) 写书评,即题为《钻石机》。刘易斯在文中回顾庞德如何用一封封信件"敲打着"(hammering away at) 美国《诗刊》主编门罗 (Harriet Monroe),激励她摈弃"小杂志"常有的世俗和偏狭,为现代派艺术的实验和创新提供空间,刘易斯称之为"钻石机之举"(rock-drill action)。刘易斯还在文中称赞庞德为"同时代最出色的诗人之一",同时感叹其为"仍健在的最了不起的美国流亡者"。① 刘易斯的书评也许触动了庞德,使他回想起 1913 年观赏过的爱泼斯坦 (Jocob Epstein) 的造型艺术作品《钻石机》:一个巨大的石膏人跨坐在一个铁制气钻上,透露出自信乐观的情怀,它既是现代主义运动蓬勃发展的象征,也是庞德曾经"书生意气、挥斥方遒"的见证。三十多年过去了,庞德依然雄心未敛,在《钻石机诗章》里通过《尚书》和《孟子》,继续"指点江山,激扬文字",表达自己"治国平天下"的理想。

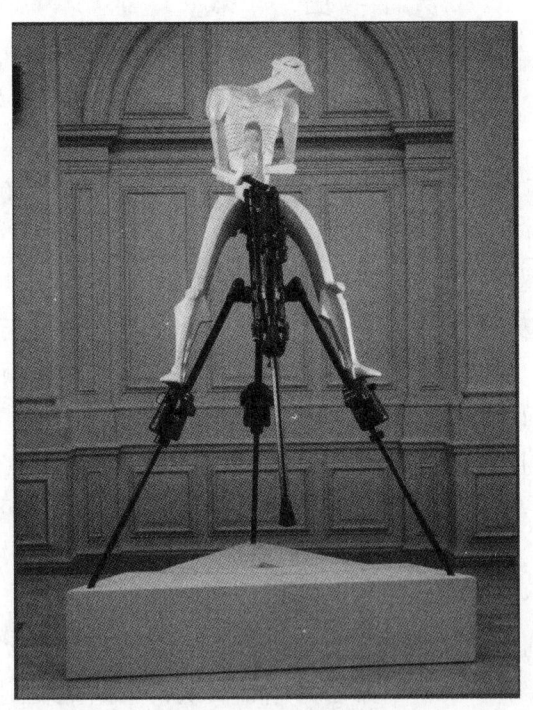

爱泼斯坦 (Jocob Epstein):《钻石机》,1974 年复制
(1913 年原作已毁)(伯明翰艺术博物馆提供)

---

① Wyndham Lewis, "The Rock Drill," *New Statesman and Nation* 7 April 1951, p. 86.

第四章 缘起缘落——方志彤和庞德《诗章》中的《尚书》、《孟子》

庞德—方志彤200多封来往信件让我们看到庞德如何在没有人身自由的条件下，以"钻石机"的精神，研读儒家经典和其他中国典籍。如果说"后期《诗章》中庞德最深沉宏博的诗篇，是建筑在他对儒学的独特理解之上"①，那方氏显然功不可没。有"百科全书式学人"近十年的精神陪伴，对身陷"疯人院"② 的庞德来说，也算"不幸中之万幸"③。

---

① 赵毅衡：《儒者庞德——后期诗章中的中国》，第44页。
② 庞德常把圣伊丽莎白医院称为"bughouse"。
③ 方志彤在多年后，对与庞德的这段情谊仍念念不忘，闲暇时常与友人"开怀地大谈他熟悉的埃兹拉·庞德"（转引自陈毓贤《再谈柯立夫和方志彤》，载2013年6月2日《东方早报》，文中摘译了哈佛燕京图书馆西文书籍负责人林希文（Raymond Lum）纪念方志彤的英文未刊稿）。

第五章　还儒归孔
——张君劢和庞德的分歧与暗合

张君劢，1953年摄于华盛顿（张君劢之女张敦华提供）

第五章 还儒返孔——张君劢和庞德的分歧与暗合 | 123

庞德，1954年摄于华盛顿圣伊丽莎白精神病院（耶鲁大学拜纳基图书馆提供）

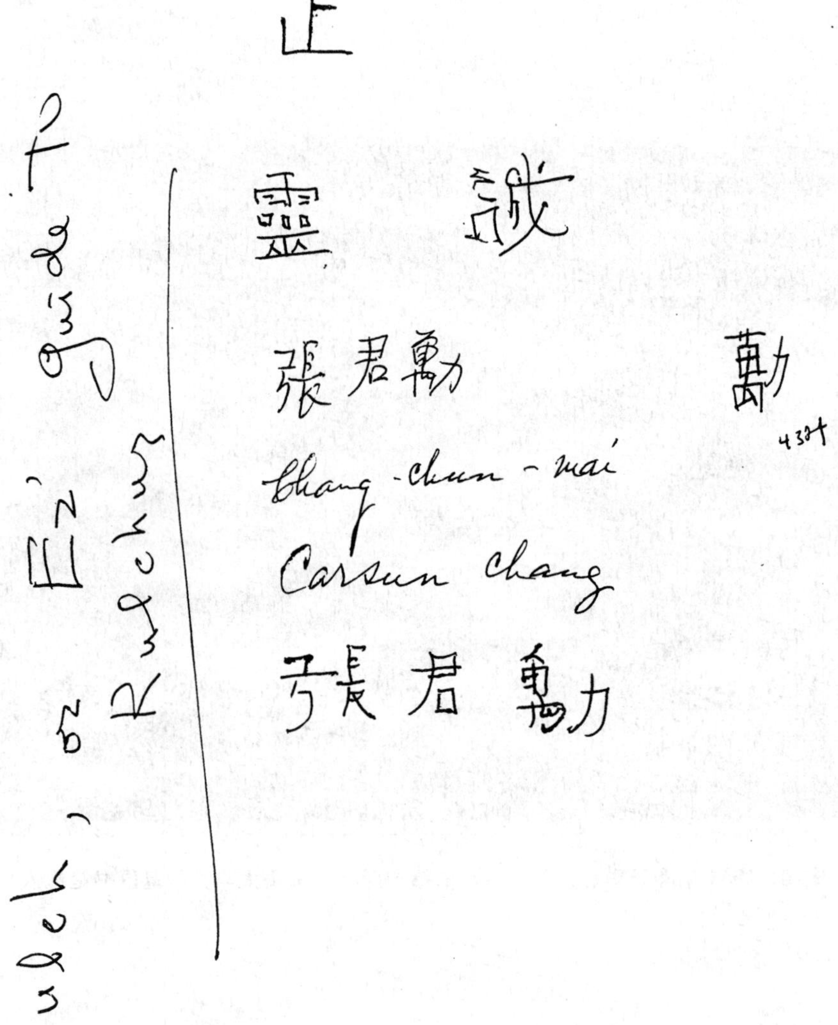

止

誠

靈

張君勱　　勱

Chang-chun-mai

Carsun Chang

張君勱

Kuleh, Ez Guide to Kulchur

4324

庞德与张君劢手迹（耶鲁大学拜纳基图书馆提供）

如第四章所述，1951 至 1952 年，博学广识的方志彤极力劝说庞德把阅读范围扩大到《四书》以外，并重点推荐了《尚书》（亦即《书经》）。在方氏的勉励下，庞德同时参考顾赛芬拉丁译文、法译文和理雅各英译文，认真研读了"众经之首"《尚书》（Qian, *Chinese Friends* 47），使之成为《钻石机诗章》开篇第 85、86 诗章的立论依据。庞德和方志彤还围绕《孟子》"仁、义、理、智"四端说切磋、争执多时，二人对儒学的理解心有灵犀之处不少，但在某些关键问题上仍然互为抵牾。正当庞德踌躇之际，一位重量级的中国学者开始同他交往，为他的研究和创作提供了新思路。这就是 1958 年元旦与唐君毅、牟宗三、徐复观联名发表《为中国文化敬告全世界人士宣言》、肯定儒家"心性之学"乃中华文化中精神生命主体的当代新儒学大师张君劢。

一、首次相见

张君劢（1887—1969），字嘉森，江苏嘉定人，民国时期著名政治家、哲学家、法学家和当代新儒学代表，是中国近代一位颇为杰出而复杂的历史人物。① 张君劢青年时代在上海广方言馆求学时即对"三通"（《通典》、《通考》和《通志》）所阐述的中国政治制度深感兴趣。张君劢曾赴日本早稻田大学和德国柏林大学留学，研习法律、哲学和政治学，在日本结识了梁启超并随其投身政治运动。张君劢立志以儒家文化为本，融汇西方政治哲学，通过改良和民主的途径来改造中国社会。张君劢曾先后执教于北京大学（1917—1918）、国立政治大学（1925—1927）、燕京大学（1931—1934）和中山大学（1934）。他于 1923 年在清华大学的演讲引发了著名的关于科学与人生观的"科玄论战"。张君劢积极参加政党政治活动，先后发起成立中国国家社会党（1932）、中国民主政团同盟（1941）以及民主社会党（1946）。张君劢曾受蒋介石器重，主持制定了《中华民国宪法》，并于 1945 年 4 月作为国民政府的代表团成员参加联合国宪章大会，签署《联合国宪章》。张君劢的人生经历具有悲壮色彩，他卷入了国共两党的政治争端，却又试图坚持自己与众不同的立场。张君劢具有独立的政治理想，奉行中间路线，如刘义林在《张君

---

① 张君劢胞弟张公权曾任民国中国银行总裁、铁道部部长、交通部部长。张君劢胞妹张幼仪是徐志摩的第一任夫人。

劢评传》中所言，他"专门著书立说批判中国共产党的理论基础辩证唯物主义"，而且"选择国家社会主义，因而与主张科学社会主义的共产党人分道扬镳"①；同时又因为对民主宪政持有矢志不渝的信念，从而与蒋介石独裁时代的国民党格格不入。建国前夕张君劢被毛泽东亲自圈定为 43 名战犯之一，他自此离开大陆，开始了漂泊海外的流亡生活。

张君劢在印度生活了两年，先后在德里大学和加尔各答大学任教。1952 年 4 月，他转辗抵达美国华盛顿，寄居在河南籍的一位冯姓学人家中。② 张君劢自称"徘徊于学术和政治之间"③，在中国大陆的时候他的学术生涯和政治活动并举，此时他的宪政梦已经破灭，虽然仍对国共之外第三势力的复兴抱有期望，但已经将精力全部转入学术研究之中，开始用英文写作他的《新儒家思想史》（*The Development of Neo-Confucian Thought*）。离开政坛以后，张君劢有了更多时间从事学术研究，基本上每天都去美国国会图书馆阅读和写作。正是在此期间，张君劢结识了当时在乔治敦大学读书、课余开出租车谋生的威廉·麦克诺顿（William McNaughton, 1933 – 2011）。当时麦克诺顿除了上课、开车，还经常去圣伊丽莎白精神病医院拜访庞德，跟他讨论现代派诗歌和儒学，帮他编辑《袭击》（*Strike*）期刊。张君劢读过庞德英译《大学》、《中庸》和《论语》，得知麦克诺顿认识庞德以后，便请求他引见庞德。

据麦克诺顿回忆，他第一次开出租车带张君劢去圣伊丽莎白医院拜访庞德是在 1953 年 11 月的第二个周二（11 月 10 日）。从那时到 1955 年 5 月，他带张君劢去同庞德会晤不下十次。（Qian, *Chinese Friends* 105）1953 至 1954 间年庞德正致力于创作《钻石机诗章》（*Section：Rock-drill*）。与张君劢初次会晤时，庞德虽已完成整部《钻石机诗章》的构思和其中个别诗章的起草，但离定稿还有一段时间，张君劢这位新儒家学者的来访无疑为他提供了一个与儒学行家当面切磋疑难问题的绝好机遇。

庞德对此心知肚明，这从他和张君劢之间第一次会面的谈话内容就可以看出来。不同于庞德和杨凤歧或庞德和方志彤，庞德和张君劢没有给我们留下大量往来通信。幸运的是，庞德和张君劢每次会面都有一个目击者，那就是开车接送张君劢、并陪同访谈的麦克诺顿。据麦克诺顿

---

① 刘义林：《张君劢评传》，第 38 页、第 184 页。
② 同上，第 193 页。
③ 郑大华：《张君劢传》，第 649 页。

回忆,张君劢和庞德第一次会面时,他们讨论了庞德的诗歌和论著,还谈论到美国第三任总统托马斯·杰斐逊。张君劢告诉庞德自己曾根据杰斐逊的理念为中国民国政府起草过一部宪法,它目前仍为台湾当局施行。张君劢和庞德之间的这次历史性会晤不仅有见证人,而且留有一份书面档案材料:耶鲁大学拜纳基图书馆还保存着那次会晤时,二人交流信息用过的一张手稿,其左侧有两行庞德的英文手迹,写的是他 1938 年论著《文化指南》的英文题目"Kulchur, or Ez' Guide to Kulchur"。手稿上半部正中有庞德中文手迹,写的是"止"、"靈"、"诚"三个儒家关键字。这三个儒家关键字底下是张君劢工整的中文签名("张君劢")、中文拼音签名("Chang Chun-mai")和英文签名("Carson Chang")。显然,在张氏离去后,庞德从《马氏汉英字典》第 4324 条查到了"劢"字,于是他在手稿右侧边缘又写下了"劢 4324",并在张君劢英文签名"Carson Chang"底下抄了一遍张氏的中文名("张君劢")。

麦克诺顿于 1965 年在耶鲁大学获得中国语言文学博士学位,其后帮助奥博林(Oberlin)、丹尼荪(Denison)和华拜西(Wabash)等美国高校开创了中国语言文学专业,1986 至 1998 年在香港城市大学执教 12 年,1999 年协助笔者发起并组织了以"庞德与东方文化"为主题、在北京举行的第 18 届庞德国际研讨会。他本人在那次研讨会上的发言题目就是"庞德与张君劢在圣伊丽莎白医院究竟谈了什么?"这篇论文经他修改后收入拙编《庞德的中国朋友》。麦克诺顿在 2003 年 11 月 28 日致笔者的回信中认可,以上提及的手稿为庞德和张君劢初次见面自我介绍时所写,庞德之所以写下《文化指南》,是因为他自认为这部论著最能代表他当时的文化观点。值得一提的是,庞德的《文化指南》一书的首页印有"一以贯之"四个汉字。庞德在同张君劢谈论《文化指南》时或许在某种程度上暗合了自己信仰和发扬的儒家之"道"。由此可见,庞德和张君劢之间的首次会面除了客套的寒暄之外,他们谈论的中心话题是儒学。

二、解"靈"何须系"靈"人

1953 年 11 月庞德给张君劢写下的三个汉字——"止"、"靈"、"诚",代表了儒家思想中的三个核心概念。其中"止"和"诚"在庞德囚禁圣伊丽莎白医院之前就已出现于《诗章》。"止"字最早用于《中国史诗章》开篇第 52 诗章结尾（*Cantos* 261），该字与"黄鸟"结合（"黄鸟止"）又出现于《比萨诗章》之六，亦即第 79 诗章（*Cantos* 507）。"诚"字曾单独用于《比萨诗章》之三，亦即第 76 诗章（*Cantos* 474）。至于"靈"字，那是庞德 1951 年读了《尚书》以后才撷取融入自己的儒学体系，《钻石机诗章》一连用了五次，《御座诗章》又用三次。如前所述，在 1953 年 7 月 6 日致方志彤的信中，庞德写了"民情大可见"五个汉字和一行英文："Our dynasty came in because of great sensibility."（Beinecke）这句英文译自《尚书》之《周书·多士》，后来成为《钻石机诗章》开篇第 85 诗章的母题。《钻石机诗章》用了大量汉字，第 85 章首页就用了"靈"和"止"二字，其中"靈"是《钻石机诗章》开篇第一个字，字号特别大；与《诗章》用到的其他汉字相比，该页"止"字的字号也大，仅次于同页的"靈"字。（同上 563）上述细节足以印证庞德何等强调"靈"和"止"这两个儒学概念。庞德对"靈"的重视毋庸置疑，它在第 85 章出现了四次（*Cantos* 563, 571, 572, 575），在第 86 章中又出现一次（*Cantos* 580），其中一次被直接界定为"统治的根基"（"basis of rule"）（*Cantos* 572）。

庞德儒学体系中"靈"字的含义主要来源于顾赛芬的拉丁—法—汉三语版《尚书》之《周书·多士》篇，对此学界已有公论。① 《周书·多士》记载了周公旦对殷商旧臣的讲话："尔殷多士，今惟我周王丕靈承帝事。"顾赛芬此句的法译文相当得体。② 庞德受其影响甚大，同一诗章第二次使用"靈"时，他直接在左侧援引了顾赛芬在《尚书》译本为《周书》部分所作的一个较长的法文脚注原文：" Les mœurs furent réformées, / la vertu fleurit (dans les État Etas de Wenn Wang) " (*Cantos* 571)，即"（文王的西周国中）风俗易，道德兴。"③

据耶鲁大学拜纳基图书馆保存的庞德《钻石机诗章》原稿所示，庞德第一次用到"靈"字时在左上角注上了拼音"Ling"，将上文那段顾赛芬的《尚书》译文转述为"Our dynasty came in because of a great sensibility"（*Cantos* 563）。在后面的篇章中，当"靈"字再次出现时，他重复了自

---

① Ronald Bush, "Late Cantos," in Ira Nadel, ed. *The Cambridge Companion to Ezra Pound*, p. 119；Christine Brooke‑Rose, *A ZBA of Ezra Pound*, p. 181.

② Seraphin Couvreur, *Chou King*, p. 285.

③ 同上，p. 171。

己这段转述的译文，而且更加直接地在"靈"字旁边注上英文翻译"sensibility"。

布鲁克-罗斯考证后指出，《马氏汉英字典》对"靈"的定义是"the spirit of a being which acts upon others"，顾赛芬对"靈"的法语定义是"intelligent, bon, âme d'un défunt"。① 可以看出马守真将"靈"的含义固定在"灵魂"一类概念上，他对"靈"字作出各种解释，但无论如何，核心定义离不开"精靈"（"spirit"和"soul"）。② 顾赛芬的定义较之全面，涵盖了"聪慧"（intelligent）、"贤明"（bon）和"死者的靈魂"（âme）这三大基本语义范畴。理雅各（James Legge）的英汉对照《尚书》将"今惟我周王丕靈承帝事"英译为"the sovereigns of our Chow, from their great goodness were charged with the work of God"。③ 对照马守真、顾赛芬和理雅各三家的翻译，我们发现庞德对"靈"字的处理有独特的见解。他既没有遵照马守真的定义，也没有采纳理雅各的翻译（goodness），同时还没有参照顾赛芬对那句话原文的法译文"grande bonté"（大善），而是用了一个新词"sensibility"来表意。

庞德将"靈"译为"sensibility"是经过深思熟虑的。他融会贯通、独立灵活处理儒家关键字还有一个更具说服力的证据，那就是在第 97 诗章再次使用"靈"字时，出乎意料地将之与孔子一贯提倡的"仁"（benevolence）相提并论：

　　出自于　ling　靈
　　　　　　　　　仁
　　（*Cantos* 695）

众所周知，庞德在翻译儒家经典时经常会别出心裁地拆解象形字和表意字，庞德在处理"靈"字时也不例外。他在《钻石机诗章》中将其译为"sensibility"，但是进入《御座诗章》后却不再死板沿用此解，比如在第 104 诗章中他先将读者的注意力集中到"靈"字下半部的"巫"字（*Cantos* 758），50 多行后将读者的注意力引导到"靈"字的上半部

---

① Christine Brooke-Rose, *A ZBA of Ezra Pound*, p. 181.
② Robert Matthews, *Matthews' Chinese-English Dictionary*, p. 586.
③ James Legge, *The Chinese Classics*, vol. 3, p. 458.

"靊",并将其解为"under the cloud/ the three voices"(*Cantos* 760),亦即"云雨"和三个会讲话的"口",恰好抓住了《尚书》中体现的顺应天意、顺应自然的儒家思想。庞德把"止"、"靈"、"诚"三个字放在一起,并非偶然,代表着他在此阶段对儒家思想的连贯理解:明君应善于感受天意、敬畏自然,知道何时"适可而止",这就是最大的仁。

由此可见,无论张君劢在首次会面或其后的交流中给庞德作了什么正统的解释,他依然会秉承诗人的天性,凭借自己对中国象形文字的敏锐直觉对其进行拆解和重组,在运用英文时他绝不会为汉字直译的绳矩所束缚。在庞德看来,解"靈"未必一定需要完全遵从张君劢等熟悉其背后政治与道德符码的中国系"靈"人。

三、"亦尚一人"

据麦克诺顿回忆,在一次会晤中庞德向张君劢感慨道:"只要有四个真正的儒学传人同心协力,他们就可以拯救中国。"张君劢听了含笑答曰:"四个?一人足矣。"(Qian, *Chinese Friends* 105)接着他就援引儒家经典详细阐释了自己的观点。张君劢的博学和机智给庞德留下了深刻的印象。那次会晤结束时他嘱咐麦克诺顿:"下次再带他过来。他不仅健谈,而且用词得体。"(Qian, *Chinese Friends* 105)张君劢和庞德会面多次,麦克诺顿在《回忆录》里透露,张君劢知道庞德研读过《尚书》,并且在用它作底本撰写《钻石机诗章》,访谈中特意引用《尚书》最后一篇"秦誓"的最后一句来巧妙地回应庞德的治国平天下理念。从麦克诺顿回忆的这段对话,我们可以看出张君劢征引庞德本人正在研究的儒家经典语句来回答他关于天下治乱的问题,其才情与智慧跃然纸上。

庞德与张君劢之间的这段中西对话揭示了《钻石机诗章》第86章两行诗的隐含成因:"亦/尚/一/人 it may depend on one man"(*Cantos* 583)。在此句的下文中,庞德围绕着"亦尚一人"一语对欧洲近代史上个人与时势间的互动关系发表了议论:"如爱德华三世/和冯·赫施通了电话/带来三年的太平。"("as in the case of Edwardus/ and von Hoesch on the telephone/ to good for three years…")(*Cantos* 583)这里,庞德引用了相传时任德国驻英大使里奥波·冯·赫施(Leopold von Hoesch)和在位仅一年的英国国王爱德华三世(Edwardus)通过电话沟通使第二次世界大战推迟三年爆发的轶闻。① 庞德接着就提到德国"铁血宰相"俾斯麦，他的治国方略致使"1870年之后欧洲无战事"。（*Cantos* 583）俾斯麦通过普法战争等一系列大战铸就了德意志帝国的辉煌，庞德或许对此深有感触，他在俾斯麦名字底下写上了一个儒家的核心字"义"。与此形成鲜明对照的是，1940年在给杨凤岐的信中，庞德曾引用《孟子》名言"春秋无义战"阐述自己的反战思想。经过了十余年的思考，庞德似乎对战争有了新的认识。

在《钻石机诗章》的这段章节中，庞德一再重复引用了儒家思想体系的核心概念"忠"、"义"、"信"等。庞德这些诗行涉及的主体部分其实是儒家思想中关于"外王"的道德与政治愿景。而此时的张君劢兴趣似乎已不在此。张君劢在中国大陆为了"外王"而"奔竞数十年"②，曾经试图在儒家文化的基础上引入西方宪法。如今他的宪政梦早已破灭，流落异国他乡之后，知道既然无法兼济天下，或许唯有独善其身才能慰藉平生。20世纪50年代以后的张君劢关注更多的是"让精神聚向'内圣'"③。麦克诺顿的《回忆录》对于理解庞德《钻石机诗章》"亦尚一人"部分的解读有很大的贡献，拓展了我们对这段诗行及其写作背景的感性认知。

熟悉《尚书》的读者都知道"亦尚一人"句源于"秦誓"篇末秦穆公的罪己诰辞："邦之杌陧，曰由一人；邦之荣怀，亦尚一人之庆。"此话大意是说国家的危机动荡常归因于一人，国家的繁荣昌盛常归功于一人。值得注意的是，秦穆公说这段话的历史背景是秦国刚打了败仗，起因在于他刚愎自用，不听蹇叔和百里奚的极力苦谏，执意驱使秦军劳师动众地远征郑国，结果大败而归。张君劢和庞德之间以文会友的对话属于麦克诺顿的口头叙述，张君劢留下的档案材料里没有提及此事，我们已无法确定张君劢说这句话的具体用意所在。然而，这句话却启发了庞德。继第86诗章之后，他又屡屡强调"一人"在世界历史关键时刻起的决定性作用。第89诗章提到了1861年主持华盛顿和平会议以调解南北方分歧的美国第十任总统约翰·泰勒（John Tyler）：

---

① Carroll Terrell, *A Companion to the Cantos of Pound*, p. 484.
② 黄克剑：《张君劢先生小传》，第11页。
③ 同上。

泰勒先生
　　　i　　一
　　　jin　人（Cantos 620）

第 94 诗章追溯到公元前一世纪希腊哲学家阿波罗尼乌斯（Apollonius of Tyana）及其传记（*The Life of Apollonius of Tyana*）第 5 章所述"一人"统帅的政府亦可实行民主政治：

理论组织没什么特别
　　　一
　　　人
第 5 章第 35 节值得一读（Cantos 659）

第 95 诗章又把目光投向中国和北欧：

尧的担忧：谁接帝位
　　　一
　　　人
三年太平全仗温德瑟官
1936—1939（Cantos 664）

谁能预料到庞德与张君劢一段随意的对话会引出这么多议论，而这些议论又构成了支撑《钻石机诗章》母题的一个主旋律。

四、还儒归孔与新儒学

庞德和张君劢对儒家思想的理解有巨大分歧。首次会面时，庞德毫不隐讳自己对张氏所提倡的"新儒学"的不以为然，直言希望"还儒归孔"（"Confucianism as Confucius had it"）；张氏反对一成不变地看待儒学。而作为旁观者的麦克诺顿则认为在二人交谈中，张氏其实是更正统的儒家学者。（Qian, *Chinese Friends* 97）庞德和张君劢围绕着儒家思想讨论了很多话题，二人虽然对儒家思想都推崇，都主张发扬光大，但理解却不一样。庞德尊崇孔孟之道的原初状态,而轻视后来朱熹等众多儒家学者在新时期对儒学的进一步拓展。早在1941年11月7日,庞德就向杨凤岐阐述过自己的观点:"我认为真正的传统是孔子—曾子—孟子。其他人都是无关紧要的,他们很有意思,但是并非直系嫡传"(Qian, *Chinese Friends* 38)。在这里,庞德将自己对儒家思想脉络的理解表述得很清楚,他将孔子、曾子和孟子形成的儒家正统奉为圭臬,而将朱熹等人的"新儒学"与正统儒家思想区别开来。1951至1952年,方志彤劝说庞德将阅读范围扩大到《四书》之外,然而庞德却不改初衷,读完了《十三经》之后,他仍称"一切答案尽在《四书》之中"(Qian, *Chinese Friends* 56)。庞德始终恪守自己所体悟的儒家思想,此次会面中,他就非常直率地告诉张君劢,自己秉持的是孔子本人及嫡传弟子倡导的儒家思想,"对后来的多次扩容(later dilations)不感兴趣",想要做的是"还儒归孔"(Qian, *Chinese Friends* 105)。

毫无疑问,庞德所说的"扩容"包括了朱熹经过理学观念改造的新儒学。庞德的上述观点当然遭到了张君劢的强烈反对,因为张君劢推崇的是以宋明理学为框架,以中国传统文化为根基,融合西方哲学传统,关注现代社会问题的新儒家思想。会见庞德之际张君劢正在夜以继日地写作自己的扛鼎之作《新儒家思想史》。在1953年11月14日和1957年3月30日两封致庞德的信中,张氏都提到了自己那部研究宋明理学的专著《新儒家思想史》。(Qian, *Chinese Friends* 102,103)在该书《前言》开头,张氏就开宗明义,解释"为什么要在这个时候写一部讨论新儒学思想的著作"?他陈述的两大原因其一似乎就是针对庞德讲的:

> 由世界上发生的诸事端看来,西方学者对于中国的研究,应当从一新的观点再作考虑。而以相当公平的态度来说,我以为到如今为止,研究中国的方法,是相似于研究古希腊、罗马和埃及,即以她为一断绝的文明来看待她!而那个怪字"汉学"(Sinology)的存在,似乎暗示着是在对这个文化做"验尸"的工作(Post-mortem examination),亦即表示西方学者相信中国文化在今日已不再有生命了。不消我说,这样的做法是错误的,而且是危险的。中国籍著许多以不断发展的鲜明历史产生强烈自觉,而使文化变得生机蓬勃;

它是一个生命体，而不是一个博物馆。①

在这部英文专著中，张氏还对西方人士解释了"新儒家"中的"新"字的用意："虽然新儒学的根基是在孔子，然而却在完全新的环境中成长。"② 而在《前言》的结尾处他又特意讨论了新时期西方哲学思想对儒家思想的冲击。他警醒世人，西方在19世纪对中国冲击的"毁灭性的企图"，使得中国的传统的价值被搁置下来，或甚至失去其自身的同一性，他尤其反感西方学者"在研究中国历史时采用一种一厢情愿的以博物馆中的死物为材料所需要的研究方法"③。张君劢为何在《新儒家思想史》中强调西方对儒家思想的冲击，并反对将儒学当作"博物馆藏品"来供奉，原因诸多，其一就是为了纠正庞德之辈的误导。庞德"还儒归孔"的主张无疑促使张君劢进一步审视儒家思想在新时代面临的危机，并思考如何在西方文化的冲击下重新焕发其生机与活力。

耶鲁大学拜纳基图书馆所藏1953年11月14日张君劢致庞德函显然写于二人初次会面之后。张氏在此函中赞赏庞德将儒家典籍纳入美国大学教材的主张，声称自己要写一篇文章，向中国读者介绍庞德的儒家思想。他的许诺后来并没能兑现。随信张氏还给庞德寄去一篇论述王阳明的新著。（Qian, *Chinese Friends* 102）此文内容似乎应当与《新儒家思想史》第十七章一致。④ 只需引其一段，即可揭示张氏赠文的用意。他是想说明，新儒家并非庞德所认为的那样，一概反对恢复孔孟之道的本意，明代最大的新儒家王阳明就是一个例证。

> 阳明先生撰写《朱子晚年定论》的目的，也是表示他的反对态度。换句话说。他希望恢复《大学》古本。但是，除非读者先了解朱子以往对此一古本的处理态度，否则，是不会了解此一大胆尝试

---

① 张君劢：《中国现代学术经典：张君劢卷》，第3页。《新儒家思想史》英文版上册（*The Development of Neo-Confucian Thought*）1957年在美国出版，1963年刊印其下册。程文熙译该书合集于1986年由台北弘文馆印行。1996年该译著收入《中国现代学术经典：张君劢卷》。本书所引张君劢皆出此卷。

② 张君劢：《中国现代学术经典：张君劢卷》，第23页。

③ 同上，第5页。

④ 见该书英文版下册（1963）；亦见张氏著英文版《王阳明》（*Wang Yang-Ming*, 1961）之第二章。

的意义何在。朱子曾将《大学》分为十章。当他分别第五章时，认为其中讨论"格物"之义的一段已失去了。因此，他插入新的一章来解释"格物"及"致知"。

可是，阳明先生历来认为朱子所谓第五章遗失的假设是错误的。他还认为朱子分《大学》为十章也是不必要的。根据阳明先生的解释，《大学》文义是前后一贯的，并没有中断的痕迹。至于所谓失去的第五章，他认为《大学》中讨论诚意的一段足以解释这一假设的章节；因此，他认为朱子的补充是多余的。①

庞德读了张君劢的这段文字有何反应？我们无从考证。但是，张氏在该文中总结的王阳明的"灵明"之说似乎对庞德有影响。张氏写道："天地间有灵明之说乃阳明先生的基本信念。人居于天地之中，与超感觉的世界及自然世界都有密切的关系，天地与人合二为一。"② 庞德与张君劢初次会晤时探讨得最多的儒家关键字，不会是庞德以前用过的"诚"字或"止"字，而很可能是他准备要用的"灵"字。作为王阳明研究专家，张氏应该会从王阳明的"灵明"之说出发，阐释儒家"灵"字的含义。庞德舍弃马守真、理雅各、顾赛芬三家之说，不取"灵魂"、"贤明"、"聪慧"之义，而用"sensibility"来译"灵"字（见1953年7月6日庞德致方志彤信）固然先于同张君劢初次会晤（1953年11月），但张氏阐释"灵明"时所用"intuitive knowledge"亦摈弃了马守真、理雅各、顾赛芬三家之说。③ 更值得注意的是，《御座诗章》其二（第97诗章）出现的"灵"，同时与自然世界（天地）、与儒家核心观念"仁"、与佛教中慈悲和智慧的象征观音叠加：

> 来自自然的符号，
> 恰如圣马可旁的小狮．出自于 ling 靈
> 仁
> 观音，沿着金轨，
> 航行在天河，火焰在空中闪烁（*Cantos* 695）

---

① 张君劢：《中国现代学术经典：张君劢卷》，第309页。
② 同上，第290页。
③ Carsun Chang, *Wang Yang-Ming*, p. 14.

那样的三重叠加不像是《周书·多士》的思路，倒像是张君劢阐释的王阳明"灵明"之说："人居于天地之中，与超感觉的世界及自然世界都有密切的关系。""靈"字出现于第 104 诗章时，诗人更进一步让我们从中看到了"云雨"底下三个开口说话的人（"three voices"）和"巫"（*Cantos* 760），似乎与王阳明所谓"天地之间的靈"一致，从而想到他所强调的"天地和人合二为一"。

张君劢给庞德赠文半年后，庞德也给张氏推荐了他欣赏的西方哲学名著。耶鲁大学拜纳基图书馆藏有一封庞德 1954 年 5 月 23 日托人传递给麦克诺顿的短笺，短笺中庞德嘱咐麦克诺顿，"该带张君劢来了，来前让他读点真正的西方作家理查德·圣维克多（Richard of Saint Victor）的著作"（Qian, *Chinese Friends* 106）。这位 12 世纪苏格兰哲学家曾屡屡出现于《诗章》中，第 85 诗章甚至把他与但丁并列："但丁，脱颖于圣维克多（理查德）。"（*Cantos* 566）然而，正如张君劢未能改变庞德"还儒归孔"的主张一样，庞德推荐的圣维克多也未能动摇张君劢追求新儒学事业的恒心。

张君劢与庞德之间的影响是双向的，如果说庞德在一定程度上促使张君劢进一步思考西方文化与儒家思想之间的关系，那么张君劢同样对庞德的儒家思想理念产生了直接影响，并将这些影响体现在庞德这一时期创作的文学作品《诗章》之中。张君劢给庞德的第二封信写于 1955 年 3 月 15 日。张君劢此前去旧金山住了一段时间，未与庞德谋面，在信中他向庞德打听麦克诺顿的下落，并致意希望有机会再次拜访庞德（Qian, *Chinese Friends* 102–103）。张君劢于 1957 年 3 月 30 日写给庞德的第三封书信像是老朋友之间的叙旧，他提到自己关于新儒学的专著即将出版，目前在斯坦福大学继续作研究，允诺的介绍庞德的文章尚未起笔。在书信后半部分，张氏从司马迁《报任安书》中著名的段落——"文王拘而演周易，仲尼厄而作《春秋》"，说到司马迁在狱中写作《史记》，藉此鼓舞庞德士气。书信结尾处他写道："由上述事例可以看出，您如今的处境昭示着您的伟大。谨祝您祥和安康。"（Qian, *Chinese Friends* 103）庞德通过张君劢进一步了解到儒家思想在中国学界研究与发展的近况。不仅如此，张君劢在 1955 年 3 月 15 日致庞德的书信中还提到《世界日报》华裔编辑郭长城（C. H. Kwock）曾将自己在旧金山所作的关于儒家思想系列报告的英文版邮寄给了庞德（Qian, *Chinese Friends* 102）。张君劢的这一系列演讲后来由台北华国出版社集结出版，名为《义理学十讲纲要》。①

郭长城1955年2月5日致庞德短笺显示，此前庞德曾给郭氏去信询问张君劢《义理学十讲纲要》为何还用理雅各的儒家翻译。郭长城所给的理由是张氏讲演时手头只有理雅各的版本。（Qian, *Chinese Friends* 104）这里应当指出，即使张氏有庞德的儒家翻译，他也不见得会引用，因为他曾率直地批评过庞德，说他用"词源分析法"释词做过了头。（Qian, *Chinese Friends* 106）麦克诺顿在《回忆录》中记载的张氏举的一个例子是《论语·泰伯篇》第二节"君子笃于亲"，庞德将其翻译为"Gentlemen 'bamboo-horse' to their relatives"。在英译中把"笃"字拆解为"竹"和"马"是张氏所不能接受的。（同上）

据麦克诺顿回忆，张君劢曾邀庞德为其《新儒家思想史》做序，庞德欣然同意。庞德后来确实写了一篇代序，麦克诺顿记得庞德在他那篇仅一页长的代序中写道，这是一位遥见飘拂的树叶拍手称好的思想家的佳作，读者早睹为快。张君劢以为庞德的代序"诗意"有余、学术气不足，未予采用。

和多数二战后流落海外的华人一样，张君劢在美国并无固定收入。作为一个儒家知识分子，他深谙立言与立行之道，因而在政治上始终不渝地追寻宪政梦，在学术上力图振兴儒家思想。他拒绝了来自国民党方面的经费资助，他的生活来源"除了稿费以外，主要靠朋友接济"②。在生活困顿之际，幸好旧金山《世界日报》聘用他撰写社论，向该报大力推荐张氏的是华裔编辑郭长城。郭长城长年致力于在北加州湾区复兴孔教会，还曾代表《世界日报》向庞德索稿，庞德给他寄去一警句："孔子之于中国如水之于鱼。"1954年9月23日为纪念孔子生辰载于《世界日报》。在郭长城的支持下，年近古稀的张君劢得以为《世界日报》撰写文章赚取稿费。张君劢得知在美国成为永久居留人士只要工作一年半，并缴纳社会福利金就可以享受养老金③，于是坚持为《世界日报》写作，这在无形中对他的健康造成了损害。晚年的张君劢仍然笔耕不辍，在美国、德国、香港、日本、新加坡等地演讲，出版了多部学术作品，甚至

---

① 刘义林：《张君劢评传》，第194页。
② 刘义林：《张君劢评传》，第193页。
③ 郑大华：《张君劢传》，第648页。

还创办杂志,对新儒学在近代的兴盛起到极大推动作用。1969年2月23日,年逾八旬的张君劢在旧金山柏克莱养老院病逝。

五、结语

庞德和张君劢为复兴中国儒家思想走到了一起,在交往中他们却各自坚持固有的理念。张君劢之所以要依据宋明理学框架来发展孔孟之道,其目的在于将儒学的继承发展以及产生作用的模式放置在现代中国的历史范畴内进行思考,他讨论的是"再生的儒家或儒家的文艺复兴"①。张君劢需要解决的问题是中国儒家思想的重德和西方文化的求知之间的断裂,其要旨在于促使中国儒家传统吸纳西方文化成果的同时反对进行根本性的"西化"变革,这从他在"科玄之争"对科学主义的批判即可见端倪。1958年元旦,张君劢与牟宗三、唐君毅、徐复观在香港《民主评论》上联名发表新儒学史上著名的《为中国文化敬告世界人士宣言》。这四位学者之所以在这个时候联名发表宣言,就是因为西方学者对新儒学的误解流传已广,当代新儒家不能再袖手旁观。在张君劢看来,一直对新儒学不屑一顾的庞德就是西方学界持有这种成见的一个典型例子。

庞德主张"还儒归孔"或许并非完全出于他对孔子的个人崇拜。庞德生于斯长于斯的是美国文化。或者更准确地说是西方文化,西方历史文化语境决定了他并不需要一个架构完整但过于繁复的儒学理念体系,他需要的仅仅是最能代表中国(东方)文化智慧的某些最具代表性并且可以在最大程度上对西方文化范式产生冲击的哲学理念符号。庞德一再坚称的"还儒归孔"主张恰恰可以帮助他达到这一目的。庞德所坚持的"还儒归孔"在中国人看来似乎难以理解,但如果从这个角度换位思考,便可以理解他所施行的不过是我们曾秉持的"西学为体,中学为用"思想反其道而行之的美国式文学实践而已。

从表面现象看,在二人的对话中庞德始终坚持了"还儒归孔"的原则,并试图以此影响张君劢。然而,事实上还是张氏的新儒家思想潜移默化影响了庞德。张氏的影响不仅表现在第86、89、94、95诗章所用源于儒家经典的"亦尚一人"典故,而且还表现在庞德或多或少采纳了张

---

① 张君劢:《中国现代学术经典:张君劢卷》,第9页。

氏所阐释的新儒家王阳明的"灵明"之说，以"灵"为纲，统领《钻石机诗章》。更重要的是，自《钻石机诗章》以后，庞德不再坚持将新儒家对孔孟之道的一切"扩容"排斥在外。庞德不会承认自己抛弃了"还儒归孔"。但是，如果我们把目光转向《御座诗章》，尤其是其中的第98、99诗章，就会发现这里他用作创作的底本的既不是《四书》，也不是《五经》，而是康熙、雍正融汇新儒家思想所颁行的《圣谕广训》，朱熹之言又为多次引用。其实，庞德早在1950年即已从洛杉矶书商威利斯·哈莱那里购得《圣谕广训》，直到1957年才用此书，绝非偶然。要是没有同张君劢的对话，庞德恐怕不会如此重视这样的儒家"扩容"。

在与张君劢的交往中，我们又一次目睹了一个"动态的"庞德，"在学习、质疑、争辩中认知中国"的庞德。[①] 从二战初至上世纪50年代中，庞德的儒家思想在不断修正。正如蓝峰在《文化氛围中的庞德》"孔子"条中所总结的："尽管他一再说要'还儒归孔'，庞德从不把儒学当做一套一成不变的教条。恰恰相反，他把它视为需要适应不断变化的世界而不断修正，或按其格言'日日新'的，有生机的真理和智慧。换言之，庞德既是一个正统的儒者，也是一个主张更新的儒者。"[②] 庞德能成为这样一个儒者，与他在不同时期同多位中华才俊的交往分不开。他和张君劢之间所展开的既有分歧又有暗合的交流就是其中的重要一环。

---

① Nick Selby, "Ezra Pound's Chinese Friends," *Times Higher Education* 5 June 2008.
② Lan Feng, "Confucius," in Ira Nadel, ed. *Ezra Pound in Context* (2010), p. 327.

第六章 《马典》无"燊"
——王燊甫和庞德《诗章》中的《圣谕广训》

王燊甫，摄于 1955 年（美国达特茅斯学院图书馆提供）

第六章 《马典》无"燊"——王燊甫和庞德《诗章》中的《圣谕广训》

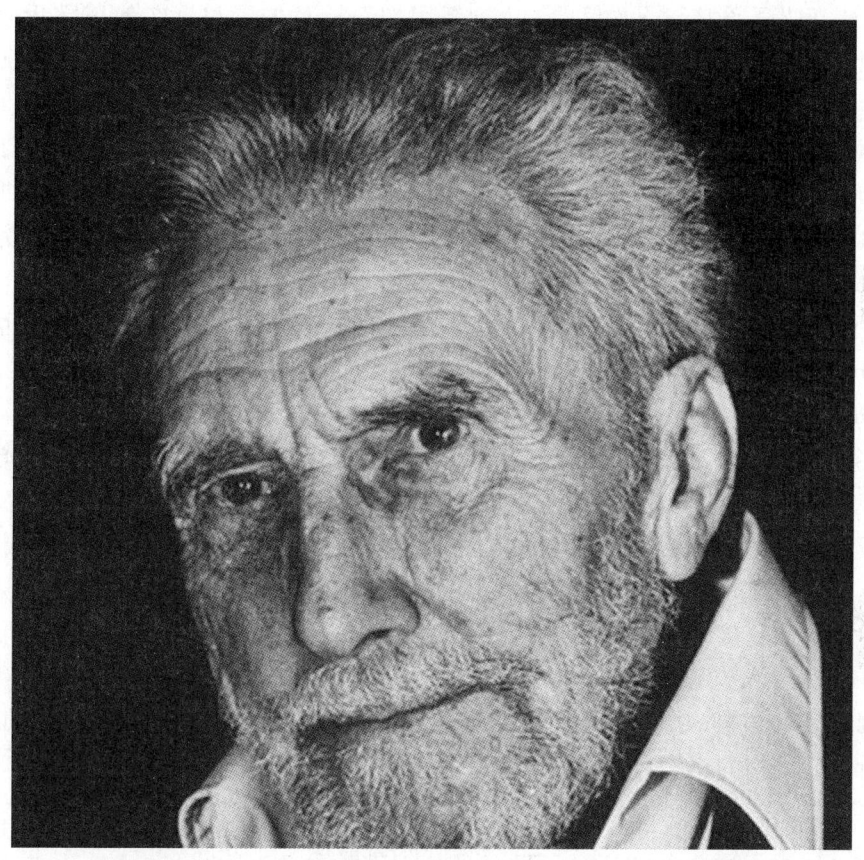

庞德，1955 年前后摄于圣伊丽莎白医院（玛丽·德·拉齐维尔兹提供）

继《钻石机诗章》之后庞德又用了三年时间创作下一部诗章，这就是1959年12月7日同时在米兰和纽约问世的《御座诗章》(*Thrones de los Cantares XCVI – CIX*)。1956至1958年，因为其学术版《诗经》出版一再拖延，庞德与方志彤的关系开始疏远，而张君劢此时已离开华盛顿。庞德手头有一本1907年版英国传教士鲍康宁（F. W. Baller）编译的康熙—雍正《圣谕广训·白话译本》，想用作新诗章的素材。在他正愁无人解答种种疑惑之际，一位中国青年诗人给他来信表示敬慕，要求做他的学生。这位青年诗人叫王燊甫（1931—1977），刚从新罕布什州达特茅斯学院毕业，正在就职和继续深造的十字路口彷徨。既然王燊甫要求找活干，庞德就让他翻译鲍康宁没有翻译的雍正半文言的《圣谕广训》，并向他请教早清的历史、政治和文化。庞德与王燊甫就有关话题的讨论为《御座诗章》之第98至99诗章作了必要的准备。

上世纪70年代与王燊甫一起在新墨西哥大学教书的休·惠特麦厄（Hugh Witemeyer）于1975年首次撰文透露王氏与庞德的频繁交往。1986年，他又在《王燊甫的奇特历程》（"The Strange Progress of David Hsin-Fu Wand"）一文中介绍了王燊甫的文学和政治活动，包括王燊甫1955至1958年与庞德的交往、1957至1961年与威廉斯的翻译合作以及1977年的意外死亡。这两篇文章为研究庞德与王燊甫的合作打开了一扇窗户，但二者的交流对《御座诗章》有何具体贡献至今未见有人探索。[①]本章拟从《庞德的中国朋友》收录的庞德——王燊甫往来信件和现存耶鲁大学拜纳基图书馆、未曾发表的二人往来信件出发，对照相关资料和相关诗章文本，挖掘、还原庞德和王燊甫之间被遗忘的合作交流史，探析他们之间的交流对《御座诗章》生成的意义。

一、《御座诗章》

庞德把第96至106诗章命名为《御座诗章》(*Thrones*) 含义深远。英语中"throne"一词在世俗的层面直指君主、权贵的王位、宝座，借指宝座上的君主和宝座所象征的王权、君权；在宗教的层面直指教皇或主教的宝座，借指上帝或耶稣的宝座、御座，如《圣经》的《马太福

[①] 有关王燊甫与威廉斯的翻译合作参见拙文《威廉斯的诗体探索与他的中国情结》，载《外国文学》2010年第1期。

音》23. 22 节中所指的"上帝之座"（Throne of God）和《启示录》20.11 节中提到的"洁白的大御座"（the Great White Throne）。而"Thrones"（首字母大写、复数形式）则特指中世纪天使学（angelology）认可的九级天使中的第三级天使。① 在但丁《神曲》的天堂篇中，但丁被贝阿特丽切引导着游历天堂九重天，在上升到原动天（Primum Mobile）后，但丁看到有九个火环围绕着一个明亮的光点旋转。贝阿特丽切告诉他九个火环由九级天使团组成，按照与天主（中心光点）的接近程度划分九品，最接近上帝的是一级天使，依次从高到低的排列顺序分别是炽爱天使（Seraphim）、普智天使（Cherubim）、御座天使（Thrones）、宰制天使（Dominions）、崇德天使（Virtues）、大能天使（Powers）、统权天使（Principalities）、总领天使（Archangels）和奉遣天使（Angels）。② 御座天使因最靠近"上帝之座"而得名。但丁在天堂被告知：凡界走上歧途，是因为无人管治。③ 在《神曲》中，御座天使是"反映圣裁的光灵"，上帝的正义和权威的化身，就如同"无数面镜子"，把上帝的永恒之光、上帝的智慧、上帝无穷的力量传送到为其所创造的万物中。在托马斯·阿奎那（Thomas Aquinas）的《神学大全》（*Summa Theologica*）里，御座天使是天堂与尘世、上帝与人类的联系人，负责传达神的旨意，维护真理、正义和智慧。④

众所周知，庞德的《诗章》在整体架构上以但丁的《神曲》为摹本。1903 至 1905 年庞德在美国汉密尔顿学院就读时，就酝酿模仿但丁的《神曲》（地狱—炼狱—天堂）三部曲结构创作一部长篇史诗，但 1915 年以后才真正着手创作。⑤ 从 1917 年开始，庞德陆续发表《诗章》。上世纪 30 年代末、40 年代初随着《利奥泼德诗章》、《中国史诗章》、《美国开国元勋亚当斯诗章》以及一些经济论著的完成与发表，庞德告诉友人"我的工作或部分工作（历史上的钱币经济学）快要完结，出于个人原因要着手处理哲学或我的'天堂'问题"⑥；"从第72 诗章开始，我们

---

① "throne, n." OED Online, Oxford University Press, 15 October 2012 〈http://www.oed.com/view/Entry/201349? rskey = FSx6Ti & result = 1〉.
② 但丁：《神曲》，第 433 页。
③ 同上，第 413 页。
④ Thomas Aquinas, *Summa Theologica*, pp. 977 – 80.
⑤ David Moody, *Ezra Pound: Poet*, p. 24.
⑥ Ezra Pound, *Selected Letters*, p. 331.

将进入最高天（Empyrean）"①。1944 年，庞德再次声称"要创作出一部史诗，这部史诗始于黑暗的森林，经过人类罪恶的炼狱，最终走向光明"。②

但二战的爆发打乱了庞德的写作计划。因为他在罗马电台发表亲法西斯、反犹主义的言论，战后他被捕关押在比萨的美军训诫中心（DTC），遭到叛国罪的指控。在比萨"炼狱"般的环境中，庞德写出了《比萨诗章》。1945 年 11 月，庞德被押送回美国，因精神病专家判定他精神失常而被送进华盛顿的圣伊丽莎白精神病院，直到 1958 年才重获自由。在此期间他创作了《钻石机诗章》（*Rock-Drill de los Cantares LXXXV - XCV*）和《御座诗章》。

在 1960 年与美国诗人霍尔（Donald Hall）的一次访谈中，庞德指出："我没有严格遵循《神曲》的三部曲结构。在一个科学实验的时代你不可能套用但丁的宇宙模式。不过我对三类人进行了区分：被情感支配的人、挣扎向上的人、具有一定神启的人。但丁'天堂篇'中的御座，是为政治贤明之士的灵魂而备，而《诗章》中的'御座'试图超越自我，在世间建立某种可行的或至少可以构想的'秩序'……有些人负有比个人行为更大的责任，《御座诗章》关注这些人的心灵。"③ 由此，彼得·梅金（Peter Makin）指出了"御座"的多重涵义：（1）管治的天使；（2）正义的光灵；（3）这些正义光灵的居所；（4）上帝的御座。④

如果说《比萨诗章》折射了庞德二战后身陷囹圄"炼狱"般的痛苦，从《钻石机诗章》开始，庞德便致力于构建"天堂"，在第 94 诗章中，他对《御座诗章》作了预言：

  那将有关御座，
    正义：凌驾之上⑤
  (That it is of thrones,
    and above them: Justice) (*Cantos* 660)

---

① 转引自 James Wilhelm, *The Tragic Years*, p. 163.
② Ezra Pound, *Selected Prose*, p. 167.
③ Donald Hall, "Ezra Pound: An Interview," *Paris Review* 28 (1962): 49.
④ Peter Makin, *Pound's Cantos*, p. 278.
⑤ 庞德《诗章》的排版格式、字形、字体均有深意，为传达诗歌原有特色，引用原文有时照抄于译文后。

但《御座诗章》中的"天堂"不是但丁式宗教意义上的、抽象的天堂，而是具体的、可以从欧美历史或中国历史中借鉴的"人间天堂"。就像把上帝的"圣裁"传达给凡界的御座天使，《御座诗章》从人类早期的历史文献中发掘"神启"的智慧和真理，构建以公正、秩序为核心的"理想社会"，就如庞德想象中的拜占庭王国、康雍盛世和英格兰王国。

庞德在《御座诗章》中考察了拜占庭王国的《总督书》、东罗马帝国的《查士丁尼法典》、戴尔玛的《货币制度史》、中国清朝的《圣谕广训》、爱德华·寇克的《英格兰法提要》等历史文献，对比东西方明君和贤士的治国之策，提出对"理想社会"和"人间天堂"的构想。

二、《圣谕广训》

清代初期为了巩固政权，统治者接受了一批有识之士的劝谏，开始大张旗鼓地实行以"尊孔崇儒"为核心的"汉化"政策，力图安抚天下。顺治九年（1652），顺治帝借鉴明代治国经验，把朱元璋的"圣谕六言"——"孝顺父母，尊敬长上，和睦乡里，教训子孙，各安生理，勿作非为"作为教化军民的准则，颁行全国。顺治十年（1653），礼部遵旨将"崇儒重道"——定为基本国策。① 康熙九年（1670），康熙帝把"圣谕六言"发展为"圣谕十六条"：

> 敦孝悌以重人论；笃宗族以昭雍睦；和乡党以息争论；种农桑以足衣食；
>
> 尚节俭以惜财用；隆学校以端士习；黜异端以崇正学；讲法律以儆愚顽；
>
> 明礼让以厚风俗；务本业以定民志；训子弟以禁非为；息诬告以全善良；
>
> 诫匿逃以免株连；完钱粮以省催课；联保甲以弭盗贼；解仇忿以重身命。②

---

① 张仁善：《礼·法·社会》，第41页。
② 周振鹤：《圣谕广训：集解与研究》，第507页。

"圣谕十六条"每条七字，简洁工整，既延续了"洪武六言"涉及家庭伦理、宗族和睦、乡党秩序等儒家修齐治平的基本思想，又拓展了儒家有关经济、教育、宗教、风俗、法律的传统主张，对维护社会安定、加强统治起到了重要的作用。

　　雍正帝即位次年（1724），就康熙"圣谕十六条"，逐一"寻绎其义，推衍其文，共得万言，名曰圣谕广训"（后简称《广训》），颁行天下，成为清朝政府的治国之本。为推行"圣谕"落实，还专门制定了宣讲制度，各级官员皆应每月两次（朔望或初二、十六）对百姓进行"圣谕宣讲"。雍正《广训》包括一篇序言和十六篇短文，虽然用半文半白写成，很多平民百姓依然听不太懂，于是地方上又出现各种解释《广训》的通俗作品。这些口语化的《广训》版本，极便于宣讲时所用，让平民百姓得以了解"万岁爷的意思"，因而被各地官员反复刻印，种类极为繁多，其中最有名的是的《圣谕广训衍》和《圣谕广训直解》。

　　《圣谕广训衍》（后简称《广训衍》，"衍"意为白话解释）的作者是清朝官员王又朴（1681—1760）。王又朴，字从先，别号介山，出生于扬州，后迁居天津，康熙庚子举人，雍正元年进士，为官勤恳，学问精深，著有《易翼述信》、《孟子读法》等多部文集。① 《广训衍》为雍正丙午年（1726）其任"陕西都转运盐使司运同"时所作，以通俗易懂、明白晓畅的白话文写成，深受欢迎。② 《圣训广训直解》（以下简称《直解》）一书作者佚名，为咸丰即位初所敕颁（1850）。③ 一百多年之后刊行的《直解》明显以《广训衍》为底本改写而成，但跟《广训衍》相比，更有文言味，且更提倡愚孝愚忠。有学者提出"《直解》的刊行恐怕是有意来代替《广训衍》"的。④

---

① 王又朴：《王介山自定年谱》，第 13—80 页。
② 加州大学伯克利分校图书馆电子图书中可查到一个嘉庆五年（1800）左宝翰楼梓行的刻本，内有贵州巡抚布政使常明序，并附有王又朴的跋，说明其著书起因，落款时间是"雍正丙午年仲夏"。另耶鲁大学图书馆藏有嘉庆十三年（1808）年的刻本。转盐运使司盐运使，官名，始置于元代，设于产盐各省区，明清相沿，简称为盐运使或运司；其下设有运同、运副、运判、提举等官。
③ 廖振旺指出该书末所附上谕重申《圣谕广训》为"课读讲习之要"，"署其日期为道光三十年十二月十二日，然当时道光已驾崩，故实为咸丰所发上谕"。廖振旺：《万岁爷意思说》，第 232 页。
④ 周振鹤：《圣谕广训：集解与研究》，第 607 页。

第六章 《马典》无"燊"——王燊甫和庞德《诗章》中的《圣谕广训》

19世纪来到中国的西方传教士，为学习中文和了解中国文化，翻译出版了《圣谕广训》。1817年伦敦出版了英国传教士米怜（William Milne，1785–1822）①的英文译本，题为《圣谕广训：包含康熙帝的上谕十六条、其子雍正帝的详述；附一位清朝官员对全文的意译》（*The Sacred Edict, Containing Sixteen Maxims of the Emperor Kang-Hi, Amplified by His Son, the Emperor Yoong-Ching; Together with a Paraphrase on the Whole by a Mandarin*），译文包括王又朴的《广训衍》、雍正的《广训》、《广训序》和原书编者序及主持刊刻者嘉庆年间的官员韩崶的跋，另附有译者序介绍原本的由来、圣谕宣讲制度以及翻译此书的时代背景和意义，全文不附中文，只有英译与注释。1892年英国内地会传教士鲍康宁（Frederic W. Baller，1852–1922）编译了以《圣谕广训直解》为底本的《圣谕广训白话译本》（*The Sacred Edict: With a Translation of the Colloquial Rendering*），由上海美华书馆出版。在序言中，鲍氏称赞《直解》为"中国语文日常字词、惯用语和格言之宝库"，并把王又朴错当成《直解》的作者，大加赞赏。②有学者提出，因为"王氏的《广训衍》极为流行，多次翻刻重版，有些版本就直接叫《圣谕广训直解》，这或是鲍氏弄混的原因"③。鲍氏译本是英汉对照，正文各页分成三部分，上为《直解》中文，中为英译，底部有英文注释，极便于对照阅读；书后还附有雍正的《广训》和《广训序》的中文以及索引，跟米怜译本相比，此书更实用，因而更受英文读者欢迎，不断再版。另外，为了配合初学者的方便，鲍氏还编了《圣谕广训通俗本词汇集》（*A Vocabulary of the Colloquial Rendering of the Scared Edict*）与译本配套发行。

庞德创作《御座诗章》时参考的1907年再版鲍氏《圣谕广训白话译本》，是他于1950年从洛杉矶书商兼汉学家威利斯·哈莱手中购得。④同

---

① 米怜的儿子美魏茶（William Charles Milne，1815–1863）也成为来华传教士，在《圣经》汉译方面可谓先驱。

② F. W. Baller, *The Sacred Edict*, p. iii.

③ 姚达兑：《圣书与白话》，第83页。

④ 多位学者声称庞德创作《御座诗章》时，参考的是鲍氏《圣谕广训》1921或1924年的再版（见 Carroll F. Terrell, "The Sacred Edict of K'ang-Hsi," *Paideuma* 2（1973）: 83; David M. Gordon, "Thought Built on Sagetrieb," *Paideuma* 3.2（1974）: 169），此言有误。庞德1957年2月致王燊甫的信中明确提供鲍氏文献信息"Baller, 1892 and 2nd / edn. 1907"，并建议王燊甫翻译雍正《广训》（Qian, *Chinese Friends* 183）；1921年之后的版本中译者序有所删减（如删去了底本出处信息），罗马注音体系有变（如 uen-li 改为 wen-li, Iong-cheng 改为 Yong-cheng），注释有所修订。

年，庞德对自己先前发表的《中庸与大学》译本进行修订，拟出版英汉对照本。① 在1947年版的译者序中庞德就已指出：

> 从一介小吏到身居相位，孔子比其他哲学家更强调政府和政府管理的必要性。希罗多德只是收集秘史，而孔子把两千年流传下来的文献加以精简，供身居庙堂者践行。他对前世明君治国之道的分析极为精辟，在他之后任何取得长治久安的朝代，无一不以儒派传人承启的儒家学说为指导。中国历史表明，当统治者理解贯彻孔子的智慧时，其管治就能和平持久；当其思想被忽视时，王朝便开始衰落，纷争四起。历史反复证明，孔子思想是唯一有效协调社会之道，国际秩序的拥护者如果对此视而不见，后果堪忧。（*Confucius* 19）

清朝统治者颁行的以儒家思想为核心的《圣谕广训》为庞德持有的这一观点提供了更加有力的支撑。修订出版《大学与中庸》之后，《圣谕广训》也就自然成为庞德创作《诗章》续篇的重要素材。如前所述，鲍氏只翻译了原本的白话部分，庞德阅读鲍氏的英文翻译没问题，但理解雍正半文半白的《广训》困难重重，这时，青年诗人王燊甫自己上门来了。

王燊甫（1931—1977），祖籍上海，1931年12月28日生于杭州，其祖父王丰镐（1858—1933）为江浙耆绅，历任清朝、北洋政府和中华民国外交官，他热心公益，"五卅惨案"后参与创建了上海光华大学。② 其父王恩照，为王丰镐第四子，光华大学学士，美国哥伦比亚大学经济学硕士，1936年因服安眠药过量中毒而亡。王燊甫自幼熟读诗书，1949年毕业于上海圣约翰中学，同年随母亲丁秀珍移民美国，先入佛蒙特州密都布列意大利外语学校进修英语，然后入达特茅斯学院，1955年获英文学士学位，1961年旧金山州立大学硕士毕业，1972年南加州大学比较

---

① 具体修订过程参见本书第四章。
② 1956年10月8日王燊甫致庞德的信中自称是周文王以及唐朝诗人王维的后代，其主编的《亚裔美国传统：散文与诗歌选集》也介绍王燊甫为"王维（701—761）的直系后代"（David Hsin-Fu Wand. Ed. *Asian-American Heritage*: *An Anthology of Prose and Poetry*. New York: Washington Square Press, 1974: 303）。

文学博士毕业。王燊甫在大学期间，便在《达特茅斯季刊》上发表英文诗歌，1955年自费出版第一部英文诗集《金樽幽月》（*The Goblet Moon*），兼收英译汉诗和原创英诗。

　　1955至1958年他与庞德交往甚密，对后者了解中国文化和创作《御座诗章》起到了重要的作用。王燊甫认识庞德在纽约的另一个中国朋友赵自强后，曾试图与他合作创办一个中西文化交流的刊物，庞德出过一些点子，二人也作了不少努力，但终因筹不到足够的资金而不了了之。在庞德的鼓励和推荐下，王燊甫在英语期刊上不断发表诗歌评论、诗歌翻译和原创的《祖父组诗》（"The Grandfather Cycle"）等。庞德老友威廉斯在斯托克主编的《刀锋》（*Edge*）杂志上看到王燊甫翻译的八首唐宋诗词后，曾写信给庞德对王氏大加赞赏。（Beinecke：1957年2月）庞德随即把王燊甫介绍给了威廉斯。1958至1960年，王燊甫与威廉斯合作翻译汉诗。威廉斯去世三年后，王燊甫将自己与威廉斯合译的汉诗汇成《桂树集》（*The Cassia Tree*）在《新方向》第19辑（1966年）发表，后被收入《威廉·卡洛斯·威廉斯诗集》第二卷（1988），这位江南才子也终于得以留名美国现代诗史。1974年王燊甫还主编出版了《亚裔美国传统：散文与诗歌选集》（*Asian-American Heritage：An Anthology of Prose and Poetry*），与许芥昱（Hsu Kaiyu）等人主编的《亚裔美国作家》（*Asian-American Authors*，1972）、赵健秀（Frank Chin）等人主编的《哎咿！亚裔美国作家文选》（*Aiiieeeee! An Anthology of Asian-American Writers*，1974）并称为界定亚裔/华裔美国文学最早的三部大书，为扩大亚裔/华裔美国文学的影响作出了卓越的贡献。次年，王燊甫还出版了《交流》（*The Intercourse*）诗集。可就在其文学事业有成的1977年4月8日，王燊甫在参加美国现代语言学会少数族裔组理事会期间神秘坠楼而亡。

三、王燊甫与《御座诗章》

　　王燊甫与庞德的交往始于1955年夏。1955年春，王燊甫曾给庞德寄去第一封信，因地址不详被退回。在1955年7月10日寄出的第二封信中，王燊甫抱怨华盛顿邮政局孤陋寡闻，竟然对庞德这样的"天才"身居何处一无所知。（Qian, *Chinese Friends* 175）王燊甫对庞德推崇备至，直言"作为一个中国人，我对您感激不尽"，赞美庞德为"最伟大的英文诗人"、"最有智慧的人"、"唯一的圣贤"等。(Beinecke：1955 年 7 月 10 日，1955 年 9 月 25 日) 庞德对王燊甫的赞誉并不以为然，但其姓名中的"燊"字却让他着迷。他在自己常用的《马氏汉英字典》里没有查到"燊"字，就写信向大卫·戈登、威利斯·哈莱和不久前才认识的赵自强请教。赵自强毕竟是中国学者，最先给他回复，指出《说文解字》将"燊"字释义为"兴盛，繁荣"，《广韵》将"燊"字释义为"火"（木柴上火在燃烧）。(Qian, *Chinese Friends* 172) 庞德于是在回信中称王燊甫为"火大王先生"(Mr Flame-style King)，并坦承"我在《马典》里查不到你的'燊'字，如果我的理解有误，务必纠正"（同上 176）。王燊甫回复道："您是对的，《马典》确实没有收入'燊'字。请注意字中的三火一木，表示烈焰或'激情之火'。"(Beinecke：1955 年 8 月) 庞德对"王"、"燊"的组合和内涵非常着迷，他发现"燊"字与自己喜爱的"新"字韦氏拼音都是"hsin"。1955 年 8 月 28 日，庞德给方志彤写信，提到了王燊甫："有一位王先生热爱孔子，他的'燊'字在《马典》中查不到，应该与火有关。"庞德还在信中手书了一个"燊"字。(Beinecke) 1955 年 9 月 7 日应庞德的要求，威利斯·哈莱随信给他寄去了一个印刷体的"燊"字。(Beinecke) 庞德对"燊"字的痴迷和联想反映在《御座诗章》之第 96 诗章中："王的中间名《马典》中没有。"(*Cantos* 673) 这一行诗句的右侧用上了哈莱寄去的那个"燊"字。《御座诗章》以欧洲史上查理·马特尔到查理曼大帝的王朝更迭开篇。庞德通过一连串"光"的意象，赞颂像查理曼大帝那样英明的统治者，并通过"燊"字，把东西方历史上贤明的君主联系在一起，反思这些君主维护统治、保持社会稳定、繁荣的治国方略，因此"君王"、"光"、"辉煌"便成为贯穿《御座诗章》的关键意象。也有学者提出"燊"字的上半部分从字形上看很像一个王冠，因此也符合庞德喜欢用表意文字的创作习惯。① 由此"王"、"燊"的组合便把这些意象及其内涵巧妙地联系在一起，成为庞德推崇的"旋涡意象"："念想持续不断从中涌进、涌出的一个光点或光簇。"②

《御座诗章》的开篇第 96 诗章中多条线索并进，讲述了罗马帝国的衰落、拜占庭帝国的兴起和查理曼帝国、日耳曼王朝、伦巴德王朝的更

---

① Hugh Witemeyer, "The Flame-style King," *Paideuma* 4.2 & 3 (1975)：333.
② Ezra Pound, *Gaudier–Brzeka*, p. 92.

第六章 《马典》无"桑"——王燊甫和庞德《诗章》中的《圣谕广训》 | 151

迭。后半部分很大篇幅引用了 9 世纪拜占庭国王"智者利奥六世"(Leo VIthe Wise, 866 – 912)颁布、康斯但丁堡总督执行的行业管理法令,史称《总督书》(The Edict of the Eparch)。① 全书共 22 章,每一章条款针对辖区内的一种行业或一门手艺而定。该法令要求行业之间公平交易,禁止缺斤少两,禁止哄抬物价,禁止囤积居奇,为保护本地行业,禁止外国货物倾销,违者轻则遭受鞭打、"逐出行业",重则受"断手"之苦,并对从事法律和教育行业的的公证人、掌控经济命脉的金银匠和银行家的人格操守和职业规范提出更严格的要求。

庞德在 1955 年 7 月 13 日写给王燊甫的信中提到这个法令:"1205 年前后拜占庭衰落之时,希腊皇帝失去了铸造金币的控制权,但是长达 700 多年历史的总督法令却持续有效,在凯末尔执掌土耳其大权时仍在发挥作用。② 这是一本关于行会制度的书,用英文和法文刊印,但我尚未得到原文。"(Qian, *Chinese Friends* 177)庞德还在信中建议王燊甫研究中国的行会组织,因为"西方人对此一无所知"(同上)。后来在第 96 诗章中,诗人讲述到阿拉伯帝国倭马亚王朝第五任哈里发阿卜杜勒-马利克(Abd al-Malik, 646 – 705)铸造发行第一批阿拉伯钱币,与东罗马皇帝查士丁尼二世(Justinian II, 669 – 711))产生纷争,我们可以看到有关的诗句:

> 其实这一历史事件,连同《总督书》的一些法令
> 在当今的凯末尔执政期影响依在(*Cantos* 678)

但王燊甫对行会制度并不感兴趣,他更喜欢谈论文学、政治和儒家思想。他向庞德介绍了民国时期的儒学,指出蒋介石、陈果夫、陈立夫、林语堂等人推崇的所谓"新儒学"已掺杂了西方的基督教精神,是"混乱主义和杂教的大杂烩"(a hodge-podge of confusionism and crosstianity),是"胡说八道"。(Beinecke:1956 年 4 月 26 日)我们后来发现庞德在第 96 诗章中对 hodge-podge 的巧用:"This is not a mere stunt to lay fines/as is found in the hodge-podge."(*Cantos* 682)他的观点深得庞德认同,因为

---

① 又称 *The Book of the Prefect*。
② 凯末尔(Mustafa Kemal Atatürk, 1881 – 1938),奥特曼和土耳其军官,革命家,土耳其共和国的缔造者,土耳其第一任总统。

庞德一向对"新儒学"不以为然，主张"还儒归孔"，这也是他与中国"新儒家"学者张君劢争论的焦点。

王燊甫自称欣赏"有品格的人"（men of character），他曾向庞德推荐文天祥的诗篇，赞扬文天祥的"正气"（Beinecke：1956 年 12 月 27 日），其《祖父组诗》的题辞就是文天祥的名句"人生自古谁无死，留取丹心照汗青"①。对于王燊甫的建议，庞德回信说自己正忙于钻研希腊哲学家普罗提诺（Plotinus, 205 – 270），但也不反对了解一下文天祥（Beinecke：1956 年 12 月 29 日）。后来他在第 98 诗章中用了"义气"二字（*Cantos* 710）。在此前的诗章中，"义"字用得很多，但"义气"却从未用过。

王燊甫在 1956 年的一封信里讲到"正名"之说，始于周公，所谓"名不正行不成"（Beinecke：1956 年 12 月 27 日）。庞德在第 97 诗章中赞扬东罗马皇帝查士丁尼一世（Justinian I, 483 – 565）颁布的法典体现了"上帝的智慧"，是"正名"之举。（*Cantos* 702）该皇帝在公元 529 年任命一个 10 人组成的专门委员会，制定出罗马帝国史上最重要的法律体系，史称《查士丁尼法典》（*Justinian's Code*），为拜占庭王国《总督书》的制定打下了基础，对后来欧洲各国法律的制定产生了深远的影响。

庞德在第 97 诗章大量引用了美国政治经济学家、历史学家亚历山大·戴尔玛（Alexander del Mar, 1836 – 1926）的经济学著作《货币制度史》（*History of Monetary Systems*）。该诗章的经济学内容在两人的信件往来中也有所反映。王燊甫曾请庞德推荐一本讨论货币问题的书籍："请给我介绍一本最好的论述货币问题的书吧。"（Qian, *Chinese Friends* 178）庞德在 1957 年 1 月回信中向王氏推荐了戴尔玛的《货币制度史》，声称"现在只要有钱，任何人可以无视愚蠢的法律……货币问题的核心是发行，谁发行货币，谁能发行和怎样发行……统治权存在于发行货币的权力。拜占庭比满清人的统治长久……"（Beinecke：1955 年 10 月 8 日）庞德认为经济问题的关键是控制货币发行权和制定适当的税率，东罗马帝国的衰落在于阿拉伯人发行了自己的货币，因为税率低，拜占庭帝国比清帝国统治延续得长久。因为《圣谕广训直解》的第三条"和乡党以

---

① David Rafnel Wang, "The Grandfather Cycle," *The Human Voice Quarterly* 2.1 (1966): 32.

第六章 《马典》无"燊"——王燊甫和庞德《诗章》中的《圣谕广训》

息争讼"的白话部分"就是放债，取利不可过三分"被鲍康宁误译为"取利不可过36分"（"and if I give him a loan, must not take more than 36 percent interest"）①，庞德由此推断36%为满清的合法利率，所以我们看到在诗章中庞德曾多次把拜占庭和满清两个王朝的统治时间与利率联系在一起作对比：

　　在拜占庭12%持续了千年
　　清朝法定36，他们的圣谕
　　是下一步（Cantos 704 – 705）

　　拜占庭比满清更长久
　　因为（%）税率。（Cantos 710）

　　圣谕16条被（%）利率搞糟
　　　　拜占庭更持久。（Cantos 712）

　　　wu² mu ch'i² ying² pei⁴ li⁴
　（利）
　　勿慕奇赢倍利
　　　合法税率不让行业凋敝
　　　　　　　（拜占庭做得更好）（Cantos 729 – 30）

当然，王燊甫对庞德最大的帮助在于第98至99诗章，因为这两篇诗章大量引用《圣谕广训》（以下简称《广训诗章》）。庞德虽然有鲍康宁白话本的译文可供参照，但他对汉字表达更感兴趣。庞德一贯追求"精确"，他在1951年与方志彤的信中谈到阅读中文典籍时说："不需译本，除非兼有原本，否则如何了解原文之风格？"（Qian, *Chinese Friends* 50）《诗章》中有些诗句跟中文原文更接近，还有许多汉字被巧妙地嵌入英文诗句中。泰瑞尔认为是庞德通过分析汉字结构，用自己更加口语化、更通俗的英文在作表达。② 我们认为这种说法比较勉强。庞德的中

---

① F. W. Baller, *The Sacred Edict*, p. 32.
② Carroll F. Terrell, *A Companion to the Cantos of Ezra Pound*. p. 637.

文水平有限，1956年4月11日他曾对王燊甫坦言："只知道费诺罗萨的手稿和《诗经》，40年来可能把过去从费氏那里学到的全忘了……知道字典中相对应的字词/重量等……"（Qian, *Chinese Friends* 177–8）他的《华夏集》是以费氏译稿为基础的重译，他的《大学》、《中庸》和《论语》是以法文译本或英文译本为基础的再创作，1950年前后修订《大学》、《中庸》译本得到过方志彤的帮助。连正规学过中文的大卫·戈登对《广训诗章》所作的注释都错误百出①，没有中国学者的帮助，庞德的表达自然不可能与原文贴切。庞德曾向哈莱求教，但哈莱复信称自己"从未研究过文言文"，他建议庞德阅读鲍康宁的译本"到第181页打住"（Beinecke：1957年4月9日），因为从那一页起，便是文言文《广训序》和《广训》。1955至1958年间，庞德先后给王燊甫发了30封书信和明信片，其中5封谈到《圣谕广训》（庞德仅在与王燊甫一人的通信中提到《圣谕广训》）。此外，二人的通信中不下四次提到王氏拜访庞德。1958年2月至3月王燊甫还曾在华盛顿短期逗留，他与庞德当面探讨《圣谕广训》的机会自然多于四五次，王燊甫对《广训诗章》的贡献毋容置疑。

如前所述，鲍康宁的《圣谕广训》虽说是汉英对照本，但唯有白话部分提供了英译文。1957年2月庞德首次在信中跟王燊甫提到《圣谕广训》：

> 鲍氏，1892年/1907年再版，有 Wang iu p'uh's
> 王
> 又
> 朴
>
> 对《圣谕广训》的评论或扩充，但无 Iong Cheng 的翻译。
> 燊不妨提供**权威**的翻译，一为我乐读之，二为斯托克愿付印之，**而且**有益于教化霸道的美国教育机构等。（Qian, *Chinese Friends* 183）

---

① 如戈登在阐释第99诗章的一篇文章中混淆"勤"和"劳"的读音，在另一篇文章中认为"thought built on sagetrieb"对应《广训》中"无非孝治天下之意"。见 David Gordon, "Thought Built on Sagetribe," *Paiduma* 3.2（1974）：189；"Pound's Use of the Sacred Edict," *Paideuma* 4.1（1975）：125。

第六章 《马典》无"燊"——王燊甫和庞德《诗章》中的《圣谕广训》 | 155

他还告诉王燊甫：

> 16 页篇幅刚好。①
> 三位尊敬的皇帝②/重振他们的名声/有好处
> 王又朴令人崇敬，也是王姓的骄傲。（Qian, *Chinese Friends* 183）

庞德想读懂雍正的《广训》，但非常困难；他在 2 月 18 日的信中催促王燊甫：

> Yong Ching 有些话很难懂/
> 盐运使口语版非常必要，现在还要王［燊甫］。
> 燊的观点会很有趣
>   庞德观点
> 还有一些话很吉弥斯托士③（Qian, *Chinese Friends* 183）

2 月 24 日王燊甫回复庞德："不幸的是燊不太了解王又朴，不过一定会考察一下可敬的王。"（Beinecke）然而他对庞德所指似懂非懂，故而在后一封信中写道："盐运使没问题，但燊不确定 Yong Ching 是否指《易经》。请明示。去纽约公立图书馆查了吉弥斯托士资料，未果。"（Beinecke：1957 年 2 月）庞德不得不再写信解释：

> Yong Cheng
> 我想
> 汉字该写成

---

① 鲍康宁的译本有两种页码标识，页面顶端外侧按"圣谕十六条"所在条数标注页码，页面底端居中按正文首页开始连续标注页码，康熙文言《广训》部分按第一种标识是 16 页，按正常页码计是 28 页，见 F. W. Baller, *The Sacred Edict*, pp. 184–211。

② 三位皇帝指康熙、雍正和乾隆。方志彤给庞德《孔子：大学与中庸》（*Confucius: the Great Digest & The Unwobbling Pivot*）所写《石经简解》里引用了乾隆为清石经刻本写的序，参见本书第四章。

③ 吉弥斯托士·卜列东（Georgius Gemistos Plethon 或 Pletho，约 1355 年—1452 年），14 世纪后半叶、15 世纪初知名的拜占廷著者，柏拉图主义哲学家，在西方复兴希腊古典文学的先驱。

雍
正　雍
第 61 诗章 正
文理读了好多遍／太多难以消化／堵在食道里难以咽下（Qian, *Chinese Friends* 184）①

王燊甫虽答应庞德，但一时忙于诗歌创作、诗歌翻译、政治活动，对庞德的研究课题并没太上心。1957 年 2 月至 4 月王燊甫向多所美国大学申请奖学金资助读研，屡屡遭拒。他写信向庞德抱怨，庞德正为找到《圣谕广训》这样一个好素材而兴奋不已，他安慰王燊甫道：

读着读着，便想起了忘却的《诗章》内容，感到满清人可敬／
这个选题燊可以去做，其能量足以把那些家伙从该死的高官位置上炸飞。
清朝历史已成过去／看起来却是个新题材。
　　　　　新
把一些人物放入中国史／就像塞劳斯把女人带入拜占庭②（Beinecke：1957 年 4 月 7 日）

庞德焦急等待的心情在第 98 诗章中有所体现：

耐心，我会讲到这个盐务官
时机未到。（*Cantos* 705）

耐心，我会讲到的……（*Cantos* 706）

庞德希望王燊甫能暂时搁置其他事务，专心帮他翻译雍正的《广训》：

---

① 庞德此前在第 61 诗章中详述了雍正的治国之道，后在《广训诗章》中两次提到雍正（*Cantos* 713, 714），并点明与第 61 诗章的联系。
② 塞劳斯（Michael Psellos，约 1017—1078），11 世纪拜占庭政治家、哲学家和历史学家。

第六章 《马典》无"燊"——王燊甫和庞德《诗章》中的《圣谕广训》

我得/利用所有的材料来寻求神秘的解释
头脑冷静的人自然/否决你的/选题
更明智的是探究满清。（Beinecke：1957 年 4 月 9 日）

与晦涩的半文言《广训》相比，《直解》白话本简洁流畅，庞德对照着鲍氏的译文比较容易理解。由于鲍氏的误导，庞德也把王又朴当作《直解》的作者，对其大加赞赏，他告诉王燊甫"至少有四位满清人值得关注，但却被遗忘了"（Beinecke：1957 年 4 月 17 日）。在第 98 诗章中有三处提到了王又朴：

直到陕西盐务官 Ouang Iu-p'uh
　白话　**又朴**
王，秉承鸿业
思想基于传统的承启

(Until in Shensi, Ouang, the Commissioner Iu-p'uh
　volgar' eloquio 又樸
The King's job, vast as swan-flight：
Thought built on Sagetrieb：)① （*Cantos* 706）

　　　　王
Ouang-iu- p'uh 又
用白话把康熙圣谕
的意思传达给百姓（*Cantos* 708）

思想源自传统的承启，
我们要感谢鲍氏
还有白话
尽管有马典，文体家是这位王君的
文理无助于你跟他们交谈，

---

① Sagetrieb 是庞德杜撰的一个词，跟汉字"教"相对应，最先出现在第 85 诗章中，取"孝（老—子）"加"文"之意，指代代相传的人文传统。参见第 104 页。

雍正重订圣谕
但将意思传达给百姓的是盐务官

  (Thought is built out of Sagetrieb,
and our debt here is to Baller
and to *volgar' eloquio*.
  Despite Mathews this Wang was a stylist.
Uen-li① will not help you talk to them,
Iong-ching republished the edict
But the salt-commissioner took it down to the people) (*Cantos* 710)

  第一节引文中"The King's job, vast as swan-flight"语带双关，雍正在《广训》第一章中称演绎圣谕为"朕丕承鸿业，追维往训"②；King 的汉语对应词"王"又是姓，可指王又朴。在庞德看来，用白话注解《圣谕广训》的盐运使就像传达"神意"的"御座天使"，把"万岁爷的意思"晓谕百姓。《马氏汉英字典》中对"鸿"的解释是"vast; profound"和"a wild swan; the wild goose"，在第二个释义之前是词条"鸿鹄之志"（soaring ambition），之后是词条"鸿渐"（the high flight of the wild goose）③，故而庞德得出"vast as swan flight"。写到这句，庞德也可能想到王燊甫，后者曾在信中自怜"虽然戏剧和诗歌能丰富我的精神生活，但手头拮据，使我陷于无味的物质生存。我在理想国的翱翔从未能超越传说中的大鹏鸟"（Qian, *Chinese Friends* 176）。"鸿"还可能指庞德自己。王燊甫曾向庞德推荐中文名"白德鸿"，他没有解释，但相信庞德"从字形可以很容易推测出字义"。在信的结尾，王称庞德为"白子"，并祝他"鸿云万里"。（Beinecke：1956 年 4 月 26 日）④ 庞德把东西方先人的智慧吸收进诗章，何尝不是"丕承鸿业，追维往训"、继往开来呢？

---

① 文理（Uen-li，又作 Wen–li）是 19 世纪西方传教士对文言文的指称。
② F. W. Baller, *The Sacred Edict*, p. 184.
③ Robert Mathews, *Mathews' Chinese-English Dictionary*, p. 353.
④ 庞德接受的中文名是保恩恩，有时他跟中国学者通信用此印章代替签名，参见 1957 年 2 月 18 日庞德写给王燊甫的信（Qian, *Chinese Friends* 184）。

第六章 《马典》无"桼"——王燊甫和庞德《诗章》中的《圣谕广训》 | 159

1957 年 2 月，王燊甫因涉嫌反犹太言论遭到恐吓，又因和上司关系不和而丢了工作。1957 年 3 月 5 日他致信庞德："丢了工作反而使自己有时间去钻研雍正"（Beinecke）；在后来的信中他还一再向庞德说明自己在创作和翻译诗歌的同时"帮 E. P. 干些活"（Beinecke：1957 年 5 月 2 日），"顺带着翻译点《圣谕广训》"（Qian, *Chinese Friends* 191）。

庞德曾于 1957 年 4 月 7 日写信问过王燊甫：为什么"秩"字由"禾失"组成而不是"禾矢"？是笔误吗？庞德觉得"禾矢"的组合才有意义；他还询问，什么是"夫身"？"聪明人，大亨？"（wise guy, big shot）（Qian, *Chinese Friends* 188）"秩"字在雍正《广训》中出现两次：第二条"笃宗族以昭雍睦"中有"诚使一姓之中，**秩**然蔼然"；第九条"明礼让以厚风俗"中有"敦于让者，无竞心，蔼然有恩，**秩**然有义，党庠术序相率为俊良，农工商贾不失为醇朴"。①

"夫身"在雍正《广训》中出现过三次：第十条"务本业以定民志"中有"凡为士农，为工商以及军伍业虽不同，而务所当务则同也，**夫身**之所习，为业心之所向，为志所习。既专则所向自定"和"若**夫身**列行阵，行阵即其业也"。② 第十六条"解仇忿以重身命"中有"**夫身**命攸关，则从父兄训诲，听亲友调和，无不可情恕理遣"。③

王燊甫回复不确定"禾矢"的词源，须查权威的《康熙字典》，并要求庞德把"夫身"的上下文告诉他，有了上下文他才能作出解释。（Qian, *Chinese Friends* 189）

我们在后来的信件中没有看到王燊甫的解释，一种可能是相关信件遗失，另一种可能是在见面时他作了交代。1957 年 9 月 11 日，王燊甫曾写信告知庞德他将于 9 月 15 日去拜访他。（Beinecke）

此外，即使取材于白话本部分，庞德也不满足于简单引用鲍康宁的译文，他更想准确表达汉字原文。以下略举几例。

庞德有封信中突出了"正 or 经"（Beinecke：1957 年 2 月 12 日）。《圣谕广训》白话本第一条"敦孝弟以重人伦"中讲到"当年孔门曾夫子说，爹娘原指望儿子做个正经人"。鲍康宁的译文是"Parents naturally

---

① 周振鹤：《圣谕广训：集解与研究》，第 189 页，第 334 页。
② 同上，第 355，356 页。
③ 同上，第 478 页。

hope their sons will be gentlemen"①。"正"和"经"这两个字庞德以往曾与别的字搭配用过,例如"正名"曾用于第 51 诗章的结尾(*Cantos* 252),"书经"曾用于第 89 诗章的开端(*Cantos* 610)。但口语中"正经人"的说法,庞德可能还是第一次见到,而且后文中还有"正经书"、"正经朋友"出现,这些搭配可能把庞德弄糊涂了。虽然我们在王燊甫的回信中没有发现对此用法的解释,但有可能二人会面时探讨过,所以在《诗章》中我们读到:

"父母自然期望儿子成为正人君子。"
　　正 cheng
　　经 king
译文有点勉强,或许你可以考虑
　　正 cheng
　　经 king
出自孔门,
意思是不要欺骗官府。(*Cantos* 711)

白话本第六条"隆学校以端士习"中讲到读书人要自尊自重,"必须读些正经书,相与几个正经朋友"。鲍康宁的译文是:"Study some classical books; cultivate intercourse with a few respectable companions";鲍康宁还为此句译文加了注释:"Cheng-ching 正经 as applied to books, means those which are regarded as orthodox by the Confucian school; as applied to person = respectable, well-behaved moral, etc."② 庞德的诗句是:

你读的书要
　　正
　　经
如前所述
你的朋友要适于读这样的书。

---

① F. W. Baller, *The Sacred Edict*, p. 5.
② 同上,p. 65.

第六章 《马典》无"荣"——王燊甫和庞德《诗章》中的《圣谕广训》

(That the books you read shall be
  cheng
  king
  ut supra①
  And your pals fit to read'em.) (*Cantos* 712)

庞德1957年5月3日跟王燊甫说："不要以为我叫你考察的每一个人物都是光源/光光明明（KUANG KUANG MING MING）。"(Qian, *Chinese Friends* 190) 他所强调的"光光明明"来自《圣谕广训》白话本第七条"黜异端以崇正学"中的教导："你们若是认得理真，知道心里光光明明的就是天堂，心里黑黑暗暗的就是地狱，自然就有个主宰，不到得被那邪教哄诱去了。"② 我们在第99诗章中读到：

王：人心正直，来自天堂
  一汪正气的清泉
贪婪把它扭曲
明亮闪烁，ming,
kuang¹在穿行
何必远行去烧香？(*Cantos* 717–8)

人心善就是天堂
  （卡帝云）③
  光光明明 (*Cantos* 719)

光
光
明   卡帝云

---

① ut supra，拉丁文，义为"如前所述"。
② F. W. Baller, *The Sacred Edict*, p. 87.
③ Khati (2252–2228 BC)，又作 Kati, Khaty, 古埃及法老名，最先在第80诗章出现。庞德对他的名言 "A man's paradise is his good nature" 非常认同，故而在《诗章》中反复引用，此处与王又朴所言"人心即佛"联系在一起。

明
　天
　　堂
　　　心
　　　　里（*Cantos* 722）

《圣谕广训》白话本第六条"隆学校以端士习"中讲到读书人不该做的事：

若是一味贪功名、好货利、武断乡曲，出入衙门、把持衙吏、挑拨词讼、说事过钱，喜欢这个人就替他做德政歌，若是恼那个人、就替造作谣言编排他，又或者尊尚邪教、不由正道，高谈阔论、没一点实行，这样的人，名虽叫"秀才"，却是一个下流、玷辱学校的败类，就不是士子了。①

鲍康宁的译文是：

But suppose a man invariably seeks reputation, is fond of mercenary pursuits, is intolerant in deciding the affairs of the village, frequents law courts, brings pressure to bear on the officials, incites to litigation, and acts as go-between in unlawful transactions. Should he be pleased with this one, he composes a panegyric in his praise; if he displeased with that one, he trumps up a story and defames him; or it may be he favours heresy, is unorthodox and (while) high-flown in talk is inconsistent in his life. A fellow of this kind, although a Licentiate in name, is but a worthless rascal; one of the class who disgraces the School—he is no scholar.②

庞德在第 99 诗章中几乎完全撇开了译文，在准确领会的基础上，运用他拿手的拆字法，更传神地表达了原文的意思：

---

① F. W. Baller, *The Sacred Edict*, p. 66.
② 同上。

第六章 《马典》无"燊"——王燊甫和庞德《诗章》中的《圣谕广训》

但若读书人一味贪图
　　功名
或只顾眼前的利益交换
　　投机，图利，
出入 yamen，把持衙吏
说事过钱
高谈阔论
没有一点斯文
che yang ti jen
　　空有士子其名
　　却是个下流 liu² 的
苟且之徒 pai lui

(But if the scholar wants by one sniff to force up
　　his reputation
or has eye on grain-cut in exchange
　　agiotage, profit motive,
in and out of the yamen, horning in on officials
mediate hand-outs and hand-overs
　　raise fire-word swish-swash
& not one dot of decency in his conduct
a mere dribble with an ex-mortar-board label
che yang ti jen
　　a low-flow and a liu² flow
a rice dog-head pai lui for ruin) (*Cantos* 723 – 724)

庞德的诗句更口语化、更形象，如"好货利"——has eye on grain-cut in exchange（繁体"貨"中有"目"——eye，"利"是"禾"加"立刀"——grain-cut），"出入衙门"——in and out of the yamen，"高谈阔论"——raise fire-word swish-swash（庞德把"谈"字看成"言"字边加两个火，所以 fire-word），"没一点实行"——not one dot of decency in his conduct，败类——a rice dog-head（"类"繁体"類"左半部分是"米+犬"——rice dog-head）；庞德还把汉字拼音嵌入诗句，如 in and out of the yamen, che yang ti jen（这样的人），liu² flow（流），pai lui（败类）。尤其是"a rice dog-head pai lui for ruin"形、音、意俱全，简直妙不可言。

白话本中讲到读书人的本业：

读书的呢，存圣贤的心，做正人君子，终日读的是《诗》、《书》，讲的是礼让，不要止想着功名，中也读、不中也读，古人说得好："越读越不中，我其如命何；越不中越读，命其如我何。"如此专心务本，在家做秀才必是好秀才，及至做官就是有用的好官长了。①

鲍康宁的译文是：

The scholar? Let him study in the spirit of the Ancient worthies and be an upright and honourable man. Let him study the Odes, and discourse of courteousness the livelong day. Let him not think only of obtaining his degree, but continue to study whether he obtain it or not. The Ancients well said: "The more I study the less I succeed: what have I to do with fate? the less I succeed, the more I study; what has fate to do with me?" Thus giving the mind to the main thing a scholar will without fail in private life be a graduate worthy of the name and a useful mandarin when he obtains that position. ②

庞德在诗章中的表达更灵活、简洁、有力：

读书人读《诗经》
　　讲礼让
在家是 hsiu⁴ ts'an²

---

① F. W. Baller, *The Sacred Edict*, pp. 113–14.
② 同上，第113页。

第六章 《马典》无"燊"——王燊甫和庞德《诗章》中的《圣谕广训》 | 165

及第做 kuan¹ ch'ang²
讲方法
　　专心务本
秀才
齐家有方

（& that scholars read Odes
　　and turn conversation toward justice
hsiu⁴ ts'an² in the home
kuan¹ ch'ang² in office
talk modus,
　　keep mind on the root;
Ability as grain in the wheat-ear
Establish the homestead）（*Cantos* 724）

原文中"如此专心务本，在家做秀才必是好秀才，及至做官就是有用的好官长了"语序做了很大的调整，"Hsiu⁴ ts'an²（秀才）in the home"与"Kuan¹ ch'ang²（官长）in office"形成对比句；"keep mind on the root"（专心务本）比"giving the mind to the main thing"更加形象；"Ability as grain in the wheat-ear"一句中，庞德从字形、意义上解释"秀才"，"才"——ability，"秀"上半部分是"禾"——grain in the wheat-ear。

总体而言，第98诗章主要取材于《广训》白话本，第99诗章前三分之一取材于《广训序》和《广训》，中间三分之一取材于《广训》白话本的事例和说理，后三分之一又以《广训》为主。如前所述，以庞德的中文水平，不太可能准确把握"万岁爷的意思"。庞德在第99诗章中只引用了雍正《广训》前十条的内容，我们推测，王燊甫可能只翻译了部分《广训》供庞德参考。

王燊甫曾因涉嫌反犹太倾向而于1957年11月受到严厉的指责。早在1956年，王燊甫与一位犹太族青年同住一套纽约的公寓，分摊房租。据他向庞德诉说，这位青年曾私自翻看他的文书资料，二人因此而不和。（Qian, *Chinese Friends* 181）受了庞德的不良影响，王燊甫曾多次在书信和言谈中流露反犹太情绪,时而还滥用蔑视犹太族的俚语。1957 年 11 月 16 日王燊甫在达特茅斯学院的同学大卫·莱特瑞(David Rattray)在颇有影响的《国家》(*Nation*)杂志上发表《庞德访谈录》,指控王燊甫散布反犹言论。王氏生怕事发后自己会被驱逐出境,于 1958 年 1 月 14 日写信向庞德告急。(同上 195)1958 年 3 月,涉嫌反犹一事终于告一段落,王燊甫离开纽约前往马里兰大学修研究生课程。由于麦克利什(Archibald McLeish)等有影响的各界人士的恳切请愿,哥伦比亚特区法院终于于 4 月 18 日驳回对庞德叛国罪的起诉,庞德从圣伊丽莎白医院获释,准备返回在意大利的女儿和女婿的城堡。4 月 19 日王燊甫写信恭贺庞德,并邀他和多萝西方便时共进中餐(Beinecke);6 月底庞德离开美国后,两人便逐渐失去联系。王燊甫写给庞德的最后一封信的落款时间是 1958 年 12 月 12 日,其时他已在旧金山读硕士,并在《世界日报》(*The Chinese World*)兼职,信中还提及与庞德夫妇的"中餐之约",显然这个邀请从未实现。(Beinecke)《御座诗章》完成于 1957 至 1958 年间①,但庞德对"人间天堂"的憧憬持续到《诗章》的最后:

    我曾试图写出天堂
     别动
      听风儿诉说
       那就是天堂(*Cantos* 822)

  而庞德与"火大王"(Flame-king Style)的合作之缘,由于《马氏汉英字典》中没有收入的"燊"字,永远留在庞德的"天堂之作"——《御座诗章》中。

---

① Marcella Booth, "Through the Smoke Hole," *Paideuma* 3.3 (1974): 333.

第六章 《马典》无"燊"——王燊甫和庞德《诗章》中的《圣谕广训》

September 25th, 1955
c/o Dartmouth College Club
37 East 39th St.
N. Y. 16, N. Y.

My dear Mr. Pound,

May I have the privilege of hearing from you again? A letter from you will transport me from America, the no-man's-land, into the land of Pegasus.

My new translation of 李太白's「長干里」will be published by the Western Humanities Review in the next issue. I shall send you a copy when it is ready.

I have been engaged in the hocus-pocus of hum-drum existence, making a living to stay alive. I have neglected paying tribute to the only living sage. And I hope that I will be excused not only for my neglect but also for my tendency toward idolatry.

Within a few days I shall mail my booklet of verse "The Goblet Moon," which I have long promised to send you. I have written enough for a full volume, but the ones included in the booklet are more "popular" (i.e. my friends care for them more than I do).

再見——
S. R. Wang 王燊甫

P.S. May I pay you a visit some weekend? My best regards to Mrs. Pound.

王燊甫致庞德，1955 年 9 月 25 日（耶鲁大学拜纳基图书馆提供）

Dear Mr Flame-style King

I can't find your admirable HH HSIH HSIN ideogram in "Mathews" so, please correct me if I am misled in interpretation.

BUT you can not have it both ways. I cannot be more intelligent Confucius and less intelligent than Mencius, and Mencius had the sense to say there was only one Confucius. Without KUNG one would not see that it was "there" in the Shu.
But the enemy is very active, cheap books about ISM confucianISM, to get the mind off lucidity and focus it on all the irrelevancies of all the idiots who have pullulated in China for 2500 years.

The London Slimes has reached a new low in criticism of the ODES and the New Statesman like unto it. Sharrock in the Tablet and an anonymous writer in the Listener have seen the root " No twisty thoughts ". Harvard has printed the translation minus the apparatus and the seal text. I do not see any reason to forgive them, unless it will arouse someone to the deplorable condition of U.S. universities.

If you are ever in Ann Arbor, you might cheer H####### D.Pearce 1317 Minerva Av. , you could discuss style with him.

cordially but anonymously yours

13 July 1955

Miss Mastrangelo is busy seeing ALL the" terza pagina" , all the advertised writers in Italy , and having no end of a time. Her heart is in the right place.

庞德致王燊甫，1955 年 7 月 13 日（耶鲁大学拜纳基图书馆提供）

第七章 《管子》西游
——赵自强和庞德《诗章》中的《管子》

赵自强，1946 年 8 月摄于上海黄浦江大达码头。右侧为赵自强当时的名片
（程乃珊：《上海探戈》，上海：学林出版社，2002 年，第 82 页）

庞德，1958 年于意大利布伦堡，波利斯·德·拉齐维尔兹摄
（耶鲁大学拜纳基图书馆提供）

第七章 《管子》西游——赵自强和庞德《诗章》中的《管子》

1958年5月,庞德从华盛顿的圣伊丽莎白精神病院获释。获释后他先去费城北郊温寇特父母旧居和诗友威廉斯家小住,然后由夫人多萝西和女青年学者玛赛勒·斯潘(Marcella Spann)陪同坐远洋客轮返回意大利。翌年7月,英国BBC3电台播出了该台记者布列德森(G. B. Bridson)在意大利对他的访谈。庞德在访谈中说,英国战略大师富勒将军(General Fuller)写信告诉他,三年前曾读过《管子》,发现这是古往今来最重要的经济学著作。庞德接着说:"一个叫马维里克的人(这个名字是不是有点象征意味?)①,自己掏钱刊印出了一本《管子》译著,绝对是经济思想史的开端。孟子和几位雅士反对管仲,只因为他不是圣人。孔子却说:可不能用看待死在阴沟里的无名流浪汉的眼光去看待管仲。要不是管仲,我们今天还穿着蛮人的服饰呢。"②

1959年12月,庞德的《御座诗章》出版,其中第106诗章在首页右侧用大号宋体竖印了"管仲"二字(*Cantos* 772),而《管子》的格言及孔子对管子的赞语也在这一章中多次出现。

那么《管子》如何会进入晚年庞德的视域?他又为何突然推崇《管子》?当时他心目中的管子是怎样的?法家管子又如何成为现代派文学经典《诗章》的有机组成?

庞德对"管仲"这个名字应该并不陌生。事实上,他在1945年创作的《比萨诗章》中已引用过孔子关于管仲的著名评论:

"为什么打仗?"跑朗姆酒生意的中士说
"人太多!太多了
就得杀掉些"
"微管仲,"子曰
"吾其左衽矣"
政治的教育在我们的卓越大军中
好像还不成气候。(*Cantos*, 519)

在这几行诗中,"管仲"被一笔带过,只是庞德借来表达文明的一

---

① Maverick 作为英文单词,意为"非正统;独立思考者"。

② D. J. Bridson, "An Interview with Ezra Pound," in Peter Makin, ed. *Ezra Pound's Cantos*, p. 250.

个符号。之后，庞德在 1950 年为《哈德逊评论》(*Hudson Review*) 翻译的《论语》里再一次重复了孔子的这句话（"管仲相桓公，霸诸侯，一匡天下，民到于今受其赐。微管仲，吾其被发左衽矣。"），这句话接着又出现在他的译著《孔子：大学、中庸、论语》中（*Confucius* 257）。不过在很长时间里，他对管子的理解似乎仅限于此，因为他一直以为《管子》这部经典早在秦始皇焚书坑儒后就失传了。(Qian, *Chinese Friends* 162)

但是当他在 1959 年的 BBC 访谈中再提管子的时候，情况已经截然不同。在几年之中，他对管子的认识陡然加深，从略知一二到如数家珍。这个变化发生在1950 年代后期他于华盛顿圣伊丽莎白医院创作《御座诗章》、思考治国之道之际，而这又与他同一位旅美中国学者的交往息息相关。

庞德的好友和传记作者、墨尔本《刀锋》(*Edge*) 杂志主编诺埃尔·斯托克（Noel Stock）在一部阐释《诗章》的著作中提到：

> 1957 年，一位旅居美国的中国诗人寄给庞德一份《管子》英文选译本的摘抄，书名为《古代中国的经济对话》，由刘易斯·马维里克（Lewis Maverick）在 1954 年出版。庞德将此文寄给我在《刀锋》上发表，当年 6 月就得以刊出。而第 106 诗章肯定是在这之后不久写的。①

斯托克所说的这位中国诗人，就是帮庞德从《说文解字》和《广韵》中查出"燊"字字义并试图与王燊甫合作创办中西文化交流刊物的赵自强。1954 至 1958 年，他曾与庞德频繁通信，讨论的话题从中国诗歌逐渐转向经济学和《管子》。正如斯托克所说，1957 年他将《管子》英译本中关于管子的重农思想与货币理论的关键内容摘抄给庞德之后，引起庞德极大的兴趣。通过与赵自强的频繁交流，庞德对管子有了新的认识，从而也加深了对孔子思想的理解，于是就创作出了一篇崭新的《诗章》——第 106 诗章。

一、庞赵初交

从耶鲁大学拜纳基图书馆（Beinecke Library）珍藏的庞德文档中可

---

① Noel Stock, *Reading the Cantos*, p. 70.

见,从 1954 到 1958 年间,庞德总共收到赵自强来信 43 札,1957 年夏一月间常有 6 封之多。虽然庞德寄给赵自强的信函均已无从查找,堪称憾事,但从赵自强寄给庞德的信函中基本上能看出二人交流的脉络。

1957 年 6 月,庞德曾收到赵自强的一份简历。简历显示赵自强是广东人氏,1935 年中山大学英文系本科毕业,毕业论文写的是《济慈的诗心》。毕业后,他在广州当过中学的中、英文教师,后在国民大学、岭南大学等校教授英文,1939 至 1941 年广州沦陷期间他担任过《大公报》的英文编辑,并翻译过明代洪应明揉合儒释道思想的《菜根谭》和许多杜甫的诗歌。

赵自强对经济学也有研究,在中山大学拿到英文学士学位后又修了经济学与中国文学的研究生课程。1939 至 1941 年间他在《国民大学季刊》和《大公报》等报刊发表过关于管子的货币论、孔孟的经济思想和中国古代的货币论等经济学论文。1943 年他还在岭南大学当过经济学讲师,并在抗战胜利后受聘于上海商业银行,从事金融研究工作。赵自强于 1949 年赴美,先在哈佛大学暑期班修了经济学课程,后转入纽约大学,并于 1951 年获得纽约大学金融专业的工商管理硕士学位(MBA)。

以上经历表明,赵自强是一个跨文学与经济学两个领域的学者,这使他与对文学和经济学均有浓厚兴趣的庞德有了比常人更宽的对话平台。

获得 MBA 学位后,赵自强边谋职、边在哥伦比亚大学旁听英美文学课程。同时为自己翻译的杜甫诗歌寻找出版机会。1954 年,赵自强写信给刊印庞德诗歌的新方向出版社,请求他们把自己引荐给庞德,以便让庞德审阅他的杜诗译稿。不久他与庞德取得了联系,并寄去了译稿。

1955 年 1 月 19 日下午,赵自强首次去华盛顿圣伊丽莎白医院探访了庞德,他回纽约后即去信感激庞德对他的鼓励。从赵自强的信中我们可以看出庞德很欣赏赵自强,并乐于牵线搭桥,让他为纽约的嘉德梦出版社(Caedmon Publishers)录制杜甫诗歌朗诵。庞德为自己的诗歌作的朗诵也是由该出版社录音,并在 1960 年发行的。(Qian, *Chinese Friends* 165 – 166)

几天后,庞德在致方志彤的信中半开玩笑地提到"有一位名叫'自我暴力'(或'自然之力')① 的赵先生,你大概不认识。他对杜甫极为

---

① Personal Violence(or Force-of-Nature),庞德对"自强"二字的英译。

崇拜"。好像是怕方氏嫉妒，他又打趣道："不知道是否不该在一个天朝人面前提另一个天朝人。"方志彤在回信中问庞德说的是不是语言学家"赵元任"，庞德则在下一封信中工整地写出了"自强"二字，并说明他的意译是从《马氏汉英字典》（*Mathews' Chinese-English Dictionary*）里查出来的。他说赵自强先生拿来几首他没读过的杜诗，他读得很高兴。(Qian, *Chinese Friends* 151—152)

赵自强与庞德在其后近两年的书信往来中，主要是谈论汉诗。赵自强认为杜甫在中国经典诗歌中的地位应当高于李白，因为杜诗遵循的是"孔子确立的《诗经》传统，他被尊为'诗圣'（一如孔子之'圣'）与'诗史'（不是录史，而是评史）"，这显然很对庞德的思路。经庞德推荐，赵自强的译诗分别发表在墨尔本《刀锋》和伦敦《九缪斯》（*Nine*）杂志上。(Qian, *Chinese Friends* 161) 赵自强还写了一首七律《奉怀庞德翁》献给庞德，他对该诗还逐字作了庞德式的详注：

奉怀庞德翁

诗翁才气贯长虹，
绝世词章誉望隆。
岳也能摇惊笔大，
肱兮可枕乐瓢空。
无情风雨来何急，
落劫江湖路不通。
披发问天天岂醉，
犹怜李白卧浔中。（Beinecke：1956 年 6 月）

赵自强后来又去探访过庞德。在 1956 年 6 月 13 日的信里，他对庞德前信所说"赵不必通报，可以随时来访"深表感激。在 8 月的信中，他解释说自己见面时寡言，是因为敬重庞德，想多听多学。

在此期间，赵自强谋职无着，信中常显得情绪低落。一向急人所难的庞德四处托人为他谋事。他帮赵自强联系了为耶鲁大学开创美国文学档案馆的皮尔森（Norman Holmes Pearson）和当时在哈佛读博的著名学者戴文波特（Guy Davenport）。1957 年 6 月，他还写信给新交的信友、加州某州立大学教师肖博德（John Theobald）："得到他，算捡了个宝……赵不该被埋没。有望再容详告。"（Qian, *Chinese Friends* 161）赵自强非常感动，在信中引《论语·颜渊篇》原文感谢庞德和皮尔森的"**無倦**"，并摘引《论语·学而篇》名言"**為人謀而不忠乎**"，赞扬庞德达到了"**仁**"的标准。（同上 166）

二、发掘《管子》

1957 年是庞德与赵自强交流最频繁的一年，他们讨论的课题，逐步转向了《管子》和法家传统。

1956 年圣诞夜，赵自强写信感谢庞德的关爱，话题由自己的经济状况转到了中国古代经济学家管仲："对个人而言，除非社会提供生活资源，否则尊严云云都是空话。每个人都应有适合于他的工作，否则一定是经济秩序出了问题。我对经济学也很感兴趣。请人帮您从国会图书馆借一本《管子》吧。他是中国古往今来最伟大的经济学家。"（Qian, *Chinese Friends* 167）赵自强从尊严与生活资源的关系说起，然后提到《管子》，大概是想到了《管子·牧民》所说的"衣食足而知荣辱"。他接着用汉字书写了"**孔子曰微管仲吾其被髮左衽矣**"十三个字，并解释道："孔子说：若非管子之功，他可能已经当了外族的臣民了。"在另页上他写了"**管子**"二字及其罗马注音，并注明："把这页交给图书馆管理员。肯定能找到英文译本。"（Qian, *Chinese Friends* 168）

庞德在回信中可能表达了对《管子》的兴趣，并抱怨自己看不到他的著作。所以赵自强在时隔半年后（1957 年 6 月 2 日）的一封信中说，自己最近刚刚找到了英译管子论文（Qian, *Chinese Friends* 168），并随信附上了手抄的十三页英译《管子》摘录。其中包括了《管子》第一篇《牧民》中的重农论、第三篇《权修》中的爱惜民力、第十篇《五辅》中的控制贫富、第二十二篇《霸形》中的轻税缓刑、第四十八篇《治国》中的顺应民意等内容，以及专门一节"货币理论"，包括了第七十三篇《国蓄》、七十六篇《山至数》、八十一篇《轻重乙》中讨论货币的内容。

显然，赵自强提供的《管子》材料使庞德十分兴奋，他马上回信提出要将这些文字拿去发表，因此赵自强于 6 月 10 日紧急发电报给庞德："管仲非赵译。我之引用。勿转载。待航空信详细说明。"（Qian, *Chinese*

Friends 168）紧接着，他在 6 月 11 日的信中又说："听说你喜欢管仲，我非常高兴。这些管仲的引文均出自《管子：古代中国的经济问答》一书。该书的译者是谭伯虎和闻恭文。请勿以为鄙人之译。切勿寄给斯托克发表。"就在同一天，庞德在致肖博德的信中说："赵发掘了管仲，孔子推荐的最重要的经济学家。以为在焚书时就毁佚了。正等待赵更多信息。"（Qian, *Chinese Friends* 162）

几天后，在 6 月 16 日致庞德的信中，赵自强再次强调管仲为中国古代最伟大的政治家与思想家，他请庞德参看他自己于1950 年发表的英译《论语》第 16、17 和 18 节中，孔子对管仲的高度赞美。因为庞德"极想多了解一些管仲的生平"，赵自强随信又附上了一篇摘自《古代中国的经济问答》一书的管仲简介，并说自己已经把司马迁的《管仲列传》翻译成英文，打算再打磨几日，将更准确的译文献给庞德。赵自强还试图解答庞德关于《管子》如何逃过始皇焚书一劫的疑问。他说一位孔子后裔当时身为鲁王，将许多经典著作藏于墙壁夹层内，《管子》说不定由此而留世至今。接着，他为庞德提供了马维里克《古代中国的经济问答》一书的出版和购书信息（Beinecke：1957 年 6 月 23 日），不久又寄去了他翻译的《史记·管仲列传》（Beinecke：1957 年 6 月 30 日）。之后又寄去了司马迁对管仲的评论："管仲世所谓贤臣，然孔子小之，岂以为周道衰微，桓公既贤，而不勉之至王，乃称霸哉？语曰'将顺其美，匡救其恶，故上下能相亲也'。岂管仲之谓乎？"他认为这是他能找到的孔孟之后中国典籍中唯一对管仲的重要评论。他在为这段"太史公曰"所作的注解中，引用了庞德译《论语》中孔子的话："管仲之器小哉！"并引用了"最伟大的新儒家"朱熹的阐释："器小，言其不知圣贤大学之道，故局量褊浅、规模卑狭，不能正身修德以致主于王道。"（Beinecke：1957 年 7 月 13 日）赵自强虽然非常敬重《管子》，却还是把批评管仲的文字寄给庞德，显示出一个学者的客观求实精神。

这些批评引文并未减弱庞德对管子的热情。赵自强对管仲的经世之学的介绍肯定引起了庞德对法家传统的兴趣，因为在 6 月 23 日的信中，似乎是应庞德之邀，赵自强画了一张从吕尚到韩非的法家承继关系示意图，并答应提供这些人的重要语录，但建议庞德先去阅读《中国哲学史》。（Beinecke）大约两个月后（8 月 20 日），他又给庞德寄去一页"管仲所处的法家传统"，简要介绍了法家代表人物的著述情况，并附有五页

第七章 《管子》西游——赵自强和庞德《诗章》中的《管子》 | 177

摘自杜凡岱（J. J. L. Duyvendak）的《商君书：中国法家经典》①，对井田制和法家人物李悝和商鞅的思想作了介绍。（Beinecke）

为了让庞德读到原汁原味的《管子》，赵自强在这封信中再次请庞德让人持他手书的"管子"二字去国会图书馆，看能否借到中文老版大字本《管子》。同时他为庞德向香港书局函购了一本中文版《管子》。他在接下来的几个月里不断向庞德通报该书的邮递情况，似乎为中文版《管子》不能迅速送到庞德手上而感到焦虑。

庞德显然十分赏识赵自强的文才，尤其是他对中国古代经济学的学识，因为他在向他人推荐赵自强时，居然把他比作亚里士多德，使赵自强受宠若惊，在回信中说自己"实在连给亚里士多德做学生都没有资格"（Beinecke：1957年6月23日）。不久之后，赵自强告诉庞德，他已经接受旧金山太平洋学院美国亚洲问题研究院（American Academy of Asian Studies, the College of the Pacific）的聘书，将去那里担任中国语言文学副教授，并感谢庞德鼓励他去马维里克门下攻读博士学位，继续管子研究。（Qian, *Chinese Friends* 169 – 170）1957年9月赵自强离开了东海岸去旧金山任教。此后两人的书信往来又持续了八个月。1957年11月赵自强给庞德寄去一副中国碗筷和调羹作为生日礼物。（Qian, *Chinese Friends* 170）1958年5月6日，就在庞德从圣伊丽莎白医院正式获释的前一天，赵自强在现存的最后一封信中，感谢庞德的来信，并给他寄去一个雕龙的象牙球，祝贺他重获自由。（Qian, *Chinese Friends* 171）不久庞德便离美前往意大利。两人三年多的会晤和信函交往就此划上了一个句号。

三、因缘际会

庞德对《管子》相见恨晚，是因为他长期以来，尤其是1950年后的政治、经济思考与赵自强向他推介的《管子》十分契合。

庞德出生在一个有着深厚的民粹主义信仰的家族。祖父赛多斯·柯尔曼·庞德（Thaddeus Coleman Pound, 1833 – 1914）曾是威斯康辛州副州长，并连续三届担任美国国会议员（1877—1883）。他属于共和党内提

---

① J. J. L. Duyvendak, *The Book of Lord Shang: A Classic of the Chinese School of Law*, pp. 41, 43 – 44, 48 – 49.

倡政府有力干预国民经济的一派。为了稳定通货，他曾经激烈反对民主党提出的自由银平台政策（free silver platform），而坚持当时实际运行的金银比例大致相当的复本位制。① 在《御座诗章》的第 103 诗章中，庞德也写到祖父试图以威斯康辛国会议员的身份"留一些/不计息之类/在流通中/作为通货"（Cantos 753）。

早年在伦敦的时候，庞德受《新时代》（New Age）主编奥拉治（A. R. Orage）的影响，接受了"经济先于政治"的思想。② 通过奥拉治他又结识了英国经济改革先驱道格拉斯少校（Major C. H. Douglas），并终生受到后者的"社会信贷论"的影响。道格拉斯认为，货币供应不足和商品生产过剩造成了阶段性的经济萧条，只有战争和大量消费才能解决问题。由于资本家追求利润，使市场无法清理积余，道格拉斯建议多印钞票，以"社会信贷"红利的方式每年分发给所有公民，以增加购买力。③ 稍后他又受德国经济学家、社会活动家盖塞尔（Silvio Gesell）《自然经济秩序》一书的影响，相信应该由国家按照全国的需求和生产能力来发行钞票。④ 而在庞德心目中，社会罪恶之源就在控制了银行业的高利贷者。⑤ 对逐利尤其是高利贷的抨击是《诗章》最重要的线索之一。1953 年庞德在他的最后一篇经济论文《主权》（"Sovereignty"）中再次强调货币是主权的关键属性："货币是民族经济发展的主要杠杆，所以一定要由国家掌控，决不能任由私营公司垄断。"⑥

在庞德的心目中，一个国家经济的健康发展应该由农业、分配和流通三者共同支持。他在《中国史诗章》的许多地方突出表现了这个观念。例如，第 53 诗章讲了荒年政府应增加货币稳定供应：

　　成汤之时，经年旱象，
　　滴雨未降，
　　粮食奇缺，价格暴涨

---

① Tim Redman, "Pound's Politics and Economics," in Ira Nadel ed. *Cambridge Introduction to Ezra Pound*, pp. 250 – 51.
② Ira Nadel, *Cambridge Introduction to Ezra Pound*, pp. 92 – 93.
③ 同上 p. 93.
④ 同上.
⑤ 同上 p. 73.
⑥ Ezra Pound, *Selected Prose*, p. 352.

第七章 《管子》西游——赵自强和庞德《诗章》中的《管子》 | 179

> 故公元前1760年成汤开铜矿
> 制通货，币圆而孔方
> 散予百姓
> 以利其购买谷粮。（Cantos 264）（孙宏译）

第55诗章论及政府将充公的巨额财产继续流通：

> 御史们说李锜侵吞了十省财宝
> 如果它们进入国库
> 　　就会脱离流通
> 人民将因此贫困
> 于是宪宗将其投入商业（Cantos 290）

这节诗的下面用汉字抄录了《大学》第10章第20节中的两句话，将流通与修身联系起来：

> 仁者以財發身／不仁者以身發財

此后，在《钻石机诗章》之第88诗章中，庞德同样称赞罗马皇帝安东尼庇护将金钱保持在流通中的做法：

> 安东尼以百分之四利息放贷
> 那是帝国的峰息
> （罗马帝国）
> 他说："尽量将部分
> 非计息国债保持流通充当通货"（Cantos 600）

庞德相信粮食也具有流通功能，荒年尤其如此。在《中国史诗章》之第61诗章中，他记录了一份雍正年间陕西总督刘于义的奏折：

> 贮米，明智的积粮
> 为明年供应更加充裕，

>亦即提高我们的荒年储备
>并保持仓中大米新鲜。
>在普通的乏粮时节；以平价卖出
>在反常年岁贷给百姓
>在大灾之年开仓济赈
>刘于义
>皇帝钦准（*Cantos* 335）

很明显，庞德和他祖父一样，反对资本主义的放任政策，坚信政府需要干涉流通，才能保持良好的经济与社会秩序。执政者特别需要重视的，是掌握粮食和货币，以便随时调节市场。而《管子》突出强调了这两点，自然容易引起庞德的共鸣。赵自强深谙《管子》，善于挑出最精华的段落，让庞德迅速注意到管仲将粮食和货币同时当作国家需要控制的最重要的流通物，并明智地运用流通规律来调节市场。而这种对经济问题的专业讨论，在儒家经典中难以见到。

更重要的是，庞德在《管子》中找到了孔子思想的渊源。他发现管仲既是法家传统中关键的一环，又是孔子思想的源泉之一。有了这一认识，庞德眼中的中国思想文化背景便豁然开朗，他对孔子的理解也因此而加深。

1955年9月《钻石机诗章》出版后，庞德即开始创作《御座诗章》。如前所述，他在1960年告诉美国诗人霍尔：《御座诗章》中的御座，仿佛但丁'天堂篇'中的御座，"是为政治贤明之士的灵魂而备，而《诗章》中的'御座'试图超越自我，在世间建立某种可行的或至少可以构想的'秩序'……有些人负有比个人行为更大的责任，《御座诗章》关注这些人的心灵。"① 庞德所说的"比个人行为更大的责任"，无疑是按着《大学》开篇提出的顺序，在"修身"和"齐家"之后的"治国"和"平天下"等责任。（*Confucius* 32）这是《御座诗章》要着重思考的问题。

按照这个思路，管仲是一个很好的选择。庞德在读了赵自强翻译的《管仲列传》后一定发现，从传统的儒家观点看，管仲在"个人行为"上算不得上佳：他与鲍叔牙相交的时候，做买卖多赚，败阵时先逃，是为不义；他辅佐的公子纠为齐桓公所杀之后，他不死节，反而投敌，是

---

① Donald Hall, "Ezra Pound: An Interview," *Paris Review* 28 (1962): 49.

第七章 《管子》西游——赵自强和庞德《诗章》中的《管子》

为不忠。而在庞德自己翻译过的《论语》中,孔子也因为管仲不知俭且不知礼而批评他"器小"。但庞德却发现,孔子对于这样一个被自己定为"小器"的人物,却敬佩有加,连续两次为他辩护:在《论语·宪问篇》第14节中,先是在子路问"桓公杀公子纠,召忽死之,管仲不死。曰:未仁乎"的时候,他说:"管仲九合诸侯,不以兵车,管仲之力也。如其仁,如其仁!"作为一个特别热爱和平的教友派,庞德对管仲在春秋乱世"不以兵车"、仅凭齐国发展起来的经济实力建立天下秩序,应该十分认可。当子贡询问同样的问题时,孔子进一步称颂管仲的功劳:"管仲相桓公,霸诸侯,一匡天下,民到于今受其赐。微管仲,吾其披发左衽矣。"庞德看到孔子以非常开放的态度,将管仲的治世之才置于他的个人品格之上,一定印象深刻,这才有了本文开头时他所引用的孔子那句话,以说明孔子肯定管仲并批评弟子们的狭隘眼光:"岂若匹夫匹妇之为谅也,自经于沟渎,而莫之知也。"(《论语·宪问篇》第14)

这样一个开放的孔子形象,是庞德在他的《诗章》和其他儒学写作中一直致力于恢复的。而管仲不仅为庞德提供了进一步丰富孔子形象的机会,也给了庞德进一步想像良好的经济社会秩序的契机。

在《御座诗章》中,第98至99诗章集中关注康熙皇帝在天下初定之时按照儒家治世理想发布的十六条《康熙圣谕》(*The Sacred Edict*),这些圣谕被庞德当作可藉以想像儒家"御座"所设计的一种管理良好、各得其所的社会生活状态。

十六条《康熙圣谕》中,庞德最关心的是"务本业"一条。"**本业**"这两个汉字在第98诗章中两次出现(Cantos 707, 712),在后面的第104诗章和第108诗章又各出现一次(Cantos 764, 784)。《康熙圣谕》中的"本业"所指很清楚,就是"重农桑,以足衣食",是与高利贷这样的食利投机完全不同的健康的自然经济,是儒家的理想生活方式。而赵自强在这时为庞德送来的《管子》摘录,劈头就说"凡有地牧民者,务在四时,守在仓廪",正好为《康熙圣谕》这块"丰碑"提供深厚鲜活的历史语境。

在庞德看来,在这样一个自然社会中,法律也应该是自然的。在第99诗章中,他又祭起了拆字的法宝,把"法"字拆解成"水、土和肱二头肌",因此

天、人、地写下的法律

并不在它们的自然颜色之外（*Cantos* 719）（赵毅衡译）

而在《管子》中，几乎所有的关于国策和法律的讨论，包括货币的确定与运用，都与山河田野、春去秋来的自然生活息息相关，使用的语言也离不开自然。因此，《管子》的法家是自然的法家，不脱离人性的法家，可以作为庞德的可心素材。

四、《管子》之章

1959 年 12 月，《御座诗章》在意大利和美国同时发表，与《管子》相关的内容集中出现在其中的第 106 诗章。①

学界对《诗章》中的《管子》较新的研究可见于 2011 年普莱厄（Sean Pryor）所著的《叶芝、庞德与天国诗》。② 普莱厄对诗中出现的一些《管子》语录作了溯源考证，不过他借用邦廷（Basil Bunting）论庞德的话说，与《诗章》中出现的其他文献相似，《管子》"指而不言"。（refer, but they do not present）即庞德虽然信手拈来，却对这部绝大部分西方读者闻所未闻的东方古典文献丝毫不加说明，让读者如坠云雾中。普莱厄认为，庞德正是要通过这种晦涩的处理而赋予《管子》权威的力量：他将《管子》的若干言语从具体语境中抽取出来并加以改造，从而消除了原文具有的正常的说理逻辑，使之成为神秘莫测的箴言，以彰显天国的追求。③

普莱厄的阐释不无道理。无疑，在整个《诗章》中，晦涩正是庞德迫使读者脱离有限的理性而飞向天国的一只翅膀。不过，单靠晦涩是飞不远的。庞德并没有欺负西方读者无知而胡说八道，只要对庞德引用的《管子》内容及在第 106 诗章中的语境细加研究，就会注意到晦涩之外的另一只翅膀，那就是被上古传说赋予审美色彩的经济思想。更重要的是，庞德将《管子》与古希腊厄琉西斯城的德墨忒耳—珀尔塞福涅神话并置叠加，并将两者紧紧缠绕在了一起，使经济思想显得崇高、神秘、优美，

---

① 此外，第 105 诗章中曾提及本章开头出现过的《管子》英译本（1954）的编者马维里克（Maverick）。

② Sean Pryor, *W. B. Yeats, Ezra Pound, and the Poetry of Paradise*, 2011.

③ 同上，pp. 175 – 76.

第七章 《管子》西游——赵自强和庞德《诗章》中的《管子》 | 183

并使《管子》具有了世界文学的价值。

该诗章中首先出场的是丰谷女神德墨忒耳的女儿、被冥王狄斯掳去地狱火河彼岸的阴间做王后的珀尔塞福涅：

> 她的女儿是否也一样
> 黑如德墨忒耳的袍、
> 眼和发？
> 狄斯的新娘，火河彼岸的王后，
> 身边绕着雾气般朦胧的姑娘？

> And was her daughter like that:
> Black as Demeter's gown,
>   eyes, hair?
> Dis' bride, Queen over Phlegethon,
>   girls faint as mist about her? (*Cantos* 772)

在希腊神话中，德墨忒耳因为伤悼女儿而让万物凋零，直到宙斯说服冥王每年有一段时间可以让珀尔塞福涅回到阳世。于是每年珀尔塞福涅在阴阳界之间的来去就成了大地冻死与复苏的季节变换。而德墨忒耳神庙所在的厄琉西斯则每年要在秋季举行一次神秘的祭祀仪式，敦促珀尔塞福涅来年重返。①

庞德用德墨忒耳和珀尔塞福涅的希腊农业神话给紧随其后讨论农业的《管子》染上了神秘色彩。

> 人的力量在五谷　　　　　管 Kuan
> 　《管子》第八篇九令。　　子 Tzu

> The strength of men is in grain　　管 Kuan
> 　　NINE decrees, 8th essay, the Kuan (*Cantos*772)　子 Tzu

---

① Luk Roman, *Encyclopedia of Greek and Roman Mythology*, p. 132.

有趣的是,庞德从煌煌万言的《管子》挑选出来的第一句话却是一个误译。"人的力量在五谷"(The strength of man is in grain)一语的原文出自《管子·权修第三》:"地之守在城,城之守在兵,兵之守在人,人之守在粟。故地不辟,则城不固。"① 其中"人之守在粟"一语在马维里克编辑、谭伯虎和闻恭文翻译的《管子》译文中为"the strength of the men lies in the grain"②,可见庞德几乎原样照搬,只动了一个字,将"lies"改成了"is"。但是更新的、也更权威的李克译本③将其译为"the preservation of men depends on grain"④。李克对《管子》有深入的研究,且在翻译过程中得到许多大家的帮助。就本处上下文而言,"人之守在粟"的"守"的确是"存守"的意思,因此李克将其译为"preservation"是合适的,而谭、闻译本中的"strength"则有引申过度之嫌,不够确切。但庞德要的偏偏就是这种来自农业的"力量"——下一行"《管子》第八篇九令"(NINE decrees, 8th essay, the Kuan)就是以"令"的形式表达了这种力量。普莱厄认为这两行之间表现的正是庞德通过晦涩造成的权威感,因为几乎无人知道"《管子》第八篇九令"颁布的到底是哪些诏令,即便知道了也会莫名其妙,因为这些诏令本身并未提及"五谷"。⑤ 其实,庞德这两行诗的意思很直白:《管子》第八篇中的"九令",亦即号令天下的力量,建立在五谷的基础之上。而且若加进一步的了解就会知道,《管子》的第八篇即《幼官第八》,描述了齐国因粮食充裕而富强之后,以和平的方式"九合诸侯,一匡天下",定下九条诏令的情况。这些诏令主要包括禁止战争、收养孤寡、田租市赋、

---

① 颜昌峣:《管子校释》,第 23 页。

② Guan Zhong, *Economic dialogues in ancient China: selections from the Kuan-tzǔ*, a book written probably three centuries before Christ, p. 38.

③ 宾夕法尼亚大学汉学家李克(W. Allyn Rickett)译注的《管子》第一卷于 1985 年作为《普林斯顿亚洲翻译丛书》由普林斯顿大学出版社出版,其第二卷于 1998 年才出版。李克曾在清华大学和燕京大学学习、工作。他投入 40 年的精力进行《管子》翻译和研究,其间多次返回中国,向冯友兰、钱锺书、朱德熙、马非百等大家请教。该书出版后曾获极高评价,被认为是对中国古代思想研究的重要贡献。(冯禹:《〈管子〉英译本评介》,《管子学刊》1988 年第 2 期,第 50—51 页;立星、恒杰:《英文版〈管子〉第二卷在美国出版》,见《管子学刊》1999 年第 1 期,第 83 页)。

④ W. Allyn Rickett, trans., *Guanzi: Political, Economic, and Philosophical Essays from Early China, A Study and Translation*, Vol. I, p. 96. Guan Zhong, *Economic dialogues in ancient China: selections from the Kuan-tzǔ*, a book written probably three centuries before Christ, p. 38.

⑤ Sean Pryor, *W. B. Yeats, Ezra Pound, and the Poetry of Paradise*, p. 175.

道路度量、四季祭祀、以及各种礼仪。① 而整个《幼官》就是按照阴阳五行将一年分为五个时节的一章农时书，把全部政治和经济生活都按照带有神秘色彩的自然农时加以安排："戒审四时以别息，异出入以两易，明养生以解固，审取予以总之。"②

　　郭沫若等学者早就发现，以第八篇《幼官》为代表的《管子》农时思想与后来的儒家经典《礼记》中的《月令》之间有非常密切的联系，因此相信"《月令》出于《管子》"。③ 而《礼记·月令》是庞德非常熟悉的。在《中国史诗章》开篇第 52 诗章中他记叙了《礼记·月令》第六、七两章中的夏秋时令和天子的当令仪制，以示天人合一的思想。不但如此，他还同时描写了厄琉西斯秘仪，将中国和希腊结合在一起。泰瑞尔在《〈诗章〉指南》中指出，整个《诗章》中的两个主要因素就是儒家伦理与厄琉西斯秘仪。一切都发生在这两极之间。（Terrell 201）因此，当庞德读到《管子》第八篇之后，一定感到非常亲切，并为自己发现了儒家思想的渊源而感到兴奋，并再次将两者叠加在一起。

　　庞德紧接着将儒家的统治思想追溯到管仲身上。他称赞了管子的才干："管治的学问传自管仲的时代"。（"How to govern is from the time of Kuan Chung"）（Cantos 772）在庞德常用的《马氏汉英字典》里，"管"字的第一个解释就是"管治"。④ 这个文字游戏玩在管仲的身上天衣无缝。接着，在直接引语"若无管仲我们还会穿着像蛮人一样"之后，又出现了并置：

　　　　阿耳忒弥斯钱币
　　　　币重而万物轻

　　　　coin'd Artemis
　　　　all goods light against coin-skill （Cantos 773）

将印着希腊神话中的月亮与狩猎女神像的钱币与管仲的货币理论相

---

① 颜昌峣：《管子校释》，第 82 页。
② 同上。
③ 郭沫若、闻一多、许维遹：《管子集校》，第 104 页。
④ Robert Mathews, *Mathews' Chinese-English Dictionary*, p. 525.

提并论，是给钱币或经济铸就了两面：一面是理性的思考，另一面是浪漫的神话。

然后，庞德引用了《管子》第七十七篇《地数》中关于出产铸币金属的所在和探矿的方法：

出铜之山若有四百
上有丹砂者下有铜——
河金出自葛卢山
　　　　价格来自 XREIA①
尧舜以玉治国

If there be 400 mountains for copper—
　　under cinnabar you will find copper—
river gold is from Ko Lu;
　　　price from XREIA;
Yao and Shun ruled by jade
　　　　　　　　　　（*Cantos* 773）

管仲将这些情况告知齐桓公，是要由国家控制货币制造的原料，以稳定流通。在《管子》原文中，管子请桓公在这些探明矿苗的地区附近严格封山而布置祭坛，并定下残酷的刑罚使人不敢动念侵犯国家财产："左足入、左足断；右足入，右足断。然则其与犯之远矣。此天财地利之所在也。"②但庞德不愿多谈现实政治，更愿意谈矿之所在与探矿。在现代矿物学发展之前，望气探矿（divining）是一件凭借直觉的神秘事业，几乎与占卜预测同义。另外，在《管子》原文中葛卢山的出金实际上是与黄帝、蚩尤的战争相连的；而"尧舜之王，所以化海内者，北用禺氏之玉，南贵江汉之珠，"同样很有传说时代的精彩。③ 如此一来，庞德使管仲的货币理论减少了几分政治经济色彩而增多了一点文学的浪漫风味。

而古希腊的德墨忒耳—珀尔塞福涅神话和粮食祈祷仪式将上述《管

---

① 希腊语：黄金。(Terrell 690)
② 颜昌峣：《管子校释》，第 581 页。
③ 同上，第 577 页。

子》的经济管理内容细细密密地包裹、穿插起来,还加上了古埃及的大神拉每日穿地旅行、死而复生的神话:

> 大地、大气、大海,
> 　　　在火焰之船上
> 越过亚马逊、奥里诺科,伟大的河

> Earth, Air, Sea
> 　　　in the flame's barge
> over Amazon, Orinoco, great rivers. (*Cantos* 773)

这些都大大地降低了《管子》的理性色彩,使它更接近审美的幻想。在经过一辈子的儒家追求之后,也许这种经过改造的幻想比现实的历史更令庞德陶醉。也许这就是他很快转向诗章末篇《诗稿与残篇》(*Drafts & Fragments*)亦真亦幻的纳西世界的前兆?

第八章 纳西诗篇
——方宝贤和庞德《诗章》中的纳西文化

方宝贤伉俪与钱兆明合影,2003年8月(方宝贤女儿Teresa摄)

第八章　纳西诗篇——方宝贤和庞德《诗章》中的纳西文化

庞德，1967年摄于意大利拉巴洛城（耶鲁大学拜纳基图书馆提供）

一、纳西之友

自从被联合国教科文组织列为世界文化遗产,地处横断山南麓的云南古城丽江便一跃成为海外游客访华首选地之一。丽江能扬名天下,美籍奥地利植物学家兼探险家、人类学家约瑟夫·洛克(Joseph Rock, 1884–1962)功不可没。1922年至1949年间他留居丽江,锲而不舍地研究中国西南地区的植物、挖掘纳西族的文化遗产。他精心移植到美国东海岸和夏威夷群岛的中国西南地区植物标本,现为哈佛大学阿诺德植物园(Arnold Arboretum)和夏威夷大学约瑟夫·洛克植物标本馆(Joseph Rock Herbarium)的珍藏;他当年发表的一批又一批学术成果,今已成为"纳西学"的经典。海内外游客去丽江不能不参观"玉柱擎天风景名胜区美籍奥地利学者洛克旧居,原美国国家地理学会中国云南探险队总部旧址"。一幢简陋的木房,楼下是接待室,楼上是洛克原来的卧室,也是他原来的餐室、书房、工作室和冲洗照片的暗室。

为丽江争得国际名声的还有庞德。庞德以倡导现代派新诗、翻译《四书》、唯儒独尊著称,到晚年却不再对佛教道教抱有偏见,在其《诗章》最后的续篇《诗稿与残篇》(*Drafts & Fragments*)中兼收并蓄中国非主流文化,富有情趣地描写丽江山水和纳西民俗。在第112诗章片断中,他仿佛身临其境,描写了丽江古城水系的源头、乾隆二年(1737)始建的黑龙潭:

  石榴溪畔,
    清新的空气
 穿透丽江,
  阵阵松涛,
  象山麓
  处处是清泉,
 黑龙寺、黑龙潭
 清澈的流水
    涌入
  玉 Yü[4]

河 ho^2（*Cantos* 804）

英美学者历来认为庞德《诗章》的纳西素材均取自洛克的著作——双语爱情悲剧叙事诗《开美久命金》（"The Romance of K'a‑mä‑gyu‑mi‑gkyi, A Na‑khi Tribal Story"）、专著《中国西南的古纳西王国》（*The Ancient Kingdom of Na‑khi in Southwest China*）和论文《孟本——纳西祭天仪式》（"The Muan‑Bpö Ceremony or the Sacrifice to Heaven as Practiced by the Na‑khi"）。洛克究竟是不是庞德纳西素材唯一的来源？庞德笔下的丽江山水显得那么真切，他会不会听丽江人口述过城北象山清泉、黑龙潭的生态美？

从新历史主义的视野着眼，重新审视庞德《诗章》，须将其置于尽可能完整的社会文化大语境。新挖掘的文档资料和与当事人的访谈证明，庞德创作纳西诗篇不仅受益于洛克，也受益于来自丽江的朋友。换言之，庞德的纳西素材不完全取自书本，其中相当一部分来自纳西文化哺育的中华才俊。

美国耶鲁大学拜纳基图书馆藏有一封洛克于1956年1月3日写给庞德的书信，信中提到一个"纳西小伙子"和两篇有关纳西的论文：

> 我的朋友方宝贤，是个纳西小伙子，他父母是我在云南丽江多年的好友。方宝贤转给我一封美国天主教大学教授乔瓦尼尼写给他的信。乔瓦尼尼在信中告诉方宝贤，他把我的两篇有关纳西的论文交给了您。我曾在纳西族中居留27年。（Qian, *Chinese Friends* 196）

乔瓦尼尼（Giovanni Giovannini）是华盛顿天主教大学英美文学教授、庞德在圣伊丽莎白精神病院期间的常客，而方宝贤则是乔瓦尼尼的忘年交。庞德显然是通过他们俩而结识洛克的。那么庞德和方宝贤有无交往呢？答案是肯定的。耶鲁大学拜纳基图书馆藏有方宝贤夫妇1957年和1963年寄给庞德夫妇的圣诞卡。美国印第安纳大学礼莉图书馆收藏了1959年初方宝贤寄给庞德夫妇的新年贺卡。在这张1959年新年贺卡的背后，方宝贤认可收到了庞德归还他的两册洛克论文。从这张贺卡我们可以看出方宝贤十分了解庞德晚年对《易经》八卦的兴趣，他也熟知庞德为写《诗章》续篇一直在研究纳西文化：

两册书均收到，谢谢！您还给一册包上了漂亮的封皮，并留下了您珍贵的签名。贺卡上的八卦设计恰当吗？希望《诗章》续篇能赋予经历了辛亥革命、中华民国、中华人民共和国和人民公社的丽江新的生命。盼复！祝圣诞快乐！新年快乐！（Qian, *Chinese Friends* 204）

庞德女儿玛丽·德·拉齐维尔兹在意大利北部布伦堡珍藏着 1959 年岁末方宝贤夫妇寄给庞德的又一张圣诞卡，卡后有方宝贤留言：

我们怀着感激的心情关注着您的诗歌：我亲爱的祖国和我亲爱的家乡将在您的笔下和您的诗歌中名垂千古。（Qian, *Chinese Friends* 205）

1959 年 12 月，庞德的《御座诗章》出版，其中第 101 诗章描绘了象征天人合一的纳西妇女服饰：

肩上戴着太阳和月亮，
　　背上缝着星星（*Cantos* 746）

方宝贤当年"怀着感激的心情关注"的显然就是《御座诗章》这些赞美与万物同生息的纳西族习俗的诗句。

方宝贤与庞德的关系究竟有多密切？只有通过采访方宝贤本人、核实他保存的庞德信件，才能解开这个谜团。2003 年 8 月 18 日，笔者有幸在波士顿西郊贝尔蒙特方氏寓所中见到了这位波士顿学院退休物理学教授、著名美籍纳西族太阳能专家，聆听他讲述与庞德的交往，细阅他珍藏四十余年的庞德夫妇来信和庞德用过的洛克著作。

方宝贤（1923—2011）出生于云南丽江大研古镇文治巷，父亲方国琛是崇信号商家掌门人，叔父方国瑜是我国纳西学泰斗、世界上第一部翔实、科学的《纳西象形文字谱》的编撰者。[①] 方宝贤自幼在丽江古镇读书，14 岁从丽江市一中毕业后即离家前往省府昆明投奔在云南大学任教的叔父，入昆华中学（今昆明市第一中学）上高中。那时缅滇公路尚

[①] 参见方国瑜：《纳西象形文字谱》，昆明：云南人民出版社，1979 年。

未竣工，当地老乡都骑马或骑骡子去昆明，方宝贤却喜欢步行走山路，每次回家探亲后从丽江到昆明上学大概要走 15 天。

抗战胜利前夕，云南省主席龙云高瞻远瞩，决定从全省选拔一批优秀高中毕业生、大学生送往美国公费留学，为建设战后的新云南培养人才。1943 年底方宝贤作为西南联大的优等生，考取了留美预备班。同期从西南联大选拔出来的公费留美生中还有研究院的杨振宁、数学系的和惠桢和化学系的杨凤。① 和惠桢和杨凤也是纳西族人，和惠桢后来成为美籍纳西族矿物学家，杨凤于 1951 年学成回国，成为西南地区赫赫有名的动物营养学家。② 1944 年，和惠桢、杨凤等还在预备班接受培训，杨振宁因已获物理学硕士学位，在西南联大附中代课等待出国，方宝贤却直接取道印度去了美国，次年即进俄亥俄州立大学哥伦比亚分校专攻物理和数学。1950 年他获得俄亥俄州立大学物理学和数学硕士学位，随后转入华盛顿美国天主教大学攻读物理学博士学位。在那里，方宝贤遇到从奥地利来美求学的约瑟芬·里斯（Josephine Maria Riss）。约瑟芬（中文名方瑟芬）来美前已从奥地利格拉茨大学取得博士学位，当时正在美国天主教大学攻读图书馆学硕士学位。他们俩情投意合，于 1951 年 3 月结为夫妻。天主教大学的英语教授乔瓦尼·乔瓦尼尼同这对年轻夫妇私交甚笃，1952 年成为他们的长女鲍拉（中文名方家佩）的教父。

1953 年夏，方宝贤刚获博士学位留校在物理实验室工作，乔瓦尼尼就带他到华盛顿圣伊丽莎白精神病院探望庞德。乔瓦尼尼告诉方宝贤，庞德是一位了不起的美国诗人，早年译过李白的诗，收入成名作《华夏集》（*Cathay*, 1915）。二战期间在罗马电台发表过亲法西斯、反联邦政府的广播讲演，被指控叛国罪，后因精神病专家诊断他"精神失常"而被送进了圣伊丽莎白精神病院。最近几年他把儒家《四书》中的《大学》、《中庸》和《论语》都译成了英语。③ 中国学者去探望，他一定高兴。

方宝贤夫妇不久便成了庞德夫妇的常客。他们几乎每月都要去一次圣伊丽莎白医院，有时还带上女儿鲍拉和儿子大卫。庞德特别爱吃约瑟芬做

---

① 杨振宁于 1944 年获得清华研究院硕士和庚子赔款留美奖学金。
② 牛耕勤：《丽江留美三杰》，《丽江日报》2012 年 11 月 14 日（http://news.lijiang.cn/culture/articles/2012 – 11/14/content_70160.htm）。
③ 参见 Ezra Pound, *Confucius*: *The Great Digest*, *The Unwobbling Pivot*, *The Analects*, New York: New Directions, 1969.

的蛋糕，每逢他生日，约瑟芬都要做一只，让女儿鲍拉捧着给他送去。这样频繁的往来延续了五年，直至1958年庞德离开华盛顿返回意大利。

庞德的传记有八九部之多，没有一部提到方宝贤。更令人吃惊的是，西方和中日韩研究庞德的学者数不胜数，他们中竟无人知道庞德晚年有一个叫方宝贤的朋友。这位被文学评论界长期冷落的庞德友人先后在美国国家标准局、法国、荷兰、瑞典科学院、美国航天署太阳能研究所担任过工程师、高端研究人员，1970至1990年在波士顿学院物理系带研究生、搞科研，中美关系正常化以后每年都回云南探亲，并以联合国开发计划署外侨自愿传授技术组织（TOKTEN）专家的身份，参与云南省经济型太阳能产品的研发和应用。① 他对庞德《诗章》续篇的创作起过什么作用呢？解开这个谜团不仅有助于解读《诗章》最后一部续篇的文化内涵，而且有助于全面评价庞德的中国观。

二、纳西象形文

庞德毕生热爱中国文化，但是在认识方宝贤之前他对中国文化的认识局限于汉文化，特别是儒文化。方宝贤让他接触到了中国少数民族文化，在古稀之年开始学习这种文化，并把这种文化移植到《诗章》最后的续篇。

刚认识方宝贤时，庞德正在为出版他那部篆体中文—韦氏注音—英译文三对照的《诗经》而烦恼。早年的庞德只强调汉字的形，50年代初在方志彤等人的开导下，他逐渐认识到了汉语语音的重要性。他的英译《诗经》不发表则已，要发表就既要配上篆体原文，又要配上韦氏注音。② 如前所述，方志彤推荐的哈佛大学出版社考虑到成本，希望只印他的译文，后来经商洽终于同意先出一本纯译本，盈利了再出一本汉英对照的"学术版"《诗经》。方宝贤来访时，庞德对哈佛大学出版社只重视他的译文还耿耿于怀，难免要发牢骚，讲孔子强调的诗歌的音乐性，

---

① "Obituary: Fang, Pao-Hsien (Paul)," http://belmont.patch.com/groups/announcements/p/an-obituary-fang-pao-hsien-paul

② 庞德的《诗经》普通版 *The Classic Anthology Defined by Confucius* 于1954年由哈佛大学出版社出版。庞德配篆体原文、威氏拼音和译文的双语版《诗经》手稿至今仍保留在拜纳基图书馆，未曾出版。

第八章 纳西诗篇——方宝贤和庞德《诗章》中的纳西文化

和费诺罗萨（Earnest Fenollosa）在《作为诗歌媒介的汉字》（*The Chinese Written Character as a Medium for Poetry*）强调的古汉语象形字、表意字的隐含意义。①

有一天，庞德又提到费诺罗萨和汉语保留的象形字和表意字。平日寡言的方宝贤告诉庞德，中国西南边疆的纳西族至今还在用象形文字，他们的文字是世界上唯一"活用的"象形文字。他本人来自纳西族聚居的云南丽江，母语就是纳西语。庞德听了又惊又喜，惊的是居然还有"活用的"象形字，喜的是他可望通过方宝贤学会几个纳西象形字。

丽江是古纳西王国的首府，它秀丽的风景和灿烂的文化曾让奥地利裔美国植物学家洛克和他的俄国朋友、《被遗忘的王国》（*Forgotten Kingdom*）的作者顾彼得（Peter Goullart，1901－1975）为之倾倒。卡罗尔·泰瑞尔（Carroll Terrell）把丽江誉为"圣城"（Terrell 93），彼得·史托恰夫（Peter Stoicheff）把丽江称作"人间天堂的象征"②。庞德《诗章》续篇旨在写人类向往的天堂，在1959年发表的《御座诗章》里他首次提到了天堂般奇丽的丽江：

> 丽江雪山下
> 大片的草地（*Cantos* 746）

十年后，他的《诗稿与残篇》（1969）对丽江作了更生动的描写：

> 丽江上空
> 雪山葱绿（*Cantos* 806）

方宝贤的来访开阔了庞德的视野，使他对中国的了解超越了汉学。没有这一超越，庞德的中国观就不会有突破，他的《诗章》续篇也不会有突破。

当然，庞德想亲眼目睹世上唯一"活用的"象形文字。这些具有一千年历史的象形文字在东巴经文中保存、在纳西祭祀仪式上诵读。方宝

---

① 参见 Earnest Fenollosa, *The Chinese Written Character as a Medium for Poetry*, ed. Ezra Pound, San Francisco: City Lights, 1964.

② Peter Stoicheff, *Hall of Mirror*, p. 24.

贤每次来访，庞德总会让他写几个纳西象形字，并教他发音。方宝贤记得他给庞德教的第一组纳西象形字中有用太阳图形表示的"日"和用月牙图形表示的"月"。在第 112 诗章片断里，庞德复制了两个纳西象形字：一个是月牙图形，指"月"，另一个是箩罗图形，指经箩罗筛选的"命运"：

在月下

命运的箩罗

筛一筛（Cantos 805）

2003 年 8 月，在接受笔者访谈时，方宝贤已记不请他最早给庞德教的纳西象形字里有没有这个箩罗图形。洛克《孟本——纳西祭天仪式》（"The Muan – Bpö Ceremony"）第 67—68 页倒是有这个象形字。第 112 诗章的结尾三行诗充分体现了庞德晚年继续坚持的现代主义诗歌创作理念：诗歌语言"要负载尽可能多的含义"；诗人"要善于发掘优美的、特别是外国语中优美的节奏"。① 在这三行诗里，他既用了纳西象形字的形来传情，也用了它们的音来表意。纳西字"月"，读作"le"（e 近似 ei）②，一方面与倒数第三行英文单词"tray"（意为"箩罗"）近似押尾韵，另一方面又与它前面的拉丁单词"luna"（意为"月亮"）押头韵。古意大利语就是拉丁语。他跨纳西语、英语、拉丁语押韵不是为了猎奇，而是想说明东西方文化之间有我们意想不到的相通之处（1958 年 7 月庞德返回意大利后才写下这首诗）。不了解庞德跟方宝贤学过纳西语语音，就不会注意到月牙图形的发音，从而忽视这里跨纳西语、英语、拉丁语押韵的大胆试验。

1955 年方宝贤被聘为菲尔柯电器公司工程师，携妻儿迁往费城市郊。那年秋天，在夏威夷大学当植物学研究员的洛克回到美国东海岸，他约见了多年未遇的方宝贤和他的奥地利裔太太，并给方氏赠送了一册

---

① Ezra Pound, *Literary Essays*, p. 3, p. 5.
② 据方国瑜《纳西象形文字谱》，纳西字"月"读作"le, 又读 hetmet 或 het 或 hetmettsi"（91）。

第八章 纳西诗篇——方宝贤和庞德《诗章》中的纳西文化

双语叙事诗《开美久命金》和一册论文《孟本》。想到这两册书对庞德一定有用,方宝贤便托乔瓦尼尼把它们送到了圣伊丽莎白医院。方宝贤和乔瓦尼尼牵线,让庞德和洛克成了信友。

1956年夏,方宝贤重返华盛顿,到美国国家标准局任职。那时,年逾古稀的庞德正在用洛克专著作课本学纳西文。每逢方宝贤来访,庞德就向他请教。庞德的朋友大卫·戈登记得,当年庞德病房墙上贴满了从洛克专著摘抄下来的纳西象形文字。[1]戈登并不知道,庞德有一个为他讲解纳西语、纳西文化的老师。阅读《开美久命金》时,庞德会挑字,让方宝贤教他发音,解释含义。方宝贤那本《开美久命金》保留着他给庞德添加的注解。例如第9页,在"Yu-"这个拼音的上面,方宝贤注了英文单词 sheep("羊")。纳西象形字"牧羊人"有羊头图形,庞德自然可以猜出"Yu-boy"中"Yu"的含义。学纳西象形字时,他总想弄清每个合成词各组成部分的含义。开美久命金的情人祖布羽勒排是个牧羊人,"Yu-boy"中"Yu-"的意思他当然要弄清。

为了帮助读者发音,洛克在给纳西象形字注音时用了很多连字符和上角标识。但是光凭这些,庞德还是不能准确发音,只能让方宝贤再加注音,帮他发出准确的纳西音来。那时的庞德已认识到象形文字注音的重要性。每逢方宝贤来访,就让他正音。方宝贤那册《开美久命金》第53页还保留着他为纳西语单词"布谷鸟"注的音。据洛克描述,"这个字的发音难,应该是"tgkye"或者"tkhye"[2]。在洛克评语旁,方宝贤注上了"eng geek"。无疑,方氏是应庞德的请求给这个纳西字注的音。

方宝贤有时还更正洛克的误译。例如,他那册《开美久命金》第53页有两个纳西字的译文是"春天的四个月"[3]。方宝贤把"四"划掉,改成了"三"。方宝贤肯定给庞德教过很多难读的纳西字的发音,也更正过很多洛克的误译。有据可查的例子有限,但是它们已足以证明,方宝贤是庞德合格的纳西语老师。有这么一个老师,庞德才可能对纳西语和纳西文化有感性而非纯书本的认识。重新解读《御座诗章》和《诗稿与残篇》中的纳西诗篇必须建筑在这一认识的基础上。

---

[1] Carroll Terrell, "The Na-khi Documents I," *Paideuma* 3.1(1974):94.

[2] Joseph Rock, "Romance of K'a–mä–gyu–mi-gkyi," *Bulletin de l'Ecole Francaise d'Extreme-Orient* 39(1939):53.

[3] 同上。

三、纳西礼仪

庞德对纳西族的宗教也有浓厚的兴趣。纳西族虽然宗教多元，但信仰东巴教的占多数。如洛克所言，纳西各寺院均与佛教特别是藏传佛教有关，且都吸收了道教、缅甸拜物教和丽江地区萨满教的影响。①尚须指出，纳西东巴教还含儒教的成分。纳西族最重要的宗教仪式是祭天，纳西语叫"孟本"。庞德在《诗章》续篇曾多次提到"孟本"。起初没有具体的描述，如第98诗章中："不办孟本／……但我预料。"（Cantos 711）第110诗章对孟本的祭台作了描绘：

> 天　　　　　地
> 　　居　中
> 　　　是
> 柏　　　　　树（Cantos 798）

据泰瑞尔考证，《诗章》续篇所引"孟本"片断均出自洛克《孟本——纳西祭天仪式》。洛克确实描绘过孟本祭台。然而，他不仅指出祭台中央栽一棵柏树，而且指出柏树两侧各栽一棵橡树，柏树象征人皇，橡树象征天地。②方宝贤却告诉过庞德，祭台中央是柏树，但两侧不是橡树而是栗树，三棵树象征着天地人"三位一体"。第110诗章将天地列于上方左右，象征它们的是何树，却无说明。

第112诗章提供了更多细节：

> 不办纳本
> 　　啥都没有
> 不办孟本
> 　　啥都没有
> 聪明机灵靠柏树，
> 稻子长高不见土（Cantos 804）

---

① Joseph Rock, *The Na-khi Nâga Cult*, p. 53.
② Joseph Rock, "The Muan‑Bpö Ceremony," *Monumenta Serica* 13 (1948): 13.

方宝贤记得他曾告诉过庞德,他 22 岁离家前,每年要随父母到玉龙雪山下,参加两次孟本仪式,一次在春节,另一次在七月中。据他解释,"孟"指天,"纳"指地,"本"指白色或白色祭品。他们家年年办孟本,年年生意兴隆、稻谷满仓。《御座诗章》和《诗稿与残篇》的孟本片断置于方宝贤提供的文化语境,内涵才明了。从生态学的角度讲,庞德接受"孟本"就是认同纳西族崇尚天地人三位一体的民俗。

庞德在第 101 诗章还描写了主持"孟本"的东巴祭司:"东巴祭司的脸上／带着慈祥。"(*Cantos* 746)纳西族的东巴同内地的和尚、道士一样,被视为人与神鬼之间的媒介。庞德在第 52 至 61 诗章(亦即《中国史诗章》)曾痛骂和尚道士:"帝国毁于光头和尚"(*Cantos* 284);"道士、和尚、淫逸放荡"(*Cantos* 302)。这里他却称赞东巴祭司脸上带着"慈祥"。他对中国非儒教文化的歧视是如何消除的?

据方宝贤回忆,当年他曾给庞德介绍过丽江普济寺的大法师圣露呼图克图。方宝贤小时候去普济寺玩,这位德高望重的大法师曾慈祥地跟小孩子打招呼。呼图克图大法师是方宝贤祖父的挚友,祖父去世,他在方家住了两个月,为方老太爷操办葬礼、送鬼、祭"家神"。方氏还告诉庞德,呼图克图大法师圆寂前在重庆接见过顾彼得,他卜测顾彼得将去丽江。顾彼得在《被遗忘的王国》中也叙述了这段往事。①

如果说"孟本"还包含儒教祭祖的成分,那么方宝贤给庞德讲述的为祭男女情死鬼的"哈拉里肯"大祭风就完全是他以往所痛斥的"邪教"仪式了。随明清"改土归流"政策的施行,纳西族自由恋爱的传统为包办婚姻所替代。纳西族青年男女自由恋爱受阻会约定殉情。他们相信约定殉情能到达爱情灵魂居住的天堂。殉情人会随风飘向云端,飘向幸福的天堂,永远在拥抱中相爱,永远年轻,永不下地狱。按当地风俗,不给男女殉情鬼办这种"大祭风"仪式,他们的幽灵就会在荒野游荡,家族、村寨就不得安宁。方宝贤和他的同伴都熟知开美久命金和祖布羽勒排的爱情悲剧,他有两个男女同伴受这个古老的爱情故事的影响走上了轻生之路。两家父母不得不办"哈拉里肯"大祭风,宽恕儿女,送他们上天堂。

---

① 顾彼得:《被遗忘的王国》,第 199 页。

方宝贤就是在这样随意的交谈中，不知不觉为庞德以后解读洛克双语版《开美久命金和祖布羽勒排》（亦即《鲁般鲁饶》）作了准备。开美久命金和祖布羽勒排的爱情悲剧演绎了纳西版的《罗密欧与朱丽叶》或《梁山伯与祝英台》。洛克的复述最终又促成了第 110 诗章对"哈拉里肯"的精彩重现：

  "哈拉里肯"
  大摆风，
  九命与七命，
  黑树生来就哑巴，
  湖水蔚蓝不绿
  白鹿喝着咸泉水
  山羊衔龙胆草下山，
  安上珊瑚宝石眼还能看见吗？
  接上橡树根还能走吗？
  沉落在河床底的黄蝴蝶花
  月
  明
  莫
  现
  朋 （*Cantos* 797 – 98）

  诗中"九命"指男殉情人，"七命"指女殉情人。纳西族民间传说白鹿喝了咸泉水就想投清潭。下面两行诗引自洛克译注的《开美久命金和祖布羽勒排》：祖布羽勒排跨过七条谷，翻过九座山，爬上开美久命金殉情的山坡就昏倒在地。开美久命金托梦告诉他，自己已经上吊自尽，祖布羽勒排大声呼喊："给你安上珊瑚宝石眼还能看见吗？／替你接上橡树根还能走吗？"①最后一行汉诗"月明莫现朋"用韦氏音标写成，把遥远的纳西爱情悲剧带到了诗人的现实生活中。

  对约翰·佩克（John Peck）而言，"哈拉里肯"这十五行诗旨在把

---

① Joseph Rock, "Romance of K'a – mä – gyu – mi-gkyi," *Bulletin de l'Ecole Francaise d'Extreme-Orient* 39（1939）：89.

读者带入"殉情后的黑暗世界"。① 艾米丽·华莱士（Emily Wallace）则认为，这是一首哀歌，在深层里哀悼与诗人一起发动漩涡主义运动的刘易斯、与他一起创作意象主义诗歌的希尔达·杜利特尔（Hilda Doolittle）、哀悼其后相继逝世的现代主义作家海明威、卡明斯、威廉斯和艾略特，"不让他们的鬼魂受到世俗的困扰，没有他的爱的陪伴而孤独地走向阴间"。华莱士还强调：诗人在这里"关注的……是如何哀悼自己深爱的人们的去世和究竟有无来世"②。

据考证，1958 年 12 月庞德即已完成第 110 诗章"哈拉里肯"这段诗篇。③ 这是一首哀歌，但在创作时诗人所哀悼的不可能是尚在人间的海明威、卡明斯、威廉斯或艾略特，而应该是好友刘易斯。在第 115 诗章诗人点名赞扬了刘易斯：

温德汉·刘易斯宁可双目失明
也不停止思维。(*Cantos* 814)

海明威、卡明斯、威廉斯和艾略特分别于 1961 年、1962 年、1963 年和 1965 年去世，唯有刘易斯在庞德创作这段诗篇的前一年就已去世。另外应当承认，这段诗篇包含怀念希尔达·杜利特尔的成分。据布什查证，1958 年深秋，因病在瑞士一家疗养院治疗的杜利特尔给庞德寄去了她的新作《折磨的终结——庞德回忆录》(*End to Torment*：*A Memoir of Ezra Pound*) 初稿。④ 杜利特尔的父亲是庞德母校宾夕法尼亚大学的天文学教授，他在费城西郊有一幢花园洋房，庞德和杜利特尔的初恋就是在她家花园里萌发的。希腊神话中美丽的树仙叫"德雅德"（Dryad）。庞德管杜利特尔叫"德雅德"。在《折磨的终结》里，杜利特尔回顾了自己与庞德的热恋：

我们爬上了我家花园里的那棵大枫树。……"别爬了，德雅

---

① John Peck, "Landscape as Ceremony," *Agenda* 2 (1971): 56.
② Emily Wallace, "Why Not Spirits?" in Zhaoming Qian, ed. *Ezra Pound and China*, p. 246, p. 252.
③ See Ronald Bush, "Unstill, Ever Turning," *Text* 7 (1994): 403.
④ Ronald Bush, "Late Cantos," in Ira Nadel ed. *Cambridge Companion to Ezra Pound*, p. 127.

德",他一把把我抱住。我们随风摆着,尽管没有风。我们随着星星摆着,星星那么地远,可又不远。我们从树枝上滑下来,跳到地上。"别",我从他怀里挣开,"别",他又把我抱住,继续亲吻……他们请他离开。我父亲跟他说:"庞德先生,这次我不说你做错了什么。我不会不让你来,但是我要请你少来……""你一定得跟我走,德雅德。""我怎么好走啊!我怎么好走啊!"他父亲会凑够钱,让他到国外去闯。可是我什么也没有。我们私定的婚约,像一只威尼斯高脚酒杯,掉在了地上,被摔得粉碎。①

  开美久命金和祖布羽勒排的恋爱离不开丽江的雪山森林,杜利特尔和庞德的恋爱离不开她家花园里的大枫树。洛克管"哈拉里肯"大祭风叫"大摆风"仪式("wind sway")。② 杜利特尔记忆中她和庞德的恋爱就是在大树里一起"随风摆"。1908 年庞德一次次恳请杜利特尔同他一起去欧洲发展,但由于父母的阻挠,杜利特尔没有去成,他们俩那次分手竟成终身遗憾。"哈拉里肯"大祭风这段诗篇是在庞德读完杜利特尔《折磨的终结》初稿后创作的。可以想像,当时诗人似乎把杜利特尔和自己的爱情悲剧与开美久命金和祖布羽勒排的爱情悲剧糅合在了一起。"安上珊瑚宝石眼还能看见吗?/ 接上橡树根还能走吗?"这两行诗既可理解成祖布羽勒排对死去的开美久命金的呼唤,也可理解成诗人对病魔缠身、随时会离开人间的杜利特尔的呼唤。最后一行汉诗"月明莫现朋"表达了"人去明月在"的意境,其中的"朋"字表层指开美久命金,深层则指诗人 50 年前就已失去的杜利特尔。

  第 110 诗章暴露了晚年的庞德已不是一个完全彻底的儒家诗人,不像他在第 13 诗章那样,一味崇尚孔子"对'来世'只字不提"("And said nothing of the 'life after death'"(*Cantos* 59)。这里他真诚地希望纳西殉情男女来世不受明清"改土归流"政策给纳西族人民带去的儒教礼数的束缚,能自由自在地去爱。联想到杜利特尔一年半后在瑞士郁郁而死,留下一部《折磨的终结——庞德回忆录》,我们不能不认为在 110 诗章的深层里,庞德也希望自己和杜利特尔来世再相爱。

---

  ① Hilda Doolittle, *End To Torment*, pp. 12 – 15.
  ② Joseph Rock, "Romance of K'a – mä – gyu – mi-gkyi," *Bulletin de l'Ecole Francaise d'Extreme-Orient* 39 (1939): 5.

四、《诗章》中的纳西

庞德晚年开始接受中国非儒教文化，促使他消除对佛教和道教偏见的因素很多，方宝贤的影响只是诸多因素之一。他晚年中国观的改变跟俄国旅行作家顾彼得的影响也有关。顾彼得幼年丧父，23 岁随母从莫斯科流亡到上海，24 岁在杭州玉皇山道观入道教。1941 年，他作为路易·艾黎发起的"工合国际"代表去丽江促进合作社的发展，结识了留居在那里的洛克和刚成年的方宝贤。在《被遗忘的王国》，他生动地描写了风景秀丽、民俗淳朴、文化灿烂的纳西古都。方宝贤读后即推荐给庞德。

从这本书里庞德获知，失传的孔子古乐片断保存在某些边远的道观，"但是他们那里使用的乐器和乐谱远不如纳西族人保存的孔子古乐片断纯真"。这一事实让庞德对尊重自然、尊重传统的纳西族人民更加敬佩，他们的确像顾彼得指出的那样，"同时虔诚地相信佛教、道教、儒教，万物有灵论"[1]。

《被遗忘的王国》把纳西人写得栩栩如生，他们相信人与神灵之间的关系是真实的。"如果有鬼怪现形，听到有说话声，人们不是畏缩，而是同情而有趣地追究这件事。总之，一个阴间的来访者被人们当作人，以礼相待。"顾彼得还生动地描述了一场亲眼目睹的"哈拉里肯"大祭风仪式。七个东巴祭司围绕殉情男女的偶像念咒语、舞蹈。"'出现了！出现了！来了！来了！'话音随着每一下铿锵的板铃声和每一下击鼓声起落。时间一小时又一小时地过去了。这种有节奏而无可忍耐的命令仍然继续着。东巴们仍然慢慢踏步，协调一致地转动，气氛越来越紧张，就要达到爆炸的程度。突然间东巴们停住了。院子里死一般地寂静，冷风嗖嗖。刚过了一会儿，顷刻间我们都感到这对情侣已回来了，以他们的肖像站立在那里"[2]。这段描述在情感上为庞德写"哈拉里肯"作了准备。

1958 年夏，庞德带着顾彼得的《被遗忘的王国》和洛克的《开美久命金》、《孟本》返回意大利。因为方宝贤托人问起他的两本洛克专著，庞德便把它们邮寄回美国。方宝贤收到邮包发现，自己那本《开美久命金》换上了新书皮，庞德在卷首还留了言：

---

[1] 顾彼得：《被遗忘的王国》，第 274 页，第 136 页。
[2] 同上，第 216 页，第 238 页。

>很抱歉，新书皮没能保留洛克的署名。
>埃兹拉·庞德
>1958 年（Qian, *Chinese Friends* 203）

1955 年至 1958 年庞德几乎天天都在用《开美久命金》，以至把洛克署名的封皮给磨破了。可是方宝贤并不在乎洛克的署名，他更珍视庞德的留言。那年圣诞节，他在给庞德的贺卡上写道："两册洛克论文收到，谢谢！您给一册包上了漂亮的封皮，并留下了您珍贵的签名。"（Qian, *Chinese Friends* 204）

庞德离美前，方宝贤牵线让他与顾彼得取得了联系。离美 3 个月后，庞德从澳大利亚朋友斯托克（Noel Stock）那里得知，顾彼得要取道意大利去英国，当即写信邀请他去布伦堡会面："如果诺埃尔转告的您的行程没错，盼您能来这里小住。"为了把丽江写得更原汁原味，他期待见到留居丽江近九年的顾彼得。那年顾彼得未能去布伦堡。但 1960 年、1961 年和 1962 年，他与庞德三次在意大利会晤。① 他们谈论了什么已无据可查，但据他女儿玛丽回顾，在写第 110 诗章前，庞德浏览了顾彼得 1961 年的新著《玉皇山道观》（*The Monastery of Jade Mountain*），从中他可获知信道教就是信其哲理，无须放弃原来信仰的儒教、佛教或基督教，道教祈祷亡灵为的是安慰生者、让他们从悲痛中解脱出来。②

1958 年夏，庞德还曾让顾彼得帮他找自己没读过的洛克有关纳西文化的论著："我手头的两本要还给方，现在只有《孟本》。"（Qian, *Chinese Friends* 196）1959 年 8 月，顾彼得给庞德寄去了洛克的《开美久命金》和《中国西南的古纳西王国》。③ 庞德一收到书就给方宝贤去信：

>我终于搞到了洛克的《古老王国》，所收照片非常珍贵。您有他维也纳的地址吗？能不能让他和法兰克福研究所联系一下？弗罗贝尼乌斯遗孀是我老相识，我的名字还管用。他能抽空去意大利慕拉诺的布伦堡我女儿住处吗？我女婿是古埃及学专家，在罗马小有

---

① 根据庞德女儿玛丽 2012 年 10 月 11 日给笔者电子函。
② Peter Goullart, *The Monastery of Jade Mountain*, p. 33, pp. 106 – 10.
③ 参见 Joseph Rock, *The Ancient Na – khi Kingdom of Southwest China*, Cambridge: Harvard University Press, 1947.

名气。洛克并不需要关系。但是关系总是越多越好。顾彼得的书很精彩。(Qian,*Chinese Friends* 204)

庞德始终没有见到洛克。方宝贤也没能提供他的信息。那年圣诞节，方氏收到了庞德的《御座诗章》。读到第 101 诗章：

丽江雪山下
　　大片的草地（*Cantos* 746）

第 104 诗章：

纳西语出自于风声（*Cantos* 758）

方宝贤回忆起庞德听他讲述纳西风貌的情景，这使他为自己的家乡感到无比骄傲。带着激情，方氏在给庞德的贺卡上写道："我们怀着感激的心情关注着您的诗：我亲爱的祖国和亲爱的家乡会在您的笔下和您的诗歌中名垂千古。"（Qian,*Chinese Friends* 205）

方宝贤始终认为是顾彼得和庞德而不是洛克，让丽江走向了世界。他曾写信感谢顾彼得在《被遗忘的王国》热情歌颂他的家乡。"对于洛克博士我不会说同样的话，"他写道，"不是因为他只研究古籍，而是因为他跟我见面时形容纳西唯一的形容词就是'原始'。"（Qian,*Chinese Friends* 199）《诗章》中的纳西是当代的纳西，让庞德用洛克的材料写出当代纳西的是方宝贤和顾彼得。

方宝贤从不掩饰自己对庞德《诗章》尤其是纳西片断的偏爱。1962 年 9 月，他从瑞典皇家科学院化学研究所一调到美国航天署太阳能电池研发所，就给顾彼得写信说："我不是搞文学的，但我喜欢庞德，爱听他颂扬我热爱的家乡和人民。"（Qian,*Chinese Friends* 199）尽管没有收到庞德的回复，每年圣诞节方宝贤夫妇都照常给庞德夫妇寄贺卡。存世的最后一张贺卡仅落款"方/1963 圣诞"。那时庞德已不再和外界有任何联系，但是方宝贤有关让丽江名垂千古的赞语却激励着他继续同纳西对话。《诗章》最后的续篇第 110 诗章中的"哈拉里肯"大祭风片断和脍炙人口的第 112 诗章，是他给方宝贤和丽江人民最好的回答。

2011 年 10 月 21 日，方宝贤在麻省贝尔蒙特寓中平静去世。大约在一年半之前，他就给太太、儿女和云南的弟弟妹妹留下了一份感人的遗嘱:"我游历了许多地方,但我觉得唯有丽江才是我永恒的家。为此我期望身后将我骨灰分为三份:一份留在丽江家族墓地我母亲的墓旁,因为她给了我爱,第二份留在黑龙潭我叔父(方国瑜)的墓旁,因为他给了我智慧,第三份将留给我太太、儿女和孙辈们。"更为令人感动的是,临终前他还念念不忘庞德在《诗章》中描写的丽江的生态美,叮嘱家人自己的讣告要以第 112 诗章的五行诗开头:①

  清新的空气
  穿透丽江,
  阵阵松涛,
  象山麓
  处处是清泉 (*Cantos* 804)

"清新的空气/穿透丽江,/阵阵松涛,/象山麓/处处是清泉"(*Cantos* 804)
(钱兆明摄于 2014 年 5 月 25 日)

---

① 方润琪:《方先生,归来兮》,《云南民族》2012 年第 9 期,第 70—71 页。

结　语

　　回顾以上八章，本书虽然参考了大量庞德文献，包括不少经典论著和新著，立论却主要依赖于八位中华才俊和庞德上世纪在私人往来信件、诗稿、文稿、回忆录中留下的未经删改的原始话语。

　　通过以上各章的论述，我们能得出一些什么样的结论呢？

　　首先，上世纪的这八位贯通中西的中华才俊，全然不是西方某些小说、电影描绘的那种唯唯诺诺的洋奴才，或我国某些小说、电影描绘的那种挟洋自重的假洋鬼子；恰恰相反，他们都是傲骨凛然、有理必争的爱国志士。在这方面表现得尤其突出的是杨凤歧、方志彤和张君劢。杨凤歧与庞德就抗日战争问题的争论、方志彤与庞德就孟子"四端"说的争论、张君劢与庞德就新儒家的争论，充分体现了中国老一辈知识分子的骨气和认真。至于在中美对话中的庞德，虽然他以强悍和执拗著称，但是他在和上述旅美、旅欧中国学者的交往中却并非如此。尤其使我们惊讶的是，一向"执拗"的庞德也会低头向中国学者承认错误。在抗日战争问题上，他向杨凤歧坦承自己无知。在"四端"说的认知过程中，他不但向方志彤承认自己对儒家核心概念"仁义礼智"的认识不准确、不地道，还在运用"四端"说时全方位地采纳了方氏的见解。在与张君劢的辩论中，他虽然坚持"还儒归孔"的主张，但在其后的诗章创作中还是吸收了新儒家，特别是王阳明派新儒家的某些观点。

　　其次，庞德对中国的认识，不像某些庞德经典论著所指出的那样，完全来源于18、19世纪西方汉学家的译著和笔记。庞德的中国文化老师不仅包括18至20世纪的西方汉学家，还有本书所涉及的多位博学广闻的旅美、旅欧中国学者。事实上，从上世纪50年代起，庞德同中国交流的主要渠道已从阅读西方汉学家的笔记、译著转变为直接接触中国学者，向他们请教，同他们争论，与他们合作。庞德虽然在一定程度上也不可避免地受到了萨义德所总结的"东方主义"的负面影响，但是从一开始他就不是一个彻底的"以欧洲为中心"的东方主义者。他历来反对"把中国人的智慧与西方先例扯在一起"，反对在交往中摆出一副"对东方施恩的架子"①。早在上世纪30年代，他就已认识到"西方与远东的交往是在其堕落的时代展开的"②，并相信中华文化是西方学习的楷模，甚至是治疗其顽疾的良药。而通过半个多世纪同中华才俊的频繁交往，庞德又用自己的言行证明，他的"中国观"背离萨义德所定义的"东方主义"越走越远。

再其次，庞德对中国和中国文化的认识并非是僵化的、一成不变的，而是在他与中国学者的交往、对话中不断修正、不断完善的。庞德并不像很多庞德学者所说的那样，自始至终是一个"唯儒独尊"的彻底的"儒家诗人"。即使在他全心全意信奉儒学的四十年间，他对儒学的认识也在变化。庞德最早通过鲍迪埃法译《四书》接触儒学，通过冯秉正十三卷《中国通史》接触中国历史，而鲍迪埃《四书》译自朱熹《四书集注》，冯秉正《中国通史》脱胎于朱熹《通鉴纲目》，故而肯纳等学者把庞德早期的儒家思想定性为朱熹的新儒家思想并没有错。③然而，新儒家的观点并不能代表庞德四十年的儒家观点。二战期间，庞德从理雅各双语版《四书》中接触到正统的孔孟之道，通过与精通文史哲的杨凤歧的探讨，他似乎看到了新儒家的局限性，从而开始否定它。庞德对新儒家的否定在1953—1957年与当代新儒家张君劢的交往中达到了登峰造极的地步。然而，恰恰是在与张君劢的辩论过程中，口头上继续坚持"还儒归孔"的庞德，内心深处却渐渐接受了新儒家，特别是王阳明派新儒家的某些观点。在方志彤、张君劢、赵自强等人的熏陶下，50年代的庞德思想变得非常开放，阅读的范围从《四书》扩大到了《十三经》以外的《道德经》、《管子》、《庄子》乃至早清新儒家代表作——康熙、雍正颁发的《圣谕广训》。其中《管子》和《圣谕广训》甚至进入《御座诗章》，成为该诗章母题的关键支撑。更令人惊讶的是，1958—1959年间年逾古稀的庞德在纳西族旅美学者方宝贤、美国植物学家兼人类学家洛克和俄国旅华旅行作家顾彼得的影响下，竟然走出中国主流文化的局限，

---

① Ezra Pound, *Ezra Pound's Poetry and Prose*, vol. 3, p. 99, p. 126.
② Ezra Pound, *Selected Prose*, p. 76.
③ Hugh Kenner, *The Pound Era*, p. 456.

走出儒学的局限，在回归意大利后创作的《诗稿与残篇》中大胆兼收并蓄包括背离儒家文化、送殉情鬼仪式在内的纳西文化。这一事实有力地证明，用僵化的、一成不变的眼光看待外国作家、作品很容易让外国文学研究走上歧路。

最后必须指出，读解庞德与中国文化相关的诗章不能离开与创作这些诗章相关的中美交流语境。对《七湖诗章》的读解，中外学者早已尝试将之置于庞德与曾宝荪中美交流的语境。然而，这些尝试对曾宝荪的认识往往局限于她留下的"潇湘八景"粗译。本书第二章的探索证明，曾宝荪不仅给庞德提供了"潇湘八景"汉诗粗译，还向他介绍了湘湖流域悠久、丰富的文化传统。只有进一步挖掘、分析这一语境才能打开庞德所谓"七湖"的指代；也只有进一步挖掘、分析这一语境才能彰示该诗章将"潇湘八景"与《击壤歌》、《卿云歌》叠加拼贴的深刻内涵。同样，将《钻石机诗章》开篇第85、86诗章置于庞德和方志彤切磋《周书·多士》、《孟子》四端说的语境，这两章围绕儒学核心字"灵"、"仁"、"义"、"止"展开的艰涩诗行的意义才豁然开朗。将《钻石机诗章》中反复引用的"亦尚一人"、《御座诗章》中意义略变的"灵"字置于庞德和张君劢围绕英雄和时势、正统孔孟之道和新儒家等问题争论的语境，相关诗行多年未解的盲点才会消除。将《御座诗章》之第98和99章置于庞德不断向王燊甫请教《圣谕广训》关键词含义的语境，将《御座诗章》之第106章置于赵自强给庞德提供大量《管子》文献资料的语境，将《御座诗章》和《诗稿与残篇》之纳西诗篇置于方宝贤给庞德讲授纳西文字、纳西礼仪的语境，这些诗章中相关的诗篇就不再费解，深藏其中的不同文化内涵也会明朗起来。

我们并不奢望通过对庞德半个多世纪中美对话大语境的探索能揭开庞德有关中国文化的诗章的全部或大部分谜团。没有哪一种文学批评方法、哪一部庞德专著能做到这一点。如果《中华才俊与庞德》能引发学者在研读庞德与中国文化关联的诗章，或其他现代主义作家与中国文化关联的作品时，注意将之置于中西文化交流的大语境，我们就会感到十分欣慰。希望我们的尝试能唤起学术界对西方作家跨文化交流更多的关注，对他们跨中西文化的作品有更深入、细致的读解。本书对庞德半个多世纪中美对话的探索，对其相关诗章的读解难免挂一漏万，敬请方家批评指正。

参考文献

档案文献

Chang, Jun-mai. Letters to Ezra Pound (1953 – 1957). Beinecke Rare Book and Manuscript Library, Yale University, New Haven.

Chao, Tze-chiang. Letters to Ezra Pound (1955 – 1958). Beinecke Rare Book and Manuscript Library, Yale University, New Haven.

Fang, Achilles. Letters to Ezra Pound (1950 – 1958). Beinecke Rare Book and Manuscript Library, Yale University, New Haven.

——. Letters to Ezra Pound (1950 – 1958). Lilly Library, Indiana University, Bloomington.

——. Papers of Achilles Fang (1942 – 1992). Harvard University Archives Harvard Depository 13505, Cambridge.

Fang, Paul Pao-hsien. Cards to Ezra and Dorothy Pound (1957, 1963). Beinecke Rare Book and Manuscript Library, Yale University, New Haven.

——. Card to Ezra and Dorothy Pound (1959). Lilly Library, Indiana University, Bloomington.

——. Card to Ezra and Dorothy Pound (1959). Ezra Pound Library. Brunnenburg, Italy.

Huff, Elizabeth. "Elizabeth Huff: Teacher and Founding Curator of the East Asian Library from Urbana to Berkeley by Way of Peking." UC-Berkeley Bancroft Library, Berkeley.

Pound, Ezra. Letters to Achilles Fang (1950 – 1958). Beinecke Rare Book and Manuscript Library, Yale University, New Haven.

——. Letters to Angela Jung Palandri (1952). Private Collection of Angela

Jung Palandri, Eugene, Oregon.

——. Letters to David Wang (1955 – 1958). Beinecke Rare Book and Manuscript Library, Yale University, New Haven.

——. Letters to Paul Pao-hsien Fang (1958 – 1959). Private Collection of Josephine Fang, Belmont, Massachusetts.

——. Letters to Yang Feng-chi (1939 – 1942). Beinecke Rare Book and Manuscript Library, Yale University, New Haven.

——. Letters to Yang Feng-chi (1939 – 1942). Private Collection of Lionello Lanciotti, Rome, Italy.

Sung, F. T. Letters to Ezra Pound (1914 – 1919). Beinecke Rare Book and Manuscript Library, Yale University, New Haven.

Wang, David Hsin-fu. Letters to Ezra Pound (1955 – 1958). Beinecke Rare Book and Manuscript Library, Yale University, New Haven.

Yang Feng-chi. Letters to Ezra Pound (1940 – 1942). Beinecke Rare Book and Manuscript Library, Yale University, New Haven.

西文文献

Aquinas, Thomas. *Summa Theologica*. Trans. Fathers of the English Dominican Province. Raleigh: Hayes Barton Press, 2006.

Baller, F. W., trans., *The Sacred Edict: With a Translation of the Colloquial Rendering*. Shanghai: American Presbyterian Mission Press, 1892.

Belden, Jack. *China Shakes the World*. New York: Monthly Review Press, 1949.

Benjamin, Walter. *The Arcades Project*. 1927 – 1940. Trans. Howard Eiland and Kevin McLaughlin. Cambridge: Harvard UP, 1999.

——. *Illuminations*. Ed. Hannah Arendt. Trans. Harry Zohn. New York: Schocken, 1968.

Binyon, Lawrence. *The Flight of the Dragon: An Essay on the Theory and Practice of Art in China and Japan, Based on Original Sources*. London: Murray, 1911.

——. *Guide to an Exhibition of Chinese and Japanese Paintings*. London: British Museum, 1910.

——— *Painting in the Far East*: *An Introduction to the History of Pictorial Art in Asia Especially China and Japan*. London: Arnold, 1908.

Booth, Marcella. "Through the Smoke Hole: Ezra Pound's Last Year at St. Elizabeths." *Paideuma* 3.3 (1974): 295 – 430.

Bornstein, George. *Material Modernism: Politics of the Page*. Cambridge: Cambridge UP, 2001.

Bridson, D. G. "An Interview with Ezra Pound." *Ezra Pound's Cantos: A Case Book*. Ed. Peter Makin. Oxford: Oxford UP, 2006.

Brooke-Rose, Christine. *A ZBC of Ezra Pound*. Berkley and Los Angeles.: U of California P, 1971.

Bush, Ronald. "Confucius Erased: The Missing Ideograms in *The Pisan Cantos*." *Ezra Pound and China*. Ed. Zhaoming Qian. Ann Arbor: U of Michigan P, 2003. 163 – 92.

———. "Late Cantos LXXII – CXVII." *The Cambridge Companion to Ezra Pound*. Ed. Ira B. Nadel. Cambridge: Cambridge UP, 1999. 109 – 38.

———. " 'Unstill, Ever Turning': The Composition of Ezra Pound's *Drafts & Fragments*." *Text* 7 (1994): 397 – 422.

Carpenter, Humphrey. *A Serious Character: The Life of Ezra Pound*. London: Faber and Faber, 1988.

Chang, Carsun (张君劢). *The Development of Neo-Confucian Thought*. 2 vols. New York: Bookman Associates, 1957, 1963.

———. *Wang Yang-Ming: Idealist Philosopher of Sixteenth-Century China*. New York: St. John's UP, 1961.

Cheadle, Mary Paterson. *Ezra Pound's Confucian Translations*. Ann Arbor: U of Michigan P, 1997.

Chin, Frank, et al. ed. *Aiiieeeee*! *An Anthology of Asian-American Writers*, Washington, D. C.: Howard UP, 1974.

Cookson, William. *Guide to the Cantos of Ezra Pound*. New York: Persea Books, 1985.

Couvreur, Séraphin. *Chou King: Les annales de la Chine*. Paris: Cathasia, 1950.

Cummings, Edward Estlin. *1 x 1*. New York: Harcourt, Brace and Company, 1944.

De Luca, Maria Costanza Ferrero, ed. *Ezra Pound e il Canto dei Sette Laghi*. Parma: Diabasis, 2004.

De Mailla, J. A. M. de Moyriac. *Histoirie générale de Chine*. 13 vols. Paris: Pierres and Clousier, 1777 – 1785.

de Rachewiltz, Mary. "Afterword: Kung Is to Pound as Is Water to Fishes." *Ezra Pound and China*. Ed. Zhaoming Qian. Ann Arbor: U of Michigan P, 2003. 282 – 89.

Doob, Leonard W., ed. *"Ezra Pound Speaking": Radio Speeches of World War II*. Westport: Greenwood Press, 1978.

Doolittle, Hilda (H. D.). *End to Torment: A Memoir of Ezra Pound*. Ed. Michael King. New York: New Directions, 1979.

Duyvendak, J. J. L. *The Book of Lord Shang: A Classic of the Chinese School of Law*. London: Probsthain, 1928.

Eliot, T. S. Introduction. *Selected Poems of Ezra Pound*. London: Faber and Faber, 1928.

Fang, Achilles. Introduction. Ezra Pound, trans. *Shih-Ching: The Classic Anthology Defined by Confucius*. Cambridge: Harvard UP, 1954. ix – xvi.

——. "Materials for the Study of Pound's Cantos." Diss. Harvard University, 1958.

——. "A Note on the Stone-Classics." Ezra Pound, trans. *Confucius: The Great Digest, The Unwobbling Pivot, The Analects*. New York: New Directions, 1969. 11 – 15.

——, trans. "Rhymeprose on Literature: The Wên-Fu of Lu Chi (A. D. 261 – 303)." *Harvard Journal of Asiatic Studies* 14. 3 & 4 (1951): 527 – 66.

——. "Some Reflections on the Difficulty of Translation." Arthur Wright, ed. *Studies in Chinese Thought*. Chicago: U of Chicago P, 1953. Reprinted in Reuben A. Brower, ed. *On Translation*. Cambridge: Harvard UP, 1959. 111 – 33.

Fenollosa, Ernest. *The Chinese Written Character as a Medium for Poetry*. Ed. Ezra Pound. San Francisco: City Lights Books, 1968.

——. *Epochs of Chinese and Japanese Art*. 2 vols. London: Heinemann,

1912.

Fenollosa, Ernest and Ezra Pound. '*Noh*' *or Accomplishment*. London: Macmillan, 1917.

Giles, Herbert A. *A History of Chinese Literature*. New York: Appleton, 1901.

Gordon, David. "Pound's Use of the Sacred Edict in Canto 98." *Paideuma* 4.1 (1975): 121–68.

——. "Thought Built on Sagetrieb." *Paideuma* 3.2 (1974): 169–90.

Goullart, Peter. *Forgotten Kingdom*. London: Murray, 1955.

——. *The Monastery of Jade Mountain*. London: Murray, 1961.

Grieve, Thomas. "The Seraphin Couvreur Sources of Rock-Drill." *Paideuma* 4.2 & 3 (1975): 362–509.

Hall, Donald. "Ezra Pound: An Interview." *Paris Review* 28 (1962): 22–51.

Hare, William Loftus. "Chinese Egoism." *Egoist* 1.23 (1 December 1914): 439–42.

Hayot, Eric. *Chinese Dreams: Pound, Brecht, Tel Quel*. Ann Arbor: U of Michigan P, 2004.

Hightower, James Robert. "Achilles Fang: In Memoriam." *Monumenta Serica* 45 (1997): 399–403.

Hoff, Anne. "Language Lessons: Pound's Letters to His Chinese Friends. *The Journal of Modern Literature* 33.2 (2010): 157–59.

Hsu Kaiyu, *et al.* ed. *Asian-American Authors*. Boston: Houghton Mifflin, 1972.

Huang Yunte. *Transpacific Displacement: Ethnography, Tranaslation, and Intertextual Travel in Twentieth-Century American Literature*. Berkeley and Los Angeles: U of California P, 2002.

Jin, Songping. *The Poetics of the Ideogram: Ezra Pound's Poetry and Hermeneutic Interpretation*. Frankfurt: Peter Lang, 2002.

Kan, Chuk-him, Hymns (简卓谦). *The Musical Elements in Ezra Pound's Poetry*. Hong Kong: U of Hong Kong P, 2002.

Kearns, George. *Ezra Pound: The Cantos*. Cambridge: U of Cambridge P, 1989.

Kennedy, George. "Fenollosa, Pound and Chinese Characters," *Yale Literary Magazine* 126. 5 (1958): 26–36.

Kenner, Hugh. "More on the Seven Lakes Canto." *Paideuma* 2 (1973): 43–46.

——. *The Pound Era*. Berkeley and Los Angeles: U of California P, 1971.

Kern, Robert. *Orientalism, Modernism, and the American Poem*. Cambridge: Cambridge UP, 1996.

Kodama, Sanehide. "The Eight Scenes of Sho-Sho." *Paideuma* 2 (1977): 131–45.

——. *Ezra Pound and Japan: Letters and Essays*. Redding Ridge, CT: Black Swan, 1987.

Korg, Jacob. "Jacob Epstein's Rock-Drill and the Cantos." *Paideuma* 4. 2 & 3 (1975): 303–12.

Lan Feng. "Confucius." *Ezra Pound in Context*. Ed. Ira Nadel. Cambridge: Cambridge UP, 2010. 324–34.

——. *Ezra Pound and Confucianism: Remaking Humanism in the Face of Modernity*. Toronto: U of Toronto P, 2005.

Lanciotti, Lionello. "Un Carteggio inedito di Ezra Pound." *Catai* 1. 2 (1981): 297–304.

——. "Yang Feng-chi (1908–1970)." *East and West* (Rome) 20. 3 (1970): 380.

Legge, James, trans. *Chinese Classics*. Vols. 1, 2 & 3. Hong Kong: Hong Kong UP, 1960.

——, trans. *Four Books*. Shanghai: Commercial Press, 1923.

Lewis, Wyndham. "The Rock Drill." *The New Statesman and Nation* 41. 1048 (7 April 1951): 398–99.

Liu, J. Y. James. *The Art of Chinese Poetry*, Chicago: U of Chicago P, 1961.

Makin, Peter, ed. *Ezra Pound's Cantos: A Casebook*. Oxford: Oxford UP, 2006.

——. *Pound's Cantos*. London: Allen & Unwin, 1985.

Mariani, Paul. *Lost Puritan: A Life of Robert Lowell*. New York: W. W. Norton, 1994.

Mathews, Robert Henry, M. Minyuan Wang, Yuen Ren Chao. *Matthew's Chinese-English Dictionary*. Cambridge: Harvard UP, 1943.

Maverick, Lewis, ed., T'an Po-fu and Wen Kung-wen, trans., *Economic Dialogues in Ancient China: Selections from the Kuan-tzu*. Carbondale, IL.: Maverick, 1954.

McNaughton, Williams. "A Report on the 16th Biennial International Conference on Ezra Pound." *Paideuma* 27.1 (1998): 120-36.

Miller, J. Hillis. *Illustration*. Cambridge: Harvard UP, 1992.

Mitchell, W. J. T. *Picture Theory: Essays on Verbal and Visual Representation*. Chicago: U of Chicago P, 1994.

Moody, A. David. *Ezra Pound: Poet: A Portrait of the Man and His Work*. Vols. 1 & 2: *The Young Genius 1885 – 1920*; *The Epic Years 1921 – 1939*. Oxford: Oxford UP, 2007, 2014.

Morrison, Robert. *A Dictionary of the Chinese Language, in Three Parts*. Macao: the Honorable East India Company Press, 1815.

Murck, Alfreda. "Eight Views of the Hsiao and Hsiang Rivers by Wang Hong." Wen C. Fong, *et al.*, *Images of the Mind*. Princeton: The Art Museum, Princeton UP, 1984. 214-35.

Nadel, Ira. *The Cambridge Introduction to Ezra Pound*. Cambridge: Cambridge UP, 2007.

——, ed. *Ezra Pound in Context*. Cambridge: Cambridge UP, 2010.

——. *Ezra Pound: A Literary Life*. London: Palgrave Macmillan, 2004.

Charles Norman. *The Case of Ezra Pound*. New York: Macmillan, 1969.

Oliver, Evelyn Dorothy and James R. Lewis. *Angels A to Z*. Canton: Visible Ink Press, 2008.

Palandri, Angela C. Y. Jung. "Homage to a Confucian Poet." *Paideuma* 3.3 (1974): 301-11.

——. "The 'Seven Lakes Canto' Revisited." *Paideuma* 3.1 (1974): 51-54.

Pauthier, M. G., trans. *Les quatre livres de philosophie morale et politique de la Chine*. Paris: Librairie Garnier Frère, 1910.

Peck, John. "Landscape as Ceremony in the Later Cantos." *Agenda* 2

(1971): 50–60.

Perloff, Marjorie. *Unoriginal Genius: Poetry by Other Means in the New Century.* Chicago: U of Chicago Press, 2010.

Pound, Ezra. *The Cantos.* New York: New Directions, 1998.

——. "Canto 85." *Hudson Review* 7.4 (1955): 487–501.

——. *Cathay.* London: Mathews, 1915.

——. *Ezra Pound: Poems and Translations.* Ed. Richard Sieburth. New York: Library of America, 2003.

——. *Ezra Pound's Poetry and Prose: Contributions to Periodicals.* Vols. 1–11. Ed. Lea Baechler, A. Walton Litz, and James Longenbach. New York: Garland, 1991.

——. *Gaudier-Brzeska: A Memoir.* New York: New Directions, 1974.

——. *Guide to Kulchur.* New York: New Directions. 1970.

——. "An Introduction to the Economic Nature of the United States." *Selected Prose 1909–1965.* Ed. William Cookson. New York: New Directions, 1975. 167–86.

——. *Literary Essays.* Ed. T. S. Eliot. New York: New Directions, 1968.

——. *Pavannes and Divagations.* Norfolk, CT: New Directions, 1958.

——. *Personae: The Shorter Poems.* Ed. Lea Bachler and A. Walton Litz. New York: New Directions, 1990.

——. *Selected Letters of Ezra Pound, 1907–1941.* Ed. D. D. Paige. New York: New Directions, 1971.

——. *Selected Prose 1909–1965.* Ed. William Cookson. New York: New Directions, 1973.

——, trans. *Ciung Iung: L'Asse che non Vacilla.* Venezia: Casa Editrice delle Ediziono Popolari, 1945.

——, trans. *Confucio: Studio Integrale & L'Asse che non Vacilla.* Milano: Scheiwiller, 1955.

——, trans. *Confucius: The Great Digest, The Unwobbbling Pivot, The Analects.* New York: New Directions, 1969.

——, trans. "Mencius, or the Economist." *New Iconograph* 1.1 (fall 1947): 19–21.

——, tran. *Shih-Ching: The Classic Anthology Defined by Confucius.* Cambridge: Harvard UP, 1954.

——, trans. *Studio integrale and L' Asse che non vacilla.* Milan: All'In segna del Pesce d'Oro, 1955.

——, trans. *Ta Hio: The Great Learning of Confucius.* Seattle: University of Washington Bookstore, 1928.

Pound, Ezra and Dorothy Shakespear. *Ezra Pound and Dorothy Shakespear: Their Letters, 1909 – 1914.* Ed. Omar Pound and A. Walton Litz. New York: New Directions, 1984.

Preda, Roxana. "Fascist Quarterly." *The Ezra Pound Encyclopedia.* Ed. Demetres P. Tryphonopoulos and Stephen J. Adams. Westport: Greenwood Press, 2005.

Prior, Sean. *W. B. Yeats, Ezra Pound, and the Poetry of Paradise.* Farnham: Ashgate Publishing Ltd. , 2011.

Qian, Zhaoming. *The Modernist Response to Chinese Art: Pound, Moore, Stevens.* Charlottesville: U of Virginia P, 2003.

——. *Orientalism and Modernism: The Legacy of China in Pound and Williams.* Durham: Duke UP, 1995.

——, ed. *Ezra Pound and China.* Ann Arbor: U of Michigan P, 2003.

——, ed. *Ezra Pound's Chinese Friends: Stories in Letters.* Oxford: Oxford UP, 2008.

Qian Zhongshu. *Fortress Besieged.* Trans. Jeanne Kelly and Nathan K. Mao. Bloomington: Indiana UP, 1979.

Rattray, David. "Weekend with Ezra Pound." *The Nation* 185. 16 (16 November 1957): 343 – 49.

Redman, Tim. "Pound's politics and economics." *The Cambridge Companion to Ezra Pound.* Ed. Ira B. Nadel. Cambridge: Cambridge UP, 1999.

Rickett, W. Allyn, trans. *Guanzi: Political, Economic, and Philosophical Essays from Early China, A Study and Translation,* Vol I. Boston: Chen & Tzui Company, 2001.

Roman, Luke. *Encyclopedia of Greek and Roman Mythology.* New York: Fact on File, 2010.

Rock, Joseph. *The Ancient Na-khi Kingdom of Southwest China*. 2 vols. Cambridge: Harvard UP, 1947.

———. "The Muan – Bpö Ceremony or the Sacrifice to Heaven as Practiced by the Na – khi." *Monumenta Serica: Journal of Oriental Studies of the Catholic University of Peking* 13 (1948).

———. *The Na-khi Nâga Cult and Related Ceremonies*. 2 vols. Rome: Istituto Italiano per il Medio ed Estremo Oriente, 1952.

———. "The Romance of K'a – mä – gyu – mi-gkyi, A Na-khi Tribal Love Story." *Bulletin de l'Ecole Francaise d'Extreme-Orient* 39 (1939).

Said, Edward. *Orientalism*. New York: Random House, 1978.

Scott, Tom. "The Poet as Scapegoat." *Agenda* 7.2 (1969): 49 – 58.

Selby, Nick. "Ezra Pound's Chinese Friends: Stories in Letters." *Times Higher Education* 5 June 2008.

Steiner, Wendy. *Picture of Romance: Form against Context in Painting and Literature*. Chicago: U of Chicago P, 1988.

Stock, Noel. *The Life of Ezra Pound*. London: Routledge and Kegan Paul, 1970.

———. *Reading the Cantos: A Study of Meaning in Ezra Pound*. London: Routledge and Kegan Paul, 1967.

Stoicheff, Peter. *The Hall of Mirrors: Drafts and Fragments and the End of Ezra Pound's Cantos*. Ann Arbor: U of Michigan P, 1995.

Sung, F. T. (F. T. S). "The Causes and Remedy of the Poverty of China." Part 1, *Egoist* 1.6 (16 March 1914): 105 – 07; Part 2, *Egoist* 1.7 (1 April 1914): 131 – 32; Part 3, *Egoist* 1.10 (15 May 1914): 195 – 96.

———. "China." Part 1, *Egoist* 1.18 (15 September 1914); Part 2, *Egoist* 1.19 (1 October 1914); Part 3, *Egoist* 1.22 (16 November 1914).

Surette, Leon. *Pound in Purgatory: From Economic Radicalism to Anti-Semitism*. Champaign, IL: U of Illinois P, 1999.

Taylor, Richard. "Canto XLIX, Futurism, and the Fourth Dimention." *Neohelicon* 20.1 (1985): 337 – 56.

Terrell, Carroll. *A Companion to the Cantos of Ezra Pound*. Berkeley and Los Angeles: U of California P, 1980.

——. "The Na-khi Documents I: The Landscape of Paradise." *Paideuma* 3.1 (1974): 93–95.

——. "The Sacred Edict of K'ang-Hsi." *Paideuma* 2 (1973): 69–71.

Tryphonopoulos, Demetres and Steven Adams, ed. *The Ezra Pound Encyclopedia*. Westport: Greenwood, 2005.

Tu, Weiming, ed. *Confucian Traditions in East Asian Modernity: Moral Education and Economic Culture in Japan and the Four Mini-Dragons*. Cambridge: Harvard UP, 1996.

Wallace, Emily Mitchell. "Why Not Spirit: 'The Universe Is Alive': Ezra Pound, Joseph Rock, the Na Khi, and Plotinus." *Ezra Pound and China*. Ed. Zhaoming Qian. Ann Arbor: U of Michigan P, 2003. 213–77.

Wand (Wang), David Hsin-fu, ed. *Asian-American Heritage: An Anthology of Prose and Poetry*. New York: Washington Square Press, 1974.

Wang Guiming. *A Study of Ezra Pound's Translation—An Interpretation of Cathay*, Beijing: Foreign Languages Press, 2012.

Wang, Rafael David. "The Grandfather Cycle: An Epic Poem in Progress." *The Human Voice Quarterly* 2.1 (1956): 31–36.

——. *The Intercourse*. Greenfield Center, N.Y.: Greenfield Review Press, 1975.

Wang, Rafael David and William Carlos Williams, trans. "The Cassia Tree." *New Directions* 19 (1966): 211–31.

Weber, Max. *The Religion of China: Confucianism and Taoism*. Trans. Hans H. Gerth. New York: Free Press, 1968.

Wilhelm, J.J. *The American Roots of Ezra Pound*. New York: Garland, 1985.

——. *Ezra Pound in London and Paris 1908–1925*. University Park: Penn State UP, 1990.

——. *Ezra Pound, The Tragic Years, 1925–1972*. University Park: Penn State UP, 1994.

Williams, R. John. "Modernist Scandals: Ezra Pound's Translations of 'the' Chinese Poem." *Orient and Orientalisms in US-American Poetry and Poetics*. Ed. Sabine Sielke and Christian Kloeckner. Frankfurt: Peter Lang,

2009. 145–65.

Witemeyer, Hugh. "The Flame-style King." *Paideuma* 4.2 & 3 (1975): 333–35.

——. "The Strange Progress of David Hsin-fu Wang." *Paideuma* 15.2 & 3 (1986): 191–210.

Wu, Hung. *The Double Screen: Medium and Representation in Chinese Painting*. Chicago: U of Chicago P, 1996.

Xie, Ming. *Ezra Pound and the Appropriation of Chinese Poetry: Cathay, Translation, and Imagism*. New York: Garland, 1999.

Yang, Feng-chi. *Corso Graduato di Letture Cinesi*. Rome: Istituto Italiano per il Medio ed Estremo Oriente, 1952.

Yip, Wai-lim. *Ezra Pound's Cathay*. Princeton: Princeton UP, 1969.

Zapponi, Niccolo, ed. *L'Italia di Ezra Pound*. Rome: Bulzoni, 1976.

中文、日文文献

曹聚仁:《听涛室人物谭》,上海:上海人民出版社,1998年。

川平ひとし:《叡山文庫藏〈瀟湘八景注〉をめぐって》,《跡見学園女子大学国文学科報》24 (1996): 51–70。

但丁·阿利格耶里:《神曲》,黄国彬译注,台北:九歌出版社,2002年。

方国瑜:《纳西象形文字谱》,昆明:云南人民出版社,1979年。

方润琪:《方先生,归来兮,故乡等着你——旅美纳西族科学家方宝贤周年祭》,《云南民族》9 (2012): 69–71。

方志彤注解:《德语津梁》,北平:德意志学院中国办事处,1941年。

冯禹:《〈管子〉英译本评介》,《管子学刊》1988年第2期。

高拜石:《新编古春风楼琐记》(二),北京:作家出版社,2003年。

高峰枫:《钱锺书致方志彤英文信两通》,《东方早报·上海书评》2010年12月19日。

——:《"所有人他都教过"——方氏与哈佛在京留学生》,《东方早报·上海书评》2012年8月19日。

郭沫若、闻一多、许维遹:《管子集校》,北京:科学出版社,1956年。

何炳棣：《读史阅世六十年》，桂林：广西师范大学出版社，2005年。

顾彼得：《被遗忘的王国》，李茂春译，昆明：云南人民出版社，2007年。

管仲、颜昌峣：《管子校释》，夏剑钦，边仲仁点校，长沙：岳麓书社，1996年。

侯敏跃：《中澳关系史》，北京：外语教学与研究出版社，1999年。

黄克剑：《张君劢先生小传》，《中国现代学术经典：张君劢卷》，刘梦溪主编，石家庄：河北教育出版社，1996年。

季进：《另一种声音——海外汉学访谈录》，上海：复旦大学出版社，2011年。

江灏、钱宗武译注、周秉钧审校：《今古文尚书全译》，贵阳：贵州人民出版社，1990年。

蒋洪新：《大江东去与湘水余波：湖湘文化与西方文化比较断想》，长沙：岳麓书社，2006年。

——：《庞德研究》，上海：上海外语教育出版社，2014年。

——：《英诗新方向：庞德，艾略特诗学理论与文化批评研究》，长沙：湖南教育版社，2001年。

堀川贵司：《潇湘八景——诗歌绘画见日本化様相》，京都：临川书局，2002年。

——：《潇湘八景——诗歌与绘画中展现的日本化形态》，冉毅译，长沙：岳麓书社，2006年。

李宏：《瓦萨里〈名人传〉中的艺格敷词及其传统渊源》，《新美术》3（2003）：34–45。

李申译注：《孟子全译》，成都：巴蜀书社，2001年。

立星、恒杰：《英文版〈管子〉（第二卷）在美国出版》，《管子学刊》1999年第1期。

廖振旺：《万岁爷意思说——试论十九世纪来华新教传教士对〈圣谕广训〉的出版与认识》，《汉学研究》3（2008）：225–62。

刘义林：《张君劢评传》，北京：百花洲文艺出版社，2010年。

牟宗三：《道德理想主义的重建》，北京：中国广播电视出版社，1992年。

牛耕勤：《丽江留美三杰》，《丽江日报》2012 年 11 月 14 日。

牛相奎、赵净修：《鲁般鲁饶》，昆明：云南人民出版社，2009 年。

钱兆明：《威廉斯的诗体探索与他的中国情结》，《外国文学》1（2010）：67–75。

钱锺书：《管锥编》（一），北京：三联书局，2007 年。

冉毅：《宋迪其人及"潇湘八景图"之诗画创意》，《文学评论》2（2011）：157–64。

孙宏：《论庞德的史诗与儒家经典》，《外国文学评论》2（1999）：20–30。

索金梅：《庞德"诗章"中的儒学》，天津：南开大学出版社，2003 年。

唐敬杲选注：《列子》，北京：商务印书馆，1926 年。

陶乃侃：《庞德与中国文化》，北京：首都师范大学出版社，2006 年。

王又朴：《介山自定年谱》，选自《年谱丛刊》，北京图书馆编，北京：中华书局，1992 年。

吴其尧：《庞德与中国文化：兼论外国文学在中国文化现代化中的作用》，上海：上海外语教育出版社，2006 年。

许慎编、段玉裁注：《说文解字注》，南京：凤凰出版社，2007 年。

徐文堪：《不该被遗忘的方志彤先生》，《东方早报·上海书评》2011 年 1 月 9 日。

徐友春主编：《民国人物大辞典》，石家庄：河北人民出版社，1991 年。

姚达兑：《圣书与白话——《圣谕》俗解和一种现代白话的夭折》，《同济大学学报》4（2011）：79–121。

叶维廉：《庞德与潇湘八景》，长沙：岳麓书社，2006。

——：《庞德与潇湘八景》（中英双语版），台北：国立台湾大学出版中心，2008 年。

——：《中国诗学》，北京：人民文学出版社，2006 年。

叶渭渠：《日本文化史》，北京：北京理工大学出版社，2010 年。

衣若芬：《玉涧〈潇湘八景图〉东渡日本之前——三教弟子印考》，台湾大学《美术史研究集刊》24（2008）：147–74。

曾宝荪：《曾宝荪回忆录》，台北：龙文出版社股份有公司，1989 年。

——：《曾宝荪女士纪念集》，台北：曾宝荪治丧委员会自刊，1978 年。

张佩芬：《偶然欲作最能工》，《东方早报·上海书评》2010 年 7 月 18 日。

张仁善：《礼·法·社会——清代法律转型与社会变迁》，天津：天津古籍出版社，2001 年。

张文伯：《庞德学述》，台北：中华大典编印会，华冈书局，1967 年。

张晓永：《论庞德》，北京：中国人口出版社，2003 年。

赵毅衡：《儒者庞德—后期诗章中的中国》，《中国比较文学》1 (1996)：42 – 60。

——．《诗神远游：中国如何改变了美国现代诗》，上海：上海译文出版社，2003 年。

郑大华：《张君劢传》，北京：中华书局，1997 年。

郑培凯：《庞德爱中国》，香港《明报》2008 年 8 月 30 日。

《中国现代学术经典：张君劢卷》，刘梦溪主编，石家庄：河北教育出版社，1996 年。

钟玲：《史耐德与中国文化》，北京：首都师范大学出版社，2006 年。

周振鹤撰集：《圣谕广训：集解与研究》，顾美华点校，上海：上海书店出版社，2006 年。

祝朝伟：《构建与反思——庞德翻译理论研究》，上海：上海译文出版社，2005 年。

朱熹：《四书集注》，长沙：岳麓书社，1987 年。

——．《朱子语类》，（宋）黎靖德编、王星贤点校，北京：中华书局，1994 年。

朱伊革：《跨越界限——庞德诗歌创作研究》，上海：上海三联，2014 年。

《庄子注解》，长沙：岳麓书社，2008 年。

后　记

　　本书选题的萌发可追溯到2008年夏在北京理工大学举办的首届中国庞德研讨会。那年春天，英国牛津大学出版社刚推出拙编书信集《庞德的中国朋友》(Ezra Pound's Chinese Friends: Stories in Letters)。出乎意料，该书在那次研讨会上引发了比拙著《东方主义与现代主义》(Orientalism and Modernism: The Legacy of China in Pound and Williams, 1995)和《现代主义对中国美术的反响》(The Modernist Response to Chinese Art: Pound, Moore, Stevens, 2003)更大的波澜，翻译界和学界的老朋友江枫、王贵明鼓励我尽早发表该书中文版，好让更多的学人受益。翻译该书不如重起炉灶，筛选并扩充其原始资料，用中文重写一部兼论庞德中美交流及其作品中的中国因素的专著。准备这样一部专著除了需要具备阐释庞德现代主义诗歌和儒家译著的功底，还需要具备跨洋挖掘其中美文化交流原始文献资料的勇气和条件。拙编《庞德的中国朋友》虽然为本书提供了丰富的美国方面的原始文献资料，但其中某些细节尚需进一步查证。至于中国方面的原始文献资料，还有待查寻。与我同期留美的哈佛博士、社科院外文所资深研究员赵一凡为了挑战费正清《美国与中国》，写出一部《中国与美国》，驾车考察西部十省区，先试写了一部《西部国情考》。本课题同赵一凡的《中国与美国》相比，好比小巫见大巫，但它同样需要有跨洋野地考察的豪情壮志和先决条件。2011年，我与杭州师范大学签约，承诺每年上半年在杭师大教学和科研，下半年回美国教学和科研，杭师大欧荣、管南异、陈礼珍、叶蕾等四名优秀的中青年学者欣然同意与我合作，于是为本课题跨洋野地考察、跨洋写作的条件成熟了。

　　四年来我频繁往返于太平洋东西两岸。史学大师范文澜先生严谨的治学态度曾被形象地概括为"板凳要坐十年冷，文章不写半句空"。对本课题而言，这板凳有时在耶鲁大学拜纳基图书馆，有时在加州大学伯克利分校班克劳夫图书馆，有时在浙江大学西溪校区图书馆，有时甚至还在台湾东海大学图书馆。这些大学图书馆各有专藏，为本课题提供了必要的中外图书和相关原始文献资料。称赞范老的这副对联关键在下联"文章不写半句空"。为了不写空话、不写不切实际的话，我们还要走出去，作野地考察。2013 年夏和 2014 年春，我利用去湖南师范大学和云南师范大学讲学的机会，先后涉足湖湘水域和丽江古城，在那里领略曾宝荪给庞德介绍过的潇湘八景、方宝贤给庞德介绍过的丽江山水，从而对庞德笔下的潇湘八景、丽江文化作出了更客观的评估。我与杭师大中青年学者的合作在一定程度上恰如当年庞德与他的中国朋友的合作。所不同的是我们生活在一个数码时代，有高科技的支撑，能更迅速地交换信息和稿件。从初稿到六稿，本书的每一章、每一稿都经过了团队每个成员的审阅、修改和补充，最终成书凝聚了集体的见识和智慧。

从新历史主义的立场出发，本书试图做到既重视细读文学作品，也重视研究与作家创作密切相关的中美交流史档案。八个章节读来可能既像传记，又不像传记，既像文学评论，又不像文学评论。准确地说，本书采用的体裁是传记式文学评论，或含文学评论的传记。美国批评家保罗·马里阿尼（Paul Mariani）于 1992 年发表的罗伯特·洛厄尔传记（*Lost Puritan: A Life of Robert Lowell*），在阐述"自白派"诗人洛厄尔生平的基础上，用大量篇幅解读其代表作，评论洛厄尔名诗《黄鼠狼的时刻》（"Skunk Hour"）竟用了整整四页篇幅。这样的逐行细读在文学家传记中是罕见的。然而，马里阿尼对《黄鼠狼的时刻》和其他洛厄尔名诗的评论今已成为洛厄尔"自白诗"论著必引。唯有懂得战后美国中产阶级的遭遇，懂得波士顿新教的氛围，懂得 1950 年代末卡尔文主义如何取代了洛厄尔受过的天主教教育，才能触及诗人当时百感交集的复杂心理，从而理解他的"自白诗"名篇。本书的宗旨是揭开庞德半个世纪中美对话的秘史，重新解读他在中美对话氛围中创作的与中国文化相关的《诗章》和儒家译著。我们期望此书能帮助读者了解庞德的中美对话，从而更准确、更深刻地理解其相关诗歌和译著。

感谢美国哲学家学会于 2003—2004 年和 2004—2005 年提供慷慨资助，使我能去美国各大图书馆挖掘并购买本书引用的大量文献资料。这项资助还使我能于 2003 年夏去美国麻省，初次采访庞德友人方宝贤和庞德友人方志彤遗孀方伊泽（Ilse Fang）。感谢美国耶鲁大学比较文学系，特别是该系原系主任戴维·奎恩特（David Quint）和原耶鲁大学、现芝加哥大学比较文学教授苏源熙（Haun Saussy）。2005 年在我任职的新奥尔良大学遭受特大飓风灾害时为我提供访问学者席位，使我能在耶鲁大学拜纳基图书馆挖掘出更多本书采用的文献资料。感谢美国新奥尔良大学于 2004 年评选我为院际首席教授、2009 年晋升我为校际首席教授，使我有充裕的时间和研究经费继续与本书相关的研究和写作。感谢浙江大学于 2008—2010 年聘我为"永谦"特聘教授，使我从 2008 年起能与国内同行广泛接触，并开始挖掘境内与本课题相关的文献资料。

感谢已故庞德友人方志彤遗孀方伊泽和已故庞德友人方宝贤于 2003 年至 2007 年多次接受我的访谈。感谢已故庞德友人麦克诺顿于 2004 年至 2007 年多次给我写信、发邮件，详细解答有关庞德与张君劢对话的疑难问题。感谢方宝贤遗孀方瑟芬、胞妹方润琪分别于 2013 年冬和 2014 年春接受我访谈。没有同庞德友人的访谈，没有他们书信、邮件解疑，本书第四、五、八章就不会有如此丰富、可信的内容。

感谢英国牛津大学出版社准许引用拙编《庞德的中国朋友》所收私人信件内容、重印八幅庞德及其友人的照片。感谢方志彤女儿方唯贤（Madeleine Weihsien Fang）、公子方唯寅（Bernard Weiyin Fang）准许引用其父 1948 年自述的有关内容。感谢庞德友人宋发祥曾孙宋子望（Zachary Sung）提供宋发祥 1930 年代的照片。感谢已故庞德公子奥马·庞德提供庞德 1945 年的照片。感谢庞德女儿玛丽·德·拉齐维尔兹提供庞德 1955 年的照片和庞德所用《潇湘八景》册页照片。感谢耶鲁大学拜纳基图书馆提供庞德 1916 年、1927 年、1954 年、1958 年和 1967 年的照片。感谢德克萨斯州大学兰荪人文研究中心提供庞德 1942 年的照片。感谢东海大学图书馆提供曾宝荪 1916 年、1928 年和 1955 年的照片。感谢张君劢女儿张敦华提供张君劢 1953 年的照片。感谢已故方志彤遗孀方伊泽提供方志彤 1953 年的照片。感谢兰奇奥迪教授提供杨凤歧 1960 年的照片。感谢达特茅斯学院提供王燊甫 1955 年的照片。

感谢国家社会科学基金提供慷慨的后期资助，使我和欧荣能再次和初次去哈佛大学和耶鲁大学图书馆搜索、核对相关文献资料、选购插图、支付所用引文、图片的版权费。感谢杭州师范大学提供人文社科振兴计划出版资助，使我们有充裕的资金按高标准、高质量刊印本书。

感谢蒋洪新、区鉷、孙宏、殷企平、林力丹诸同仁在百忙中不吝抽时间审阅初稿部分章节，并予以热情的推荐。

本书阶段性成果曾在《外国文学》、《中国比较文学》、《外国文学研究》、《浙江大学学报》、《杭州师范大学学报》和《英美文学研究论丛》先行发表。感谢以上六大刊物编辑部姜虹副主编、马海良副主编、李铁主任、谢天振主编、查明建副主编、胡荣主任、聂珍钊主编、罗良功编委、刘兮颖责编、徐枫执行总编、刘双庆责编、朱晓江执行主编、吴芳责编、李维屏主编、乔国强副主编、王弋璇副主任等为审定有关章节付出了精力和时间。

本书有关庞德和宋发祥护孔反孔之争部分内容曾在中国人民大学讲演，有关庞德向方宝贤学习纳西宗教、象形文字部分内容曾在香港中文大学和云南师范大学讲演。感谢中国人民大学孙宏教授、香港中文大学迈克尔·奥沙利文（Michael O'Sullivan）教授和李鸥副教授、云南师范大学郝桂莲副教授邀请我讲演。感谢人大、香港中大和云南师大师生热烈参与讲演后的讨论，他们的提问和建议丰富、深化了本书研究课题。

在调研、写作和出版的过程中以不同的方式帮助过我们的还有美国耶鲁大学拜纳基图书馆莫拉·菲茨吉拉尔德（Moira Fitzgerald）和艾德琳·夏普（Adrienne Sharpe），美国印地安那大学礼莉图书馆桑德拉·泰勒（Saundra Taylor），美国加州大学伯克利分校总图书馆马克·麦若（Mark Marrow），美国德克萨斯州大学兰荪人文研究中心琳达·迈厄尔（Linda Meyer），意大利日内亚大学马西姆·巴齐嘎路珀（Massimo Bacigalupo），美国俄利冈大学何明媚，美国佛里蒙特何陶，云南民族大学方福祺，湖南师范大学冉毅，东海大学谢莺兴，北京大学高峰枫，江西师范大学李丕洋，云南师范大学郝桂莲、杨章辉，杭州师范大学李公昭、潘春雷、马弦、王智勇、史月红、章琪、娄丹华和中央编译出版社的曲建文编辑等。本书一部分图片资料为我夫人王美芳摄影复制。她对本书初稿也曾提出过修改意见。谨在此一并鸣谢。

钱兆明
2014年7月于杭州南肖埠御景园

索 引

A

阿波罗尼乌斯（Appolonius）110，132
阿加西（Agassiz, Louis）109
爱德华三世（Edwardus）130
艾谔风（Ecke, Gustav）86
艾尔曼（Ellmann, Richard）108，116
艾朗诺（Egan, Ronald）88
艾略特（Eliot, T. S.）1，2，8–10，24，28，42，56，58，107，201
爱泼斯坦（Epstein, Jocob）9，120

B

百里奚 131
鲍迪埃（Pauthier, Guillaume）13，43，74，208
鲍康宁（Baller, F. W.）13，18，111，142，147，153–155，160，162，164
《被遗忘的王国》（*Forgotten Kingdom*）19，195，199，203，205
北园克卫 68，69，74
本雅明（Benjamin, Walter）51，56
彼得拉克 50
比宁（Binyon, Laurence）10，14，20，37，55，56
俾斯麦 131

《标准》（Criterion）108，109
布兰库西（Brancusi, Constantin）9
布鲁克罗斯（Brooke-Rose, Christine）129
布什（Bush, Ronald）106，108，142，201

C

查普尼（Zapponi, Niccolo）66
禅 48，49，51，52，53，55，60
晁补 48

D

《大学》3，16，17，20，24，33，34，39，43，45，68，74–76，79，80，87，93，95，106，108，110，126，154，179，180，193
戴尔玛（del Mar, Alexander）145，152
戴文波特（Davenport, Guy）116，175
但丁 98，107，109，136，143–145，180
当代新儒家 15，36，37，79，138，208
《道德经》12，117，208
《刀锋》149，172，174
道家 30，58–60，78
东方主义 2，5，11，13，29，208，225
杜利特尔（Doolittle, Hilda）9，10，12，27，201，202
杜维明 36，37，61
端 94，95，110，111，114，115

E

娥皇 57
厄普沃德（Upward, Allen）25
儿玉石英（Kodama, Sanehide）42，43，48，54

F

法家 13, 18, 171, 175 – 177, 180, 182

法西斯 8, 16, 20, 35, 62, 67, 68, 72 – 75, 80, 144, 193

法译《四书》13, 15, 20, 25, 26, 32, 43, 208

梵高 51, 52

方宝贤（Fang, Pao-hsien）5, 6, 13, 14, 19, 20, 21, 188, 191 – 200, 203 – 205, 208, 209

方志彤（Fang, Achilles）3 – 6, 12, 14, 16, 17, 20, 21, 39, 76, 80, 81, 83, 84 – 89, 96 – 99, 101, 108, 117 – 119, 121, 125, 126, 128, 133, 135, 142, 150, 153 – 155, 173, 174, 194, 208, 209, 227

费诺罗萨（Fenollosa, Ernest）4, 10, 11, 12, 14 – 16, 20, 26, 27, 38, 52, 57, 68, 75, 118, 154, 195

冯秉正（de Mailla, de Moyriac）13, 62, 77, 208

弗洛浩克（Frohock, Wilbur）116

弗罗斯特（Frost, Robert）9

福特（Ford, Ford Madox）19

G

高本汉（Karlgren, Bernard）91

高峰枫 21, 85 – 87, 228

戈登（Gordon, David）96, 150, 154, 197

戈迪埃·布尔泽斯卡（Gaudier-Brzeska, Henri）9

戈理夫（Grieve, Thomas）103

《拱廊工程》56

顾彼得（Goullart, Peter）19, 195, 199, 203 – 205, 208

顾赛芬（Couvreur, Seraphin）101, 103, 125, 128, 129, 135

《古希腊里拉琴的替身》（*In Lieu of the Lyre*）85

管仲 13, 171, 172, 175, 176, 180, 181, 185, 186

《管子》13, 14, 18, 19 – 21, 171, 172, 175 – 177, 180 – 187,

208，209
郭长城（Kwock, C. H.）6，136，137
郭沫若 185
郭熙 48

H

《哈德逊评论》（*Hudson Review*）88，91，117，173
哈莱（Hawley, Willis）97，109，139，147，150，154
海厄特（Hayot, Eric）2
海尔（Hare, William Loftus）29，30
海明威（Hemingway, Ernest）9，201
海陶玮（Hightower, James Robert）85，86
《汉英大词典》（*Dictionary of the Chinese Language*）35，43，74
《汉语初探》（"Preliminary Survey"）118
荷马史诗《伊利亚特》50
赫芙（Huff, Elizabeth）85，86
赫施（Hoesch, Leopold von）130
胡适 32，364
《华裔学志》（*Monumenta Serica*）21，86
《荒原》9，42，56，58
黄运特 2
惠洪 48
惠特麦厄（Witemeyer, Hugh）4，142
《货币制度史》（*History of Monetary Systems*）145，152
霍尔（Hall, Donald）144，180

J

吉姆宝（Kimball, Dudley）97
《击壤歌》16，57，58，60，209
蹇叔 132

姜斐德（Murck, Afreda）48
蒋洪新 2, 3, 4
蒋介石 67 – 71, 125, 126, 151
蒋廷黻 67
教（Sagetrieb）105, 106, 147, 157, 158
《交流》（*The Intercourse*）149
杰斐逊（Jefferson, Thomas）127
杰克逊（Jackson, Andrew）109, 110
金松平 2
敬 35, 90 – 93, 104, 105, 116

K

卡宾特（Carpenter, Humphrey）1, 3
卡明斯（Cummings, Edward Estlin）9, 104, 201
《开美久命金》（"The Romance of K'a-mä-gyu-mi-gkyi, A Na-khi Tribal Love Story"）19, 191, 197, 203, 204
康熙 13, 18 – 20, 57, 62, 96, 139, 142, 146, 147, 155, 157, 159, 181, 208
科恩斯（Kearns, George）58
柯立夫（Cleaves, Francis Woodman）86, 121
肯纳（Kenner, Hugh）54, 72, 116, 208
肯尼迪（Kennedy, George）117, 118
孔子 3, 12 – 15, 18, 25, 29 – 35, 37 – 39, 43 – 45, 71, 72, 78, 79, 87, 88, 91 – 94, 96 – 99, 103, 104, 106, 108 – 110, 112, 113, 115, 129, 133, 134, 137 – 139, 148, 150, 155, 171, 172, 174 – 176, 180, 181, 194, 202, 203
堀川贵司 43, 49
跨艺术再创造诗（Ekphrasis）50, 54

L

拉夫林（Laughlin, James）56，87，88，90，96，97

拉齐维尔兹（de Rachewiltz, Mary）25，26，38，42，53，141，170，192，227

蓝峰 2，16，32，37，72，73，77，101，115，139

兰奇奥迪（Lanciotti, Lionello）4，64，66，67，74，79，80，227

郎咸平 61

李白 11，14，174，193

《礼记》88，185

里卡迪（Riccardi, Raffaello）66

利瑞（Leary, Lewis）117

理雅各（Legge, James）6，13，14，16，17，34，35，71，74，78，79，91，92，96，101，103，108，111，125，129，135，137，208

梁惠王 108–110

梁启超 32，125

梁漱溟 77

列宁 72，73

靈（灵）35，36，102，103，127–130，135，136

刘若愚（Liu, James）117，118

刘义林 125，126，137

刘易斯（Lewis, Wyndham）9，12，28，119，120，201

陆机 87

鲁契尼（Luchini, Alberto）74，79

《论语》13，20，31，33–35，39，78，87，88，90，92，96，108，126，154，172，176，181，193

洛克（Rock, Joseph）19，20，190–192，195–198，200，202–205，208

《罗马正午报》62，73，74

M

《马氏汉英字典》（Mathews' Chinese-English Dictionary）35，94，95，103，110，127，129，150，158，166，174，185

马守真（Mathews, Robert Henry）94，110，111，129，135

马远 48

麦克利什（McLeish, Archibald）99，166

麦克诺顿（McNaughton, William）13，17，126，127，130－132，136，137，227

曼珠（Miss Madge）43，44

毛泽东 126

梅金（Makin, Peter）144

美魏茶（Milne, William Charles）147

门罗（Monroe, Harriet）9，120

孟子 17，68，71，79，107－110，113，115，133，171，207

《孟子》14，17，20，21，33，76，79，81，88，94，107－110，120，125，131，209

米勒（Miller, J. Hillis）51

米雷（Millet, Jean Francois）56

米怜（Milne, William）147

米切尔（Mitchell, W. J. T.）50

莫迪（Moody, David）1

摩尔（Moore, Marianne）85

莫里森（Morrison, Robert）35，43，74

墨索里尼 16，66，68，72，73

牟宗三 36，77，125，138

牧溪 48，52，55，60

N

纳戴尔（Nadel, Ira）1，2

女英 57

O

奥拉治（Orage, A. R.）178

P

帕洛夫（Perloff, Marjorie）56

庞德（Pound, Ezra）

《巴黎地铁站》（"In a Station of the Metro," 1912）27

《比萨诗章》（第 74—84 诗章）12, 18, 35, 38, 39, 106, 108, 117, 128, 144, 171

《蔡赤》（"Ts'ai Chi'h," 1914）27

《仿屈原·山鬼》（"After Ch'u Yuan," 1914）27

《高利贷诗章》（第 45 诗章）42, 45, 61

《华夏集》（*Cathay*, 1915）10, 11, 20, 26, 27, 52, 154, 193

《经济学家孟子》（"Mencius, the Economist," 1947）109

《孔门晚辈弟子明毛之语》（"The Words of Ming Mao," 1914）29

《孔子：大学与中庸》（*Confucius*: *The Great Digest & The Unwobbling Pivot*, 1951）3, 88, 98, 156

《孔子诗章》（第 13 诗章）33, 34, 44

《刘彻·落叶哀蝉曲》（"Liu Ch'e" 1914）27

《论亟须孔子》（"Immediate Need of Confucius," 1937）14, 38, 108

《论语》英译本（*The Analects*, 1950）33, 35, 87, 90, 92, 176

《美国史诗章》（第 62—71 诗章）13, 20

《孟子伦理》（"Mang Tsze (The Ethics of Mencius)," 1938）107–109

《能剧》（"*Noh*" *or Accomplishment*, 1917）10, 26

《庞德书信集》（*The Letters of Ezra Pound*, 1907–1941, 1951）119

《七湖诗章》（第 49 诗章）3, 15, 20, 21, 42–47, 50–52, 54–60, 62, 63, 209

《日界线》（"Date Line," 1934）24

《诗稿与残篇》（第 110—117 诗章）13，20，21，42，117，187，190，195，197，199，209

《诗章》（*The Cantos*）1，4，7，9，12，13 – 15，19，20，24，35，42，43，60 – 62，76，78，79，86 – 88，101，104，108，113，116，117，121，127，128，136，143，144，148，153，160，161，166，171，172，178，180 – 182，185，190，191，194，195，198，203，205，206，226

《文化指南》（*Guide to Kulchur*，1938）24，127

《文艺复兴》（"The Renaissance，" 1915）14，37

《虚构信札其七》31，33

《御座诗章》（*Thrones*）17 – 21，113，115，128，129，135，139，142，144，145，147，149，150，166，171，172，178，180 – 182，192，195，197，199，205，208，209

《中国史诗章》12，13，20，36，42，61，62，67，77，78，89，143，178，179，185，199

《中庸与大学》33，87 – 89，148

《舟子》（"The Seafarer"）27

《钻石机诗章》（*Rock-Drill*）17，20，21，35，101 – 103，106，107，109，110，113，115，116，119，120，125，126，128 – 132，139，142，144，179，180，209

庞德，奥马（Pound, Omar）82，227

庞德，多萝西（Pound, Dorothy）25，27，43，44，61，88，96，97，166，171

佩吉（Paige, D. D.）119

Q

齐多（Cheadle, Mary Paterson）2，3，24，33，35

乾隆 89，155，190

钱兆明 6，188，206，228

钱锺书 21，80，85 – 87，184

乔伊斯（Joyce, James）9，28，42

秦穆公 131

《青年艺术家的肖像》(Portrait of a Young Artist, 1914) 28

清石经 89, 96, 119, 155

《卿云歌》16, 57, 58, 60, 209

屈弗诺普勒斯 (Tryphonopoulos, Demetres) 1, 2

权德舆 54

R

荣之颖 (Palandri, Angela Jung) 3–6, 27, 61, 97, 108, 118, 119

儒家 2–4, 6, 7, 12–20, 24, 25, 28–32, 34, 35, 37, 58–60, 66–69, 71–79, 87–89, 92, 94, 101, 102, 104, 106, 108, 114, 116, 177, 121, 125, 127, 129–139, 146, 148, 151, 180, 181, 185, 187, 193, 202, 207–209, 225, 226

芮沃寿 (Wright, Arthur F) 85, 86

S

萨义德 (Said, Edward) 5, 11, 14, 29, 37, 208

《尚书》14, 17, 20, 21, 88, 101–104, 106, 107, 117, 120, 125, 128–131

沈括 48

《神曲》78, 107, 143, 144

《圣经》78, 142, 147

圣维克多 (Saint Victor, Richard of) 136

《圣谕广训》3, 13, 14, 18, 20, 115, 139, 142, 145–148, 153, 154, 156, 158, 159, 161, 162, 208, 209

《世界日报》(The Chinese World) 136, 137, 166

《石经简解》("A Note on the Stone Classics," 1951) 3, 16, 88, 155

《石经序》89

《十三经》17, 89, 101, 133, 208

舜 13, 16, 33, 35, 57, 58, 60, 62, 102, 186

顺治 145

四端 17，94，110 – 115，125，207，209

司科特（Scott，Tom）1，9

司马迁 136，176

司马相如 15，54

《四书集注》28，30，31，78，206

斯坦纳（Steiner，Wendy）52

斯托克（Stock，Noel）1，3，149，154，172，176，204

斯威登堡（Swedenborg，Emanuel）104

宋迪 43，48

宋发祥 6，14，15，20，22，24，24 – 32，34，36 – 39，42，227，228

宋美龄 61

宋玉 38

苏瑞特 73

苏轼 48

孙蕙兰 118

孙中山 25，69

索金梅 2，24，101，117

T

泰勒（Tyler，John）131，132，228

泰瑞尔（Terrell，Carroll F.）4，5，87，153，185，195，198

唐君毅 125，138

唐石经 87 – 89，97，99，119

陶乃侃 2，49，50，58 – 60

田中义一 69

《通鉴纲目》77，208

《团扇》("Fan-Piece, For Her Imperial Lord," 1914) 27

W

王丰镐 148

王贵明 3，225

王洪 48

汪精卫 69，70

王燊甫 4－6，18，20，21，61，140，142，147－161，165－168，172，209，227

王维 38，47，148

王又朴 146，147，154，155，157，158，161

韦伯（Weber, Max）36

威尔逊（Wilson, Thomas）97－100

韦利（Waley, Arthur）37，117

威廉斯（Williams, William Carlos）2，9，142，149，171，201

《微言评论》（*Little Review*）9，29，38

《文赋》87

巫鸿 53

吴其尧 2

X

西伯兹（Sieburth, Richard）1

夏圭 48

《潇湘八景》3，4，15，42，43，45，48，49，50，51，54，60，62，227

谢明 2

信 91，132，

新历史主义 8，191，226

新儒家 15，36，37，77－79，126，133，134，137－139，152，176，207－209

《新儒家思想史》126，133，134，137

熊十力 77

休斯（Hughes, Glenn）45

徐俯 54

徐复观 125, 138

许芥昱（Hsu, Kaiyu）149

徐志摩 125

《玄龙书八景诗并歌》43, 48

雪村周继 52, 55

Y

杨凤歧（Yang, Fengchi）4, 6, 14, 16, 20, 39, 62, 66, 68, 70, 73-75, 79, 80, 126, 207, 208, 227

杨朱 30

尧 13, 16, 57, 58, 60, 62, 102, 132, 186

叶理绥（Elisséeff, Serge）86

叶维廉 3, 11, 49, 50, 58-60, 62, 87, 119

叶芝（Yeats, W. B.）9, 20, 182

《易经》12, 156, 191

英译《诗经》3, 16, 97, 194

雍正 13, 18-20, 62, 115, 139, 142, 146-148, 155, 156, 158, 159, 165, 179, 208

《尤利西斯》9, 42

禹 57, 102

玉涧 48, 49, 60

《元朝秘史》86

云樵主人 55

Z

曾宝荪 3-6, 14-16, 20, 21, 40, 42-45, 47, 48, 54-57, 61-63, 209, 226, 227

曾广钧 43

曾国藩 6，20

曾纪鸿 43

曾参 43

曾皙 28，31，33，43-45

曾约农 44，61，62

翟理斯 4，26，27，94

詹春柏 61

詹姆士，亨利（James, Henry）32

张公权 125

张君劢 6，14，17，20，21，37，77，79，122，124-127，130-139，142，152，207-209，227

张晓永 2

张幼仪 125

赵佶 48

赵健秀 149

赵毅衡 2，58，107，110，121，182

赵元任 94，174

赵自强 6，13，14，18-21，149，150，169，172-177，180，181，208，209

止 58，60，90，93，94，106，107，127，128，130，135，209

钟玲 117

《中国通史》13，62，77，208

《中国文学史》4，26，27

《中庸》13，16，20，33，34，72，76，80，87，91，95，96，108，115，116，126，154，193

周公旦 128

祝朝伟 2

朱熹 28，30，31，77-80，89，91，96，108，111，133，139，176，208

庄子 117

《庄子》12，208

《自我主义者》(The Egoist) 15,24,28,29

《总督书》146,151,152

《祖父组诗》149,152

《作为诗歌媒介的汉字》(The Chinese Written Character as a Medium for Poetry) 10,20,38,117,195

佐佐木玄龙 43,48,60

图书在版编目(CIP)数据

中华才俊与庞德 / 钱兆明等著.
—北京：中央编译出版社，2015.9
ISBN 978-7-5117-2580-6

Ⅰ. ①中⋯
Ⅱ. ①钱⋯
Ⅲ. ①庞德,E.(1885~1972)-人物研究　②庞德,E.(1885~1972)-文学研究
Ⅳ. ①K837.125.6　②I712.065

中国版本图书馆 CIP 数据核字(2015)第 057029 号

中华才俊与庞德

出 版 人：刘明清
出版统筹：董　巍
责任编辑：曲建文
责任印制：尹　珺
出版发行：中央编译出版社
地　　址：北京西城区车公庄大街乙 5 号鸿儒大厦 B 座(100044)
电　　话：(010)52612345(总编室)　　(010)52612370(编辑室)
　　　　　(010)52612316(发行部)　　(010)52612317(网络销售)
　　　　　(010)52612346(馆配部)　　(010)55626985(读者服务部)
传　　真：(010)66515838
经　　销：全国新华书店
印　　刷：北京金瀑印刷有限责任公司
开　　本：787 毫米 × 1092 毫米　1/16
字　　数：324 千字
印　　张：15.75
版　　次：2015 年 9 月第 1 版第 1 次印刷
定　　价：49.00 元

网　　址：www.cctphome.com　　　邮　　箱：cctp@cctphome.com
新浪微博：@中央编译出版社　　　　微　　信：中央编译出版社(ID: cctphome)
淘宝店铺：中央编译出版社直销店(http://shop108367160.taobao.com)
　　　　　(010)52612349

凡有印装质量问题，本社负责调换，电话：(010)55626985